학교 업무가 쉬워지는

구글 스프레드시트 실전 가이드북

김동호 나혜진 민동수
박준택 오보람 윤수진

씨마스21

머리말

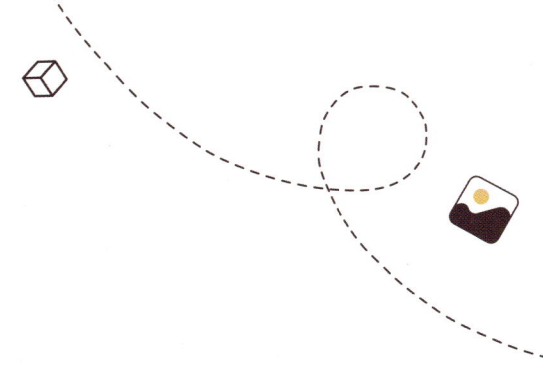

혹시 지금
이런 고민으로
힘드시지는 않으신가요?

안녕하세요, 선생님.

오늘도 아이들을 위해 밤늦도록 고생하고 계시는 모습이 눈에 선합니다. 혹시 지금 이런 고민으로 힘드시지는 않으신가요? 매일 아침 출석 체크부터 상담 기록, 성적 관리, 학부모와의 소통까지 정작 아이들과 함께할 시간은 부족하고, 행정 업무에 치이다 보면 어느새 집에 갈 시간이 훌쩍 지나가 버립니다. "이런 걸 하려고 교사가 된 건 아닌데" 하는 생각이 드실 때가 있으실 겁니다.

특히 요즘같이 디지털 시대에는 구글 스프레드시트나 클라우드 협업 도구들이 좋다고 하는데, 막상 시작하려니 어디서부터 손을 대야 할지 막막합니다. 엑셀은 조금 할 줄 아는데 구글 시트는 또 다르고, 동료 선생님과 자료를 공유할 때마다 생기는 버전 문제, 이런 경험이 한 번쯤은 있지 않나요?

그래서 이 책을 쓰게 되었습니다. 이 책은 선생님처럼 바쁜 현장의 교사들을 위해 만들었습니다. 컴퓨터 전문가가 되라는 게 아니라, 그저 선생님의 소중한 시간을 조금이라도 아껴드리고 싶었습니다.

    3월 새 학기 준비부터 2월 학년말 마무리까지, 선생님의 1년을 그대로 따라가면서 "아, 이런 상황에서는 이렇게 하면 되는구나!" 하고 바로 활용할 수 있는 실전 노하우만 담았습니다. 클릭 한 번에 자동으로 출석을 체크하고, 지각이나 결석이 많은 학생은 빨간색으로 표시하여 한눈에 파악할 수 있게 됩니다. 학부모 상담을 준비할 때도 학번만 입력하면 학생의 성적, 생활 태도, 특이 사항이 모두 한 화면에 정리되어 나타납니다.

    "저는 컴퓨터를 잘 못해서"라고 걱정하지 마세요. A to Z, 기초부터 고급까지 차근차근 모든 과정을 화면과 함께 상세하게 설명했습니다. 하루에 10분씩만 투자하시면 앞으로 몇 시간씩 절약하는 방법을 익히실 수 있습니다.

    무엇보다 이 책의 목적은 선생님을 컴퓨터 전문가로 만드는 게 아닙니다. 복잡하고 반복적인 업무는 스프레드시트에 맡기고, 선생님은 아이들과 함께하는 시간, 수업 연구, 학생 상담 등 정말 중요한 일에 더 많은 시간을 쓰실 수 있도록 돕는 것입니다.

    선생님의 시간은 정말 소중합니다. 아이들을 가르치고, 그들의 꿈을 키워주고, 때로는 인생의 멘토가 되어주는 일, 이런 의미 있는 일들에 더 많은 시간을 쓰셨으면 좋겠습니다. 이 책이 그런 변화의 시작점이 되면 좋겠습니다. 복잡한 업무 때문에 힘드셨던 선생님이 "아, 이렇게 하면 되는구나!" 하고 무릎을 치는 순간이 많아지기를 바랍니다.

    더 스마트하고 여유로운 교사 생활, 지금부터 시작해 볼까요?

〈선생님을 응원하는 마음을 담아서〉

지은이 한마디

" 학교에서 쏟아지는 업무에 지친 동료 선생님들을 보면 항상 안타까운 마음이 들었습니다. 구글 스프레드시트를 활용하면 3분이면 끝날 수 있는 일이 10분, 30분씩 연장되는 경우를 많이 경험했습니다. 간단한 함수, 유용한 AI와 함께라면 업무의 부담이 조금은 줄어들지 않을까요? 이 책을 통해 교육의 본질에 선생님들이 더 집중할 수 있는 환경이 조성되면 좋겠습니다. "

- Google Certified Trainer
- GEG Seongnam Leader
- 성남 에듀테크나눔교육연구회 회장
- 2022 국가교육정책분야 원격연수 콘텐츠 개발
- 2022 개정 교육과정 교과서 집필

김동호
늘푸른중학교 교사

- Google Certified Educator Level 1, 2
- 2022~2023 지식샘터 에듀테크 강좌 강의
- 경기도교육청 주요교육정책 모니터링 지원단

" 학교 현장에서 영어 교사로, 담임교사로, 업무부장으로 일하며 구글 스프레드시트를 다양하게 활용해 보니 동료 선생님들과 나누고 성장하며 좀 더 나은 교직 문화를 함께 만들어가고 싶어졌습니다. 이 책이 현장에서 항상 고군분투 중인 우리 선생님들께 도움이 되길, 그리고 결국 교육의 본질에 더 많은 시간을 쓰게 하여 존경받는 교사로 성장하는 데 작은 보탬이 되길 바랍니다. "

나혜진
경기도교육청 장학사

" 구글 스프레드시트는 이제 학교 현장에서 수업과 업무에 없어서는 안 될 소중한 도구가 되었습니다. 이번 책에는 상담이나 스포츠클럽 배정 등 학기 초 실제 업무와 밀접하게 관련된 기능들을 정성껏 담았습니다. 이 책이 바쁜 학기 초에 선생님들의 수업과 업무를 조금 더 편하고 즐겁게 만들어 줄 작은 길잡이가 되기를 바랍니다. "

- Google Certified Educator Level 1, 2
- 2023 지식샘터 에듀테크 강좌 강의
- 2025 성남 에듀테크나눔교육 연구회 연구위원

민동수
낙원중학교 교사

- GEG Seongnam Captain
- Google Certified Educator Level 1, 2
- 2024 성남 에듀테크 활용 지원단 직무연수 강사

박준택
수내중학교 교사

"구글 스프레드시트를 활용하며 작은 도구 하나가 교사의 시간을 지켜주고 업무에 여유를 줄 수 있다는 사실을 알게 되었습니다. 그 경험을 나눠 조금이라도 선생님들의 일에 보탬이 되고자 이 책을 집필하게 되었습니다. 책에는 현장에서 바로 활용할 수 있는 실제 사례와 교사의 눈높이에 맞춘 방법들을 담았습니다. 이 책이 선생님들의 수업과 업무에 작은 힘이 되길 바랍니다."

"선생님, 이제 구글 시트가 선생님의 조력자가 됩니다! 이 책은 구글 시트의 기본 기능 중 실제 학교 업무에 적용할 수 있는 실용적인 예시를 중심으로 구성되어 있습니다. 이 책이 선생님의 업무 효율을 높여 학생들과 더 많은 시간을 보내는 데 도움이 되기를 바랍니다."

- Google Certified Educator Level 1, 2
- 2024 지식샘터 에듀테크 강좌 강의
- 2024 경기도 국제교류 역량강화 직무연수 강사
- 2025 성남 디지털기반 교육혁신 고경력 교사 역량강화 직무연수 강사

오보람
신백현중학교 교사

- Google Certified Educator Level 1, 2
- 성남 에듀테크나눔교육연구회 연구위원
- 2024 성남 에듀테크 활용 지원단
- 에듀테크 및 미래교육 역량강화 교사 대상 연수 다수 운영

윤수진
성남외국어고등학교 교사

"학교 현장에서 아이들과의 수업만큼이나 어쩌면 그보다 더 많은 시간을 차지하는 것은 수많은 행정과 데이터 작업입니다. 작은 함수 하나, 간단한 자동화 한 줄이 교사로서 제게 더 중요한 것에 집중할 수 있게 도와주었습니다. 이 책은 그런 경험에서 시작되었습니다. 선생님들의 일상과 맞닿아 있는 이 책은 두려움이 아닌 가능성과 용기를 드릴 것입니다. 작은 시도가 큰 변화를 만든다는 경험을, 이 책을 통해 함께 나누고 싶습니다."

추천사

1

선생님들의 에너지는 수업이 아닌 서류 더미 속에서 고갈되기 일쑤입니다. 하지만 이제 걱정은 접어둬도 좋습니다. 여기, 교육에 온전히 집중하고 싶은 선생님, 행정 업무에 찌들어 퇴근 후 녹초가 되는 선생님, 그리고 누구보다 빠르게 칼퇴하고 싶은 선생님을 위한 비밀 병기가 나타났으니깐요. 바로 <학교 업무가 쉬워지는 구글 스프레드시트 실전 가이드북>입니다.

이 책은 단순히 구글 스프레드시트 활용법을 알려주는 것을 넘어, 구글이 교육자를 위해 어떤 철학을 담아 도구를 활용하는지 명확히 보여줍니다. 구글 도구의 특징은 유독 선생님에게 초점을 맞춘다는 것입니다. 이는 모든 교육이 선생님으로부터 시작되고 학생들의 성장은 바로 선생님에게 달려있다는 굳건한 믿음 때문입니다. 그렇기에 구글의 디지털 도구는 단순한 소비성 도구가 아닌, 선생님과 학생들이 더 많은 아이디어를 내고 창의적인 문제 해결을 돕는 생산성 도구로 설계되었습니다.

그 생산성 도구의 정점에 있는 것이 바로 구글 스프레드시트입니다. 담임교사, 부장교사, 교과교사 할 것 없이 수많은 행정 업무는 물론, 수업 현장에서도 구글 스프레드시트가 쓰이지 않는 곳을 찾기가 어려울 정도죠. 하지만 동시에 조건부 서식, 그래프, IF, AND, NOT 등의 복잡한 함수들은 생각만 해도 머리가 지끈거리는 스트레스로 다가오기도 합니다.

이 책은 그런 고민을 한 방에 날려버립니다. 엑셀 전문가가 아니어도 괜찮습니다. 복잡한 함수를 달달 외울 필요도 없습니다. 구글 스프레드시트에 내장된 강력한 AI 기능을 활용해 함수를 만들고, 표를 구성하는 방법까지 상세하게 안내하고 있으니깐요. 마치 나만의 비서가 옆에서 속삭여주듯 친절하고 재치 있는 설명이 일품입니다. 학사 일정별, 월별 업무에 맞추어 활용할 수 있도록 구성되어 있어, 선생님의 책상 위에 두고 필요할 때마다 바로바로 펼쳐볼 수 있습니다.

이 책은 여기서 그치지 않습니다. 실습에 필요한 예시 파일과 동영상까지 제공하여 이해가 어려운 부분은 영상으로 직접 확인하며 따라 할 수 있도록 도와줍니다. 더 이상 혼자 끙끙 앓을 필요가 없습니다. 단, 한 가지 주의 사항이 있습니다. 이 책으로 학교 업무가 너무나도 효율적으로, 빠르게 처리되다 보니 예상치 못한 부작용이 생길 수 있습니다. 바로 남아도는 시간에 또 다른 일을 찾고 있는 자신을 발견하게 될 수도 있다는 점이죠. 그러니 부디, 칼퇴의 기쁨을 만끽하며 여유로운 저녁을 즐기기를 바랍니다. 강력하게 이 책을 추천합니다. 선생님들의 스마트한 학교생활을 위한 최고의 가이드가 될 것입니다.

<GEG* South Korea Leader 서광석>

---

*GEG(Google Educator Group)는 구글을 활용한 교육자들의 학습 공동체로 현재 전 세계 1,800개, 국내 34개의 교사를 위한 학습 공동체가 활동하고 있다.

2

학교 운영의 핵심은 교사가 수업에 몰입할 수 있는 환경을 조성하는 데 있습니다. <학교 업무가 쉬워지는 구글 스프레드시트 실전 가이드북>은 바로 그 기반을 마련해 주는 책입니다. 반복적이고 비효율적인 행정 업무를 자동화함으로써 교사들은 본연의 교육 활동에 집중할 수 있는 여유를 갖게 됩니다.

이 책은 단순한 기능 설명을 넘어 출결 관리, 상담 기록, 성적 집계, 학사 일정 등 학교 현장의 실제 사례를 중심으로 구글 스프레드시트를 어떻게 적용할 수 있는지를 명확하게 보여줍니다. 특히 IT에 익숙하지 않은 교사들도 쉽게 따라 할 수 있도록 구성되어 있어, 학교 전체의 디지털 전환을 자연스럽게 끌어낼 수 있습니다. 교육의 질은 교사의 몰입에서 비롯됩니다. 이 책은 그 몰입을 가능하게 하는, 모든 교사에게 꼭 필요한 실천적 지침서입니다.

〈경기도교육청국제교육원 교육연구관 이희훈〉

3

요즘 세상이 너무 빠르게 변화되고 있으며 학교와 교실도 시대에 맞게 변화되고 있습니다. 시대에 맞게 학교 선생님들도 업무 경감이 되셨으면 좋겠습니다.

구글 연구회 GEG 성남 리더님과 캡틴 선생님들이 집필하신 이 책은 단순히 구글 시트의 사용법을 알려주기도 하지만, 우리 선생님들의 귀한 시간을 되찾아 줄 방법의 하나라고 생각됩니다. 시트를 잘 모르셔도 이 책이면 단 한 방에 해결해 줄 거라 생각됩니다.

매일 반복되는 업무 대신, 우리 학생들과 더 소중한 시간을 보낼 수 있도록 이 책이 든든한 조력자가 되어줄 것입니다.

〈Google for Education, Colbe Lee〉

이 책의 구성

1 단원의 구성

교사의 12개월 업무 흐름을 3월부터 다음 연도 2월까지 타임라인에 따라 실습을 적용할 수 있도록 구성하였습니다. 3월의 새 학기 업무부터 6~7월 평가 등 학교의 실제적 업무와 시기를 고려해 필요할 때마다 교사가 꺼내볼 수 있도록 구성하였습니다.

교사의 학교생활과 관련된 타임라인을 토대로 6개 단원으로 구성했어요.

본문에서 다룬 내용은 요약 정리하고 활용 및 확장 가능한 다양한 꿀팁 기능 제공

2 챕터의 구성

실제 업무 상황을 토대로 문제 해결에 도움이 되는 핵심 기능을 제시하고 해결 과정을 한 단계씩 따라가며 실습할 수 있도록 구성하였습니다. 초보자도 한 단계씩 따라 하는 과정을 통해 곤란한 업무 상황을 효율적이고 효과적으로 쉽게 해결할 수 있습니다.

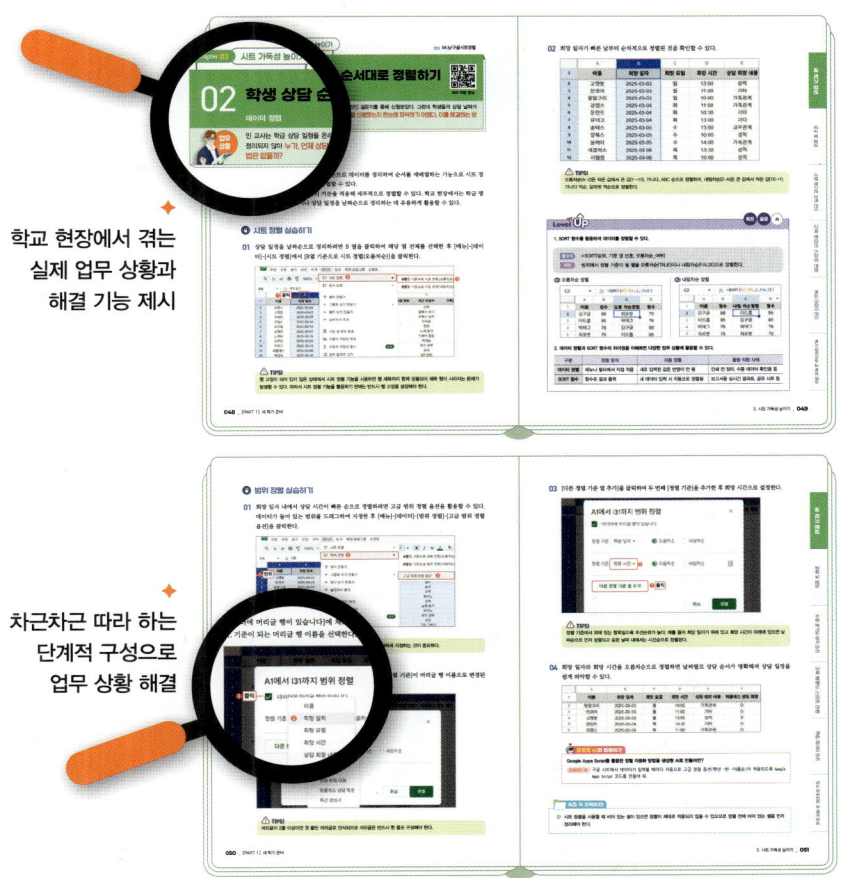

◆ 학교 현장에서 겪는 실제 업무 상황과 해결 기능 제시

◆ 차근차근 따라 하는 단계적 구성으로 업무 상황 해결

3 학습 도우미

학습에 도움이 되는 다양한 학습 요소를 필요한 곳에 제시하였습니다. 'Level Up, Tips!, 생성형 AI와 함께하기, 이건 꼭 기억하자!' 등을 통해 실습의 효과를 높이고 다른 업무 상황에 응용 및 활용할 수 있도록 구성하였습니다.

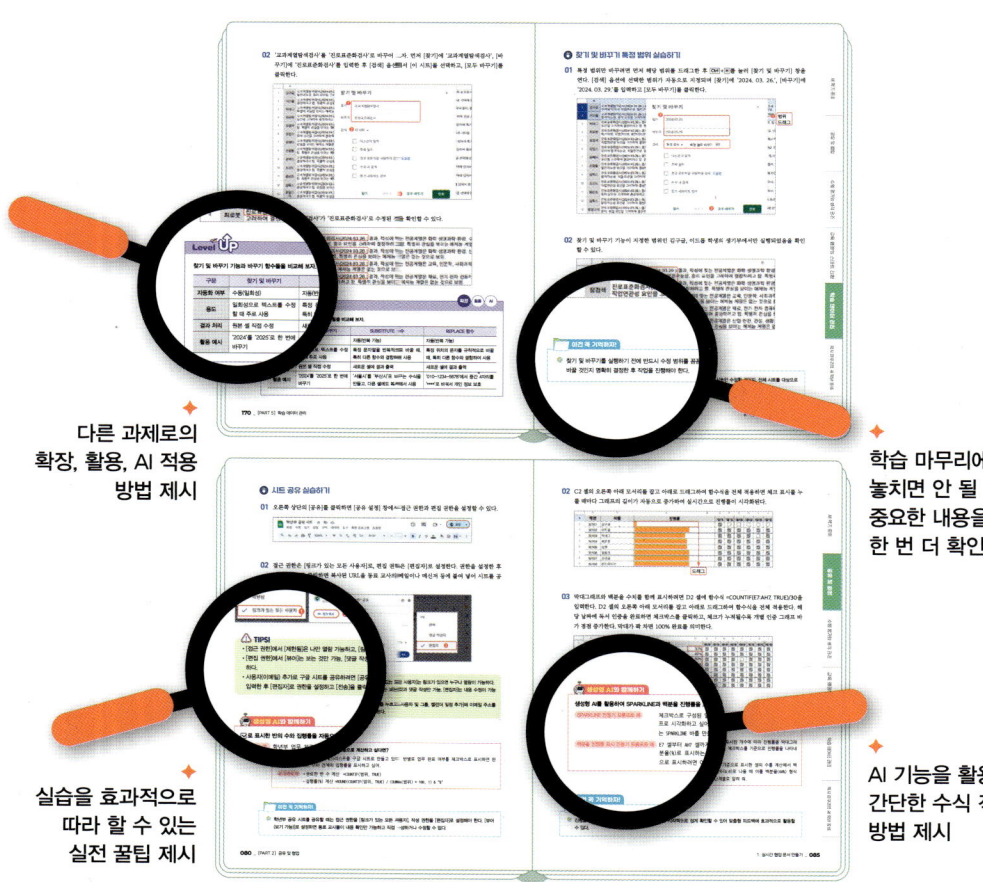

◆ 다른 과제로의 확장, 활용, AI 적용 방법 제시

◆ 학습 마무리에서 놓치면 안 될 중요한 내용을 한 번 더 확인

◆ 실습을 효과적으로 따라 할 수 있는 실전 꿀팁 제시

◆ AI 기능을 활용한 간단한 수식 적용 방법 제시

4 실습 도우미

과제별 실습 시트와 QR 코드 영상을 통해 스스로 관련 기능과 업무를 연습해 볼 수 있도록 구성하였습니다. 시트를 통해 직접 기능을 적용하여 실습하고, 어려움이 있을 때는 저자 직강 영상을 통해 문제를 해결할 수 있습니다.

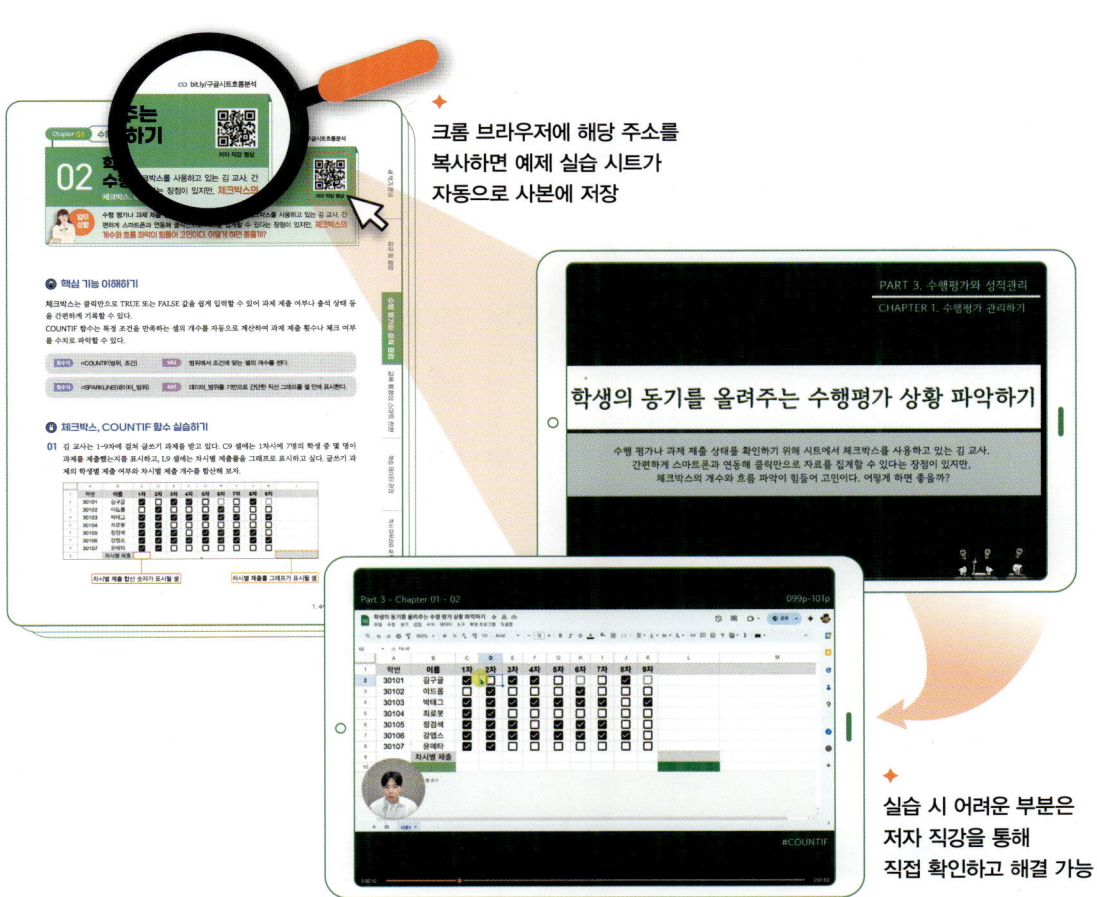

◆ 크롬 브라우저에 해당 주소를 복사하면 예제 실습 시트가 자동으로 사본에 저장

◆ 실습 시 어려운 부분은 저자 직강을 통해 직접 확인하고 해결 가능

차례

1. 새학기 준비

Chapter 01
1년간 사용할 담임 종합 시트 만들기

- 01 학급 기초 자료 구글 시트로 관리하기 … 20
  _구글 설문지와 스프레드시트 연계, 시트 복사
- 02 생활 태도 누적해서 관리하기 … 23
  _데이터 확인
- 03 생활 태도 빠르게 집계하기 … 26
  _COUNTIF
- 04 가정통신문 제출 상태 한눈에 확인하기 … 28
  _AND, IF
- 05 무작위 대청소 구역 배치표 만들기 … 31
  _RAND
- 06 학번 검색으로 원하는 데이터 찾기 … 34
  _VLOOKUP

Chapter 02
학생 정보 가공하기

- 01 왼쪽, 오른쪽, 가운데서 필요한 문자만 쏙쏙 … 37
  _LEFT, MID, RIGHT
- 02 학생 이름 가리기로 개인 정보 보호하기 … 40
  _REPLACE
- 03 특정 문자를 자동으로 바꾸기 … 42
  _SUBSTITUTE

Chapter 03
시트 가독성 높이기

- 01 주요 항목을 화면에 고정시키기 … 44
  _행/열 고정
- 02 학생 상담 순서대로 정렬하기 … 48
  _데이터 정렬
- 03 줄마다 색 입혀 기초 자료 가독성 높이기 … 52
  _교차 색상
- 04 학생 정보 일관되게 통일하기 … 54
  _서식 맞춤
- 05 내용 변경 없이, 겉모습만 똑같게 복사하기 … 57
  _서식 복사
- 06 클릭 몇 번으로 필요한 데이터 뽑기 … 60
  _필터 만들기
- 07 작업물을 깔끔하고 효율적으로 인쇄하기 … 62
  _인쇄

2. 공유 및 협업 4~5월

Chapter 01 실시간 협업 문서 만들기

- 01 데이터 입력 오류, 선택으로 완성하기 ... 66
  _드롭다운 목록 만들기
- 02 클릭 한 번으로 열리는 디지털 자료 ... 68
  _링크 삽입
- 03 실시간 회의록 소통, 댓글로 끝내기 ... 70
  _댓글 기능
- 04 교과 예산을 한눈에 관리하는 방법 ... 73
  _표로 변환, 차트
- 05 공지와 업무를 한 곳에! 학년부 공유 시트 만들기 ... 78
  _체크박스, COUNTIF, 공유
- 06 기자재 A/S 자동화 시스템 구축하기 ... 81
  _드롭다운, 댓글 알림
- 07 인증 챌린지 시각화로 진행률 직관적으로 확인하기 ... 84
  _SPARKLINE

Chapter 02 함께 출석 관리하기

- 01 모바일로 간편하게 실시간 출결 확인하기 ... 86
  _구글 스프레드시트 앱
- 02 체크박스 개수 일일이 세지 마세요! 자동 집계하기 ... 88
  _COUNTIF, SUM
- 03 체험 학습 출결 시각화 시트 만들기 ... 91
  _조건부 서식

Chapter 03 실수 없이 안전하게 협업하기

- 01 여기는 수정하지 마세요! ... 94
  _시트 및 범위 보호
- 02 협업 작업 중 실수 걱정 끝! 이전으로 돌아가기 ... 98
  _버전 기록

3. 수행 평가와 성적 관리 6~7월

Chapter 01 수행 평가 관리하기

- 01 학생의 성장 과정을 한눈에 파악하기 ... 102
  _SPARKLINE
- 02 학생의 동기를 올려주는 수행 평가 상황 파악하기 ... 105
  _체크박스, COUNTIF, SPARKLINE
- 03 학생의 역량을 시각화하기 ... 108
  _5각 차트

Chapter 02 성적 분석하기

- 01 똑똑하게 환산 점수 처리하기 ... 111
  _IF
- 02 자동 업데이트되는 퀴즈 성적표 만들기 ... 114
  _LARGE, SMALL
- 03 전교생 석차 5초 만에 세팅하기 ... 118
  _RANK

5. 학습 데이터 관리

Chapter 01
다중 시트 데이터 통합하기

01 흩어져 있는 데이터 원하는 곳으로 모으기 _중괄호({ }) ... 154
02 여러 학급의 시트를 하나로 모아 관리하기 _IMPORTRANGE ... 156
03 최소 성취 수준 보장 지도 대상자 선정하기 _QUERY ... 159

Chapter 02
학급, 성적 데이터 관리하기

01 진로 선택 수업별 신청 인원 파악하기 _COUNTIFS ... 162
02 학생 활동 실적 누계 정리하기 _SUMIFS ... 164
03 성적, 선택 과목에 따라 내년도 학급 구성 기초 작업하기 _FILTER ... 166

Chapter 03
학습 기록을 생활기록부로 작성하기

01 시트 속 실수, 한 번에 바로잡기 _찾기 및 바꾸기 ... 169
02 두 개 이상의 내용을 하나의 셀로 합치기 _CONCATENATE, TEXTJOIN ... 172
03 붙어있는 글자 똑똑하게 갈라놓기 _텍스트를 열로 분할 ... 176

4. 교육 행정의 스마트 전환

Chapter 01
예약과 관리 효율화하기

01 수작업 NO! 스마트한 특별실 예약 관리 비법 _매크로 ... 122
02 시험 기간 독서실 예약 관리 _FILTER ... 127
03 효과 빠른 감독교사 시간표 안내 _데이터 확인, REGEXMATCH ... 130

Chapter 02
학생 정보 정리하기

01 활동별 신청 인원 한눈에 보기 _열 통계 ... 134
02 중복 값을 빠르게 찾아 실수 줄이기 _조건부 서식 ... 136
03 스마트하게 고입 상담 준비하기 _피봇 테이블 ... 141
04 방대한 정보 한눈에 파악하기 _슬라이서 ... 148
05 무한 스크롤 그만! 수식 한 줄로 수작업 끝내기 _ARRAYFORMULA ... 150

6. 학사 마무리와 새 학년 준비 12~2월

Chapter 01
자료 이동 및 변환하기

01 학번 입력만으로 과목별 성적 자동 완성하기 180
_XLOOKUP

02 가로 데이터를 세로로 자동 재배열하기 184
_TRANSPOSE

03 설문 응답 속 첨부 사진,
클릭 없이 바로 보기 _IMAGE 188

04 성적 확인 꼬리표 그만! 개인 성적 쉽게
조회하기 _DGET 192

Chapter 02
학사 일정 자동화하기

01 기준일 입력만으로 전체 날짜 자동 완성하기 195
_DATE

02 누적 수업 일수 계산하기 198
_SUM, 절대 참조

03 번역기 없이 학사 일정 다국어 버전 만들기 200
_GOOGLETRANSLATE, 찾기 및 바꾸기

Chapter 03
사정안 속 데이터 자동 집계하기

01 반별 재적 현황, 세로(행)로 쌓아 한 번에
모으기 _VSTACK 204

02 수상 개수 및 인원수 자동으로 세기 206
_COUNT, UNIQUE

03 수상 인원, 가로(열)로 붙여 한 번에 모으기 208
_COUNTIF, HSTACK

부록

01 기초 함수 요약 정리 212
02 추가 함수 정리 216
03 과제별 실습 시트 모음 222
04 단축키 모음 224
05 기본 메뉴 요약 정리 227
06 숨겨진 메뉴 톺아보기 228
07 확장 프로그램 안내 232
08 AI 활용 안내 236

들어가기 전에

1 구글 스프레드시트란?

구글 스프레드시트는 구글의 클라우드 기반 스프레드시트 프로그램입니다. MS 엑셀과 유사하나, 웹 브라우저를 통해 언제 어디서든 접속하여 실시간으로 다중 사용자 협업이 가능하다는 점이 가장 큰 장점입니다. 또 구글 계정만 있으면 별도 설치 없이 무료로 사용할 수 있습니다.

1. 기본 개념

- **시트** 데이터를 정리하는 작업 공간
- **셀** 데이터 입력의 최소 단위(행과 열의 교차점)
- **행/열** 가로/세로 데이터 묶음
- **범위** 여러 셀을 묶은 영역

2. 핵심 기능

- **데이터 관리** 입력, 편집, 서식, 정렬, 필터링
- **계산/분석** 다양한 수식과 함수 활용
- **시각화** 차트(막대, 꺾은선 등)로 데이터 표현
- **강력한 협업** 실시간 동시 편집, 주석, 자동 저장
- **확장성** 부가 기능(Add-ons)으로 기능 확장

3. 시작하기

① 구글 계정 로그인 drive.google.com 또는 sheets.google.com 접속

▼

② 새 스프레드시트 새로 만들기 → 구글 스프레드시트

▼

③ 작업 데이터 입력, 수식, 서식 등 작업

▼

④ 공유 '공유' 버튼으로 다른 사용자와 협업

구글 스프레드시트와 마이크로소프트 Excel의 비교 차이점

	구글 스프레드시트	마이크로소프트 엑셀
기반 환경	클라우드(웹 기반), 온라인 접근 필수	데스크톱 기반(설치형), 오프라인 작업 가능
설치 유무	설치 필요 없음(웹 브라우저로 접속)	소프트웨어 구매 및 설치 필요
비용	구글 계정만 있으면 무료(일부 고급 기능은 유료 계정)	유료(Microsoft 365 구독 또는 영구 라이선스 구매)
협업 기능	실시간 동시 편집 및 자동 저장, 버전 기록, 주석 기능 탁월	OneDrive 등 클라우드 연동 시 협업이 가능하나, 실시간성은 상대적으로 낮음
호환성	.xlsx 등 Excel 파일 읽기/쓰기 가능	스프레드시트 표준(.xlsx, .xls)
부가 기능	구글 Workspace(Gmail, Drive 등)와의 연동성 우수, 스크립트(Apps Script)를 통한 기능 확장	VBA(Visual Basic for Applications)를 통한 강력한 자동화 및 기능 확장
데이터 처리량	매우 큰 데이터세트 처리 시 Excel 대비 성능 저하 가능성 있음	대규모 데이터세트 처리 및 복잡한 계산에 더 강력
접근성	인터넷 연결된 모든 기기(PC, 태블릿, 스마트폰)에서 접근 가능	설치된 기기에서 주로 사용, 모바일 앱 지원
자동 저장	실시간 자동 저장	수동 저장 필요(자동 복구 기능 제공)

2 실습 파일 다운로드 방법

단원별 상단에 있는 실습 주소를 크롬 브라우저에 복사하여 입력하면 예제 실습 시트가 자동으로 사본에 저장되어 실습을 시작할 수 있습니다. 아래 방법에 따라 실습 파일을 다운로드해 봅시다.

1. 로그인하기

크롬 브라우저를 통해 google.com으로 들어가 오른쪽 상단의 로그인 버튼을 누른 후 사용할 계정으로 로그인을 합니다.

2. 실습 주소 입력하기

로그인이 끝나면 예제 시트를 사본으로 만들기 위해 제공된 주소를 주소창에 입력하고 Enter를 누르면 사본 만들기 창이 새롭게 뜹니다.

3. 실습하기

만들어진 사본은 내가 로그인한 계정의 구글 드라이브에 자동으로 저장되며 언제든지 들어가서 수정 및 연습을 진행할 수 있습니다.

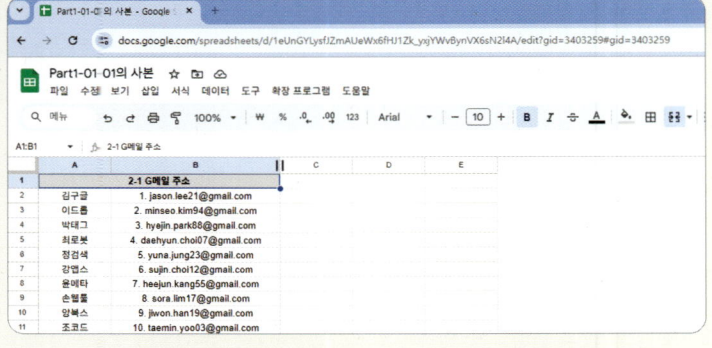

1

새 학기 준비

Chapter 01   1년간 사용할 담임 종합 시트 만들기
Chapter 02   학생 정보 가공하기
Chapter 03   시트 가독성 높이기

+ **3월**

3월은 학생 기초 조사와 상담, 창체 동아리 배정 등 1년간의 학교생활을 준비하는 시기이다.

구글 스프레드시트를 활용하여 학생 정보를 가공하는 방법을 알아보고, 1년간 사용할 담임 종합 시트를 만들어 새 학기를 스마트하게 준비해 보자.

Chapter 01 1년간 사용할 담임 종합 시트 만들기

🔗 bit.ly/구글시트연동

01 학급 기초 자료 구글 시트로 관리하기

구글 설문지와 스프레드시트 연계, 시트 복사

저자 직강 영상

업무 상황
민 교사는 학급 기초 조사 자료의 종이 설문지를 걷어 일일이 입력하다 보니 자료 누락이나 오기재가 자주 발생하고, 입력 작업 시간도 길어졌다. **학생별로 정보를 빠르게 정리하고, 학번 순 정렬이나 특정 항목만 골라서 볼 수 있는 방법은 없을까?**

💡 핵심 기능 이해하기

구글 설문지와 스프레드시트를 **연계**하면 학생 답변이 실시간으로 자동 정리되어 필요한 정보를 쉽게 확인할 수 있다. 학기 초 학급 기초 조사를 구글 설문지로 진행하면 한눈에 학생 정보를 파악할 수 있으며, 종이 설문지의 분실이나 글씨 식별 문제도 없다. 또 **시트 복사** 기능을 활용해 여러 시트의 자료를 하나로 통합하면 관리가 더욱 편리하다.

🖱 구글 설문지와 스프레드시트 연계 실습하기

01 이름, 학년, 반, 번호 등의 기초 정보와 학교생활에서 담임이 알아야 할 질문 항목을 삽입한 구글 설문지를 만들고, 완성한 설문지에서 [응답]을 누른 후 [Sheets에 연결]을 클릭한다.

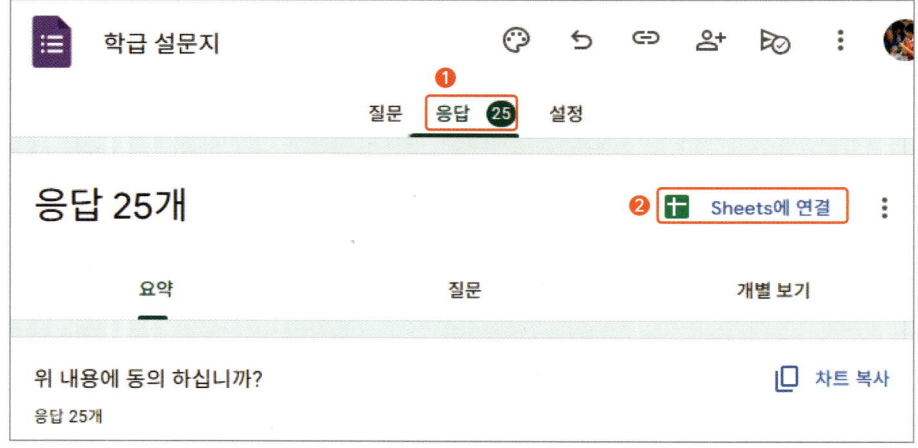

> ⚠️ **TIPS!**
> 구글 설문지를 시트에 연결하면 필터, REPLACE 함수 등 시트의 기능을 활용해 자료를 가공하고, 자료를 효율적으로 찾아볼 수 있다.

02 [새 스프레드시트에 만들기]를 클릭하면 구글 설문지의 데이터가 연결된 '학급 설문지(응답)' 스프레드시트가 만들어진다.

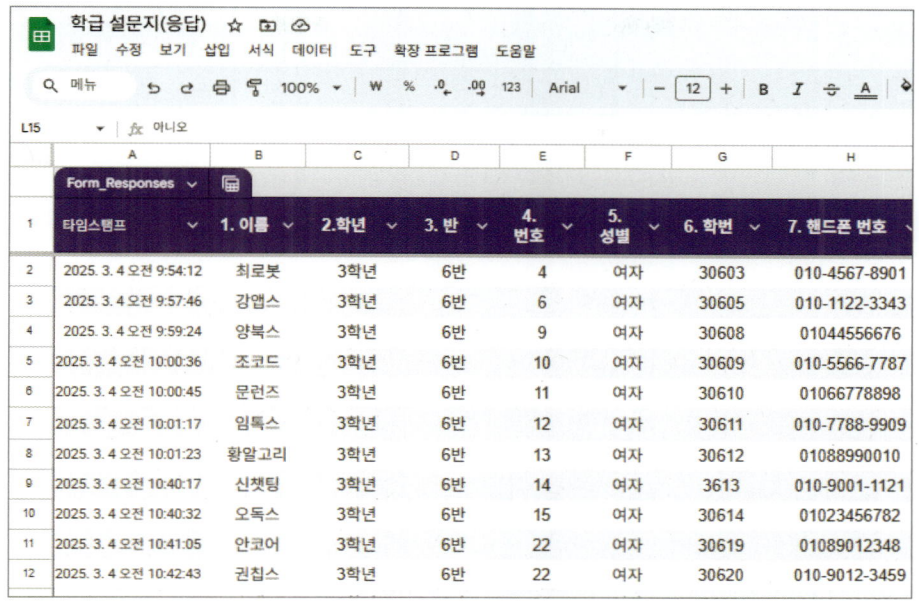

> ⚠️ **TIPS!**
> [기존 스프레드시트 선택]을 누르면 기존에 만들어져 있던 시트에 연결할 수 있다.

03 연결된 설문지 편집 화면으로 이동하려면 [도구]-[양식 관리]-[현재 설문지로 이동]을 클릭하고, 시트와 설문지의 연결을 끊으려면 [설문지 연결 해제]를 클릭하면 된다.

> ⚠️ **TIPS!**
> **구글 설문지와 스프레드시트를 연동할 때 다음 사항을 주의해야 한다.**
> ① 설문 응답 시트에서 열의 순서나 제목을 수정하면 새 응답이 들어올 때 오류가 발생하거나 데이터가 섞일 수 있다.
> ② 설문 응답 중일 때 설문지 질문 내용을 수정하거나 삭제하는 등의 폼 수정은 설문 응답 시트에서 새 열이 생기거나 응답 오류가 발생할 수 있다.

🖱 시트 복사 실습하기

01 앞에서 완성한 '학급 조사' 시트에 반별 지메일 주소 시트를 연결해 보자. 2학년 3반 지메일 주소를 연결하려면 추가하고 싶은 '2-3 지메일' 시트 탭에서 마우스 오른쪽을 클릭한 후 [다음으로 복사]-[기존 스프레드시트]를 선택한다.

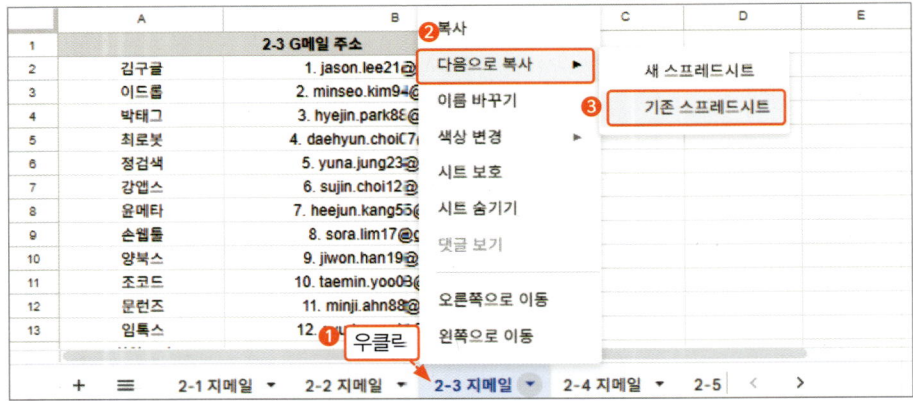

02 구글 드라이브의 스프레드시트 중에서 연결할 시트를 선택하고 [삽입]을 클릭하면 선택한 스프레드시트에 복사된다.

> **이건 꼭 기억하자!**
>
> ✅ 구글 설문지와 연동된 시트에서 자료를 편집하도 설문지 원본에는 반영되지 않으며, 시트 복사는 사본을 만드는 기능으로 원본을 수정해도 복사본에는 영향을 주지 않는다.

Chapter 01 | 1년간 사용할 담임 종합 시트 만들기

🔗 bit.ly/구글시트기록

02 생활 태도 누적해서 관리하기

데이터 확인

저자 직강 영상

업무 상황 학급 학생들의 생활 태도를 매일매일 기록하여 생활 지도에 활용하고 싶은 민 교사. 수기로 적으니 분실 위험이 있고, 매번 들고 다니기도 힘들다. **구글 스프레드시트를 활용하여 학생의 생활 태도를 간편하게 기록하고 효율적으로 관리하는 방법은 없을까?**

💀 핵심 기능 이해하기

데이터 확인은 정해진 값만 입력하도록 제한하는 기능으로 입력 실수나 오타로 인한 오류를 줄일 수 있다. 또 자료를 더 체계적으로 정리하고 효율적으로 관리할 수 있다.

🖱️ 데이터 확인 실습하기

01 학생들의 생활 태도를 누적 기록하는 시트를 만들어 보자. '바른말 사용', '지각', '나쁜말 사용' 등 생활 태도 항목이 입력된 C3:C5 범위를 선택한 후 [메뉴]-[데이터]-[데이터 확인]을 클릭한다.

> ⚠️ **TIPS!**
> 셀에서 마우스 오른쪽을 클릭한 후 [셀 작업 더보기]를 선택하면 그 안에 있는 [데이터 확인] 항목을 통해 동일한 기능을 설정할 수 있다.

02 오른쪽의 [데이터 확인 규칙]-[규칙 추가]를 클릭하면 옵션들이 나온다. [범위에 적용]을 누르고 생활 태도 항목이 들어갈 모든 범위를 지정한 후 [확인]을 누른다.

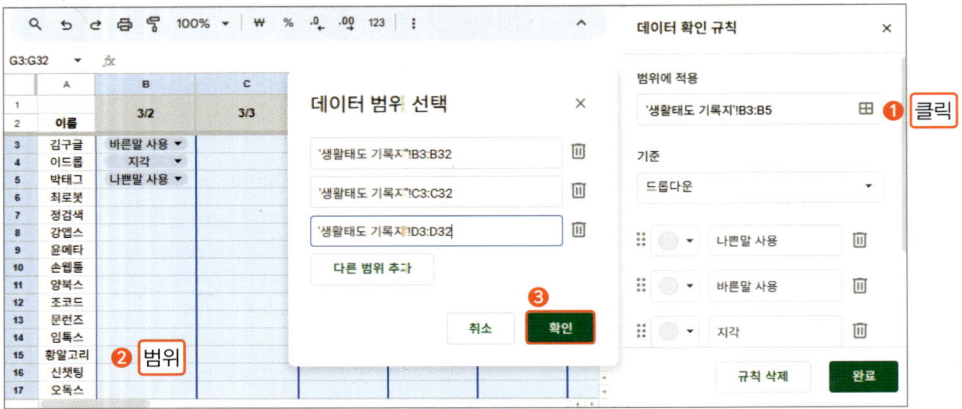

03 [기준]을 드롭다운으로 선택하고, [다른 항목 추가]를 클릭한 후 생활 태도와 관련된 다른 항목들을 입력한다.

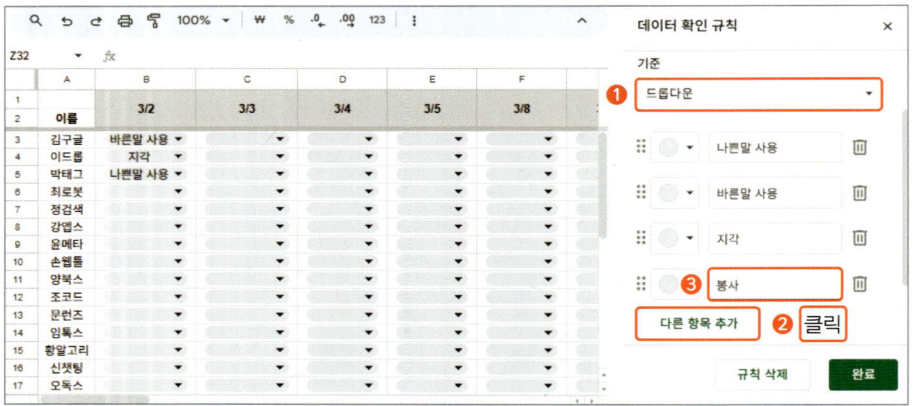

⚠️ **TIPS!**
항목마다 색상을 지정하면 데이터를 더 직관적으로 확인할 수 있다.

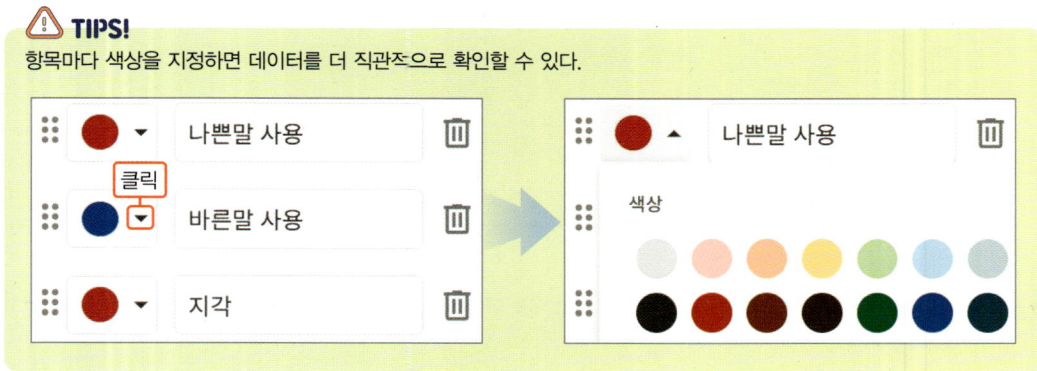

24 _ [PART 1] 새 학기 준비

04 [다중 선택 허용]을 선택하면 한 셀에 '지각'과 '봉사' 두 항목을 표시하도록 설정할 수 있다.

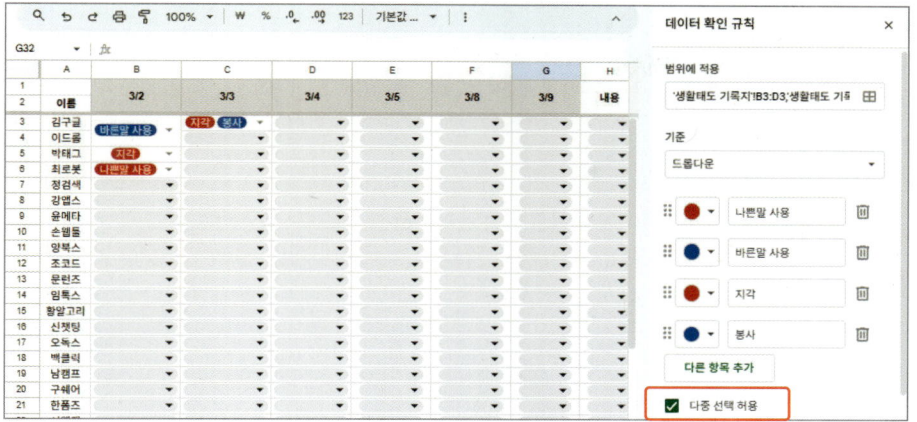

05 [고급 옵션]-[데이터가 잘못된 경우]-[입력 거부]를 선택하면 적용되지 않은 데이터가 입력되었을 때 입력이 거부된다.

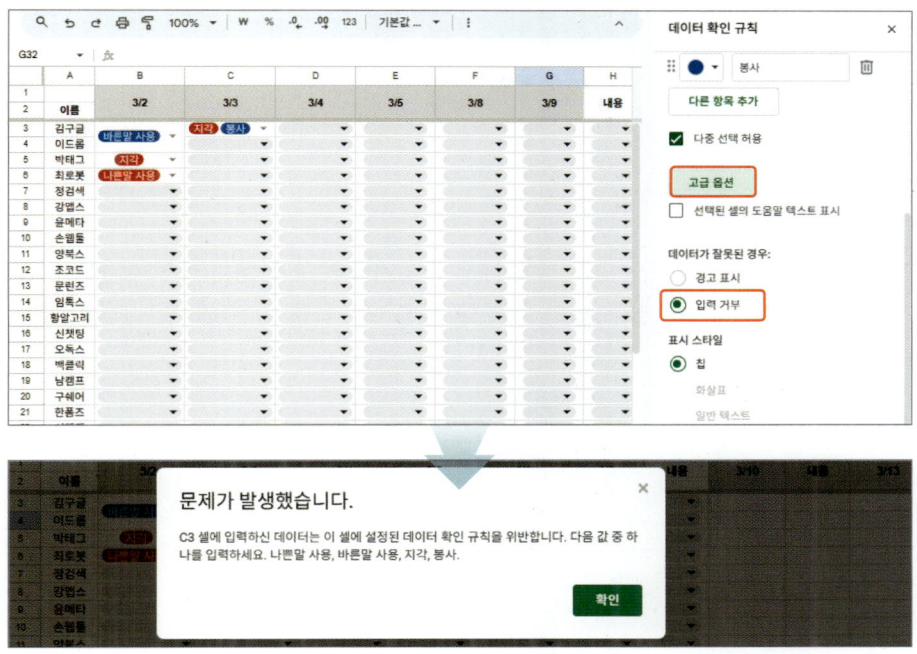

> **이건 꼭 기억하자!**
>
> 데이터 확인이 적용된 셀을 복사하면 데이터 확인 조건도 함께 복사된다. 복사한 셀에 의도하지 않게 제한된 값이 생길 수 있으므로 복사 후에는 데이터 확인 조건이 불필요하게 따라오지 않았는지 확인해야 한다.

1. 1년간 사용할 담임 종합 시트 만들기 _ **25**

 **Chapter 01** 1년간 사용할 담임 종합 시트 만들기

bit.ly/구글시트확인

03 생활 태도 빠르게 집계하기

COUNTIF 함수

저자 직강 영상

업무 상황 학생별 생활 태도 기록지에서 특정 항목의 내용을 수치화하여 확인하려는 민 교사. 생활 태도 기록지 시트에 표시한 내용을 수기로 세지 않고 한 번에 집계하여 확인하는 방법은 없을까?

핵심 기능 이해하기

COUNTIF 함수는 '센다(COUNT), 만약(IF) 조건에 맞는다면'이라는 뜻으로 지정한 조건에 맞는 항목의 개수를 세어준다. 즉 범위에서 특정 조건에 만족하는 셀의 개수를 집계할 수 있어 데이터를 한눈에 확인할 수 있다.

| 함수식 | =COUNTIF (범위, 조건) | 의미 | 범위에서 조건을 만족하는 셀의 개수를 계산한다. |

COUNTIF 함수 실습하기

01 COUNTIF 함수를 활용하면 앞서 만든 생활 태도 기록지에서 특정 생활 태도 항목이 몇 번 기록되었는지 집계할 수 있다. 김구글 학생의 나쁜 말 사용 데이터를 집계하려면 집계를 원하는 C2 셀에 =COUNTIF(를 입력한다.

 **TIPS!**
[조건] 입력 시 출석부에 입력된 내용과 정확히 일치해야 오류가 발생하지 않는다.

02 생활 태도 기록이 입력된 '생활 태도 기록지' 시트를 클릭한 후 김구글 학생의 생활 태도 기록이 있는 범위를 드래그하여 선택한다. 이후 수식 입력 칸에 조건을 입력하고 수식을 마무리한다.

03 '생활 태도 데이터' 시트로 이동하면 김구글 학생의 나쁜 말 사용 횟수가 집계되어 있다. 수식이 입력된 셀을 아래로 드래그하면 다른 학생들의 데이터도 자동으로 집계된다.

04 조건만 바꾸어 입력하면 다른 생활 태도 항목도 집계할 수 있다.

> **이건 꼭 기억하자!**
>
> ✓ COUNTIF 함수에서 [조건] 입력 시 오탈자나 공백 차이로 값이 안 세어질 수도 있으므로 반드시 정확하게 적어야 한다.
> 예 '자리 이동'을 [조건]으로 세고 싶을 때 띄어쓰기 없이 '자리이동'으로 적으면 [조건]을 올바르게 세지 못한다.

1. 1년간 사용할 담임 종합 시트 만들기 _ **27**

| Chapter 01 | 1년간 사용할 담임 종합 시트 만들기 |

bit.ly/구글시트조건

04 가정통신문 제출 상태 한눈에 확인하기
AND, IF 함수

저자 직강 영상

업무 상황 민 교사는 학생별 가정통신문 제출 여부를 파악하기 위해 수기로 표시하면서 취합하고 있다.
학생별로 가정통신문 등의 서류 제출 여부를 한눈에 알 수 있게 정리하는 방법은 없을까?

💡 핵심 기능 이해하기

AND 함수는 여러 조건을 모두 만족하는 경우에만 TRUE를 반환하며, 특정 셀이 모든 조건을 충족하는지를 확인할 때 사용한다. IF 함수는 어떤 조건이 참일 때와 거짓일 때 서로 다른 값을 표시할 수 있으며, AND 함수와 IF 함수를 활용하면 조건을 모두 충족시키는 경우와 그렇지 않은 경우를 직관적으로 구분할 수 있다.

함수식	=AND(논리 표현식 1, 논리 표현식 2)
의미	입력된 표현식이 모두 참이면 참을 반환하고 하나라도 거짓이면 거짓을 반환한다.

함수식	=IF(조건, 참일 때 값, 거짓일 때 값)
의미	조건이 참이면 참일 때 값을, 거짓이면 거짓일 때 값을 반환한다.

🖱 AND 함수 실습하기

01 가정통신문을 모두 제출한 학생을 파악하려면 E3 셀에 =AND(C3="제출", D3="제출")을 입력한다. 김구글 학생은 조건 1인 C3 셀과 조건 2인 D3 셀이 모두 제출로 입력되어 있으므로 모든 조건이 충족되어 E3 셀에는 TRUE가 표시된다.

02 개인 정보 동의서만 제출한 경우와 학부모 상담만 제출한 경우의 수식도 각각의 셀에 맞게 작성한다. 개인 정보 동의서만 제출한 경우 TRUE를 반환하려면 =AND(C5="제출", D5="미제출")을 입력하고, 학부모 상담만 제출한 경우에는 =AND(C5="미제출", D5="제출")을 입력한다.

03 위아래로 마우스를 드래그하여 수식을 범위에 적용하면 학생별 제출 현황에 따라 결과가 자동으로 표시된다. '모두 제출' 셀은 두 서류 중 하나라도 제출하지 않았거나 모두 미제출하면 FALSE, 두 서류를 모두 제출하면 TRUE로 반환한다. 또 '개인 정보 동의서'만, '학부모 상담만' 셀은 각각의 제출 현황에 따라 조건이 충족되면 TRUE, 그렇지 않으면 FALSE로 반환된다.

> ⚠️ **TIPS!**
> [범위]를 지정하고 Ctrl + D 를 누르면 지정된 범위의 가장 맨 위에 있는 셀의 데이터가 지정한 범위에 모두 적용된다.

Level UP 　　　확장　활용　AI

OR 함수는 AND 함수와 비슷하지만, 여러 [조건] 중 하나라도 참(TRUE)이면 결과가 TRUE로 반환된다.

예) =OR(C2=100, D2=100) 함수식에서 C2 셀과 D2 셀 중 하나라도 100이면 결과는 TRUE로 표시된다.

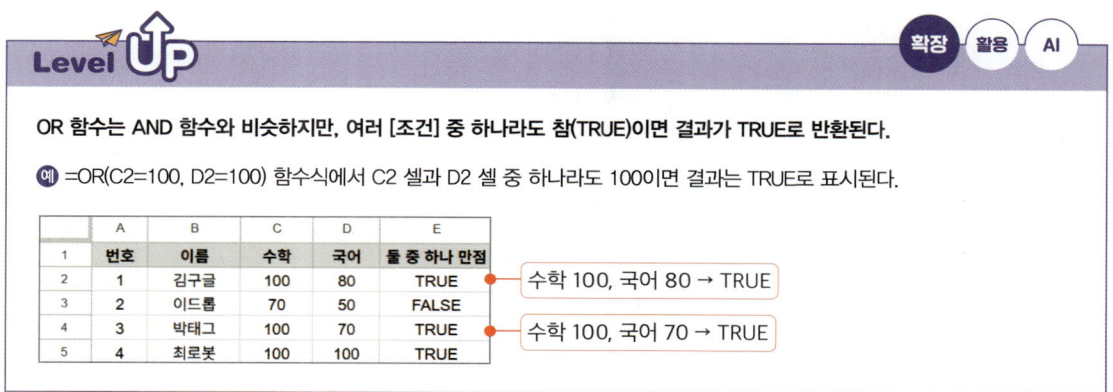

1. 1년간 사용할 담임 종합 시트 만들기 _ **29**

🖱️ IF 함수 실습하기

01 IF 함수를 적용하려면 AND 함수를 IF 함수로 감싸 =IF(AND(C3="제출", D3="제출"), "✓", "X")를 입력한다. 이때 AND 함수는 IF 함수의 조건이 되어 AND 함수가 조건을 충족시키면 참의 값 ✓을 반환하고 충족시키지 못하면 거짓의 값 ×를 반환한다.

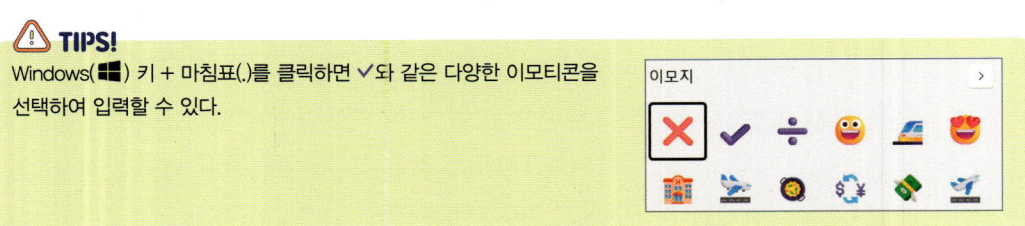

> ⚠️ **TIPS!**
> Windows(⊞) 키 + 마침표(.)를 클릭하면 ✓와 같은 다양한 이모티콘을 선택하여 입력할 수 있다.

02 각 제출 현황을 기준으로 F3 셀과 G3 셀에 조건부 수식을 입력하고 E3:G8 범위를 지정한 후 Ctrl + D 를 누르면 첫 번째 행에 입력된 수식이 선택한 범위에 복사되어 제출 여부에 따라 ✓ 또는 ×로 자동 표시된다.

> 📁 **이건 꼭 기억하자!**
> ✅ AND 함수를 사용할 때 문자열을 비교하려면 반드시 큰따옴표(" ")로 묶어야 한다. IF 함수를 다른 함수와 함께 활용할 때는 [조건]과 참의 값이 들어가는 위치를 잘 확인하고 입력해야 원하는 값을 얻을 수 있다.

Chapter 01 | 1년간 사용할 담임 종합 시트 만들기

🔗 bit.ly/구글시트무작위

05 무작위 대청소 구역 배치표 만들기

RAND 함수

저자 직강 영상

업무 상황
학생별 대청소 역할을 배정하려는 민 교사. 교사가 임의로 배정하니 학생들 사이에 불만 사항도 나오고 제비뽑기로 하자니 시간도 오래 걸린다.
학생 명단을 무작위로 섞어 공정하고 편하게 청소 역할을 배정하는 방법은 없을까?

💡 핵심 기능 이해하기

RAND 함수는 0 이상 1 미만의 임의의 소수를 무작위로 생성한다. 학교 현장에서는 자리 배치, 모둠 편성 등에 유용하게 활용할 수 있다.

| 함수식 | =RAND( ) | 의미 | 0 이상 1 미만의 난수를 반환한다. |

🖱 RAND 함수 실습하기

01 대청소 시간에 청소 구역을 공정하게 배정하기 위해 RAND 함수를 활용해 보자. B2 셀에 =RAND()를 입력하면 해당 셀에 0과 1 사이의 무작위 소수가 생성된다. 다른 학생에게도 무작위 숫자를 부여하려면 자동 채우기 핸들을 이용해 아래 셀까지 드래그하여 동일한 수식을 적용한다.

	A	B	C	D	E
1	이름	랜덤추첨버튼		청소구역	담당자
2	최로봇	0.1761416545		앞뒤 쓸기	
3	윤메타	0.2095559231		1,2분단 쓸기	
4	한폼즈	0.2432851622		3,4분단 쓸기	
5	김구글	0.1100353061		바닥닦기	
6	신챗팅	0.2071422613		바닥닦기	
7	오독스	0.5769120746		운동장 창문	
8	이드롭	0.6099680012		운동장 창문	

❶ 입력 ❷ 드래그

TIPS!
RAND 함수와 유사한 함수로는 RANDBETWEEN 함수가 있다. RAND 함수는 0과 1 사이의 소수를 무작위로 생성하는 반면, RANDBETWEEN 함수는 사용자가 지정한 두 숫자 사이의 정수를 무작위로 반환한다.
예) =RANDBETWEEN(1, 10)를 입력하면 1~10 사이의 정수 중 하나를 반환한다.

02 [랜덤 추첨 버튼]에 적용된 필터 모양을 누르고 [정렬, 오름차순]이나 [정렬, 내림차순]을 선택하면 RAND 함수가 적용된 B2:B8 범위에 난수가 새로 생성되면서 이름 정렬 순서가 바뀐다.

03 '청소 담당자' 셀에 이름을 무작위로 배정해 보자. =셀주소를 입력하면 해당 셀의 값을 그대로 불러올 수 있다. 청소 담당 이름이 배정될 E3 셀에 =A2를 입력하면 A2 셀에 입력된 김구글 학생의 이름이 E3 셀에 그대로 표시된다.

생성형 AI를 활용하여 간단하게 모둠을 편성할 수 있다.

프롬프트 예   RAND 함수를 활용해서 모둠을 편성하는 방법을 알려 줘.

04 채우기 핸들을 이용해 아래로 드래그하면 A3:A8의 데이터가 순서대로 E3:E8에 반환된다.

	A	B	C	D	E
1	이름	랜덤추첨버튼		청소구역	담당자
2	김구글	0.1536674779		앞뒤 쓸기	김구글
3	최로봇	0.1848884423		1,2분단 쓸기	최로봇
4	신챗팅	0.5855861739		3,4분단 쓸기	신챗팅
5	윤메타	0.4821200077		바닥닦기	윤메타
6	한폼즈	0.4264257548		바닥닦기	한폼즈
7	천메모	0.5515712813		운동장 창문	천메모
8	임톡스	0.324755205		운동장 창문	임톡스

❶ 드래그　　❷ 데이터 반환

05 정렬 기능을 사용할 때마다 RAND 함수에 의해 난수가 새로 생성되고, A2:A8 범위의 이름 정렬이 변경된다. 또 그에 따라 E2:E8 범위의 담당자 이름도 함께 변경된다.

	A	B	C	D	E
1	이름	랜덤추첨버튼	❶ 클릭-[정렬]	청소구역	담당자
2	김구글	0.1536674779		앞뒤 쓸기	김구글
3	최로봇	0.1848884423		1,2분단 쓸기	최로봇
4	신챗팅	0.5855861739		3,4분단 쓸기	신챗팅
5	윤메타	0.4821200077		바닥닦기	윤메타
6	한폼즈	0.4264257548		바닥닦기	한폼즈
7	천메모	0.5515712813		운동장 창문	천메모
8	임톡스	0.324755205		운동장 창문	임톡스

	A	B	C	D	E
1	이름	랜덤추첨버튼		청소구역	담당자
2	윤메타	0.5648582697		앞뒤 쓸기	윤메타
3	김구글	0.4648316319		1,2분단 쓸기	김구글
4	한폼즈	0.09704707407		3,4분단 쓸기	한폼즈
5	오독스	0.1246420919		바닥닦기	오독스
6	최로봇	0.1878400355		바닥닦기	최로봇
7	정검색	0.8191303077		운동장 창문	정검색
8	임톡스	0.5150390294		운동장 창문	임톡스

❷ 담당자 변경

> **이건 꼭 기억하자!**
>
> ✓ RAND 함수는 셀을 수정하거나 F4 를 누를 때마다 새로운 난수를 계속 생성하므로 자리 배치표 사용 시 다른 원인으로 난수가 생성되지 않도록 주의해야 한다.

Chapter 01 | 1년간 사용할 담임 종합 시트 만들기

bit.ly/구글시트검색

06 학번 검색으로 원하는 데이터 찾기
VLOOKUP 함수

저자 직강 영상

업무상황 민 교사는 학급 기초 조사 데이터의 상단 제목이 가로로 길게 배열되어 있어 학생별 정보를 한 눈에 보기가 어려웠다.
학생의 학번을 검색하면 해당 학생의 데이터를 한 번에 가져오는 방법은 없을까?

💡 핵심 기능 이해하기

VLOOKUP 함수는 세로(열) 방향에서 원하는 데이터를 찾아준다. 학교 현장에서는 특정 셀에 학번이나 이름을 입력하면 점수가 나오게 하거나, 학기 초 기초 조사 정보 시트를 구성하는 데 활용할 수 있다.

함수식	=VLOOKUP(검색 키, 범위, 열 번호, 정확도)
의미	검색 키(찾고 싶은 값)를 지정한 범위 내에서 가장 왼쪽에 있는 첫 번째 열을 기준으로 다른 행에서 열 번호에 해당하는 값을 찾아 정확하게 또는 유사하게 가져온다.

🖱 VLOOKUP 함수 실습하기

01 학번을 B1 셀에 입력했을 때 이름이 반환되게 하려면 이름이 반환될 B2 셀에 수식을 입력해야 한다. 검색 키는 학번이므로 =VLOOKUP(B1,을 입력한다.

	A	B	C	D	E
1	학번			희망 고등학교	
2	이름	=VLOOKUP(B1,		가족관계	
3	핸드폰번호			좋아하는과목	
4	고치고 싶은 점			관심분야	
5	해시태크			취침시간	
6	희망진로			특기	

📡 생성형 AI와 함께하기

생성형 AI를 활용하여 VLOOKUP 함수를 빠르게 적용할 수 있다.
프롬프트 예 학교 업무에서 VLOOKUP 함수를 적용하여 사용 가능한 예시를 알려 줘.

02 수식에 커서를 둔 상태에서 드래그하여 기초 조사 데이터가 들어 있는 범위를 지정한다. 이때 지정 범위는 기준이 되는 검색 키가 범위의 가장 왼쪽 열로 오게 지정해야 한다.

03 열 번호를 입력한다. 이름은 검색 키인 학번을 기준으로 두 번째 열에 있으므로 2를 입력한다. 그리고 정확한 값을 찾고 싶다면 FALSE 또는 0을, 비슷한 값을 허용하려면 TRUE 또는 1을 입력한다. 우리는 정확한 값을 찾기 원하므로 0을 입력한다.

04 B1 셀에 학번 30601을 입력하면 수식이 입력된 B2 셀에 김구글 학생 이름이 반환된다.

> ⚠️ **TIPS!**
> 함수식을 입력하면 B2 셀에 #N/A가 나타나는데 이는 [검색 키]가 되는 셀에 값이 입력되지 않았기 때문이다. 만약 [검색 키]에 값이 입력되었는데도 #N/A로 표시된다면 [범위], [열 번호] 등 함수식의 오류를 다시 한번 점검해야 한다.

1. 1년간 사용할 담임 종합 시트 만들기 _ **35**

05 수식을 복사하여 붙여 넣은 후 열 번호를 해당 데이터에 맞게 수정한다. 핸드폰 번호는 학번을 기준으로 세 번째 열에 위치하므로 **열 번호**는 3으로 입력해야 한다.

	A	B	G	H	I
1	학번	30601	학번	이름	핸드폰 번호
2	이름	김구글	30601	김구글	010-1234-5670
3	핸드폰번호	010-1234-5670	30602	이드롭	010-1234-5670
4	고치고 싶은 점		30603	박태그	010-9876-5430
5	해시태크		30603	최로봇	010-4567-8901
6	희망진로		30604	정검색	010-6543-2102

B3 셀: `=VLOOKUP(B1,$G$1:$AC$30,3,0)` 입력

> ⚠️ **TIPS!**
> VLOOKUP 함수가 입력된 셀을 그대로 아래로 드래그하면 [검색 키]와 [범위]의 셀 주소가 자동으로 바뀌어 원하는 값을 얻지 못할 수 있다. 이를 방지하려면 [검색 키]와 [범위] 부분에 커서를 두고 F4 를 눌러 절대 참조로 변경한 후 드래그해야 한다.

06 모든 셀에 열 번호를 변경하여 수식을 입력한다. 이제 학번을 입력하면 원하는 데이터만 빠르게 찾을 수 있어 학급 상담이나 학부모 상담에 유용하게 활용할 수 있다.

	A	B	C	D	E
1	학번	30602 (입력)		희망 고등학교	일반계고
2	이름	이드롭		가족관계	아빠, 엄마
3	핸드폰번호	010-1234-5670		좋아하는과목	수학, 체육, 과학
4	고치고 싶은 점	늦게 자는 습관		관심분야	게임, 연예인
5	해시태크	#교복#게임#공부		취침시간	00:00~01:00

	A	B	C	D	E
1	학번	30603		희망 고등학교	특목고
2	이름	박태그		가족관계	아빠, 엄마, 형 또는 오빠
3	핸드폰번호	010-9876-5430		좋아하는과목	체육, 국어, 사회
4	고치고 싶은 점	말을 생각 없이 함		관심분야	책, 게임
5	해시태크	#노력#공부#체육		취침시간	02:00~ 이후

> 📌 **이건 꼭 기억하자!**
> ✅ VLOOKUP 함수는 [검색 키(찾을 값)]를 기준으로 오른쪽 값을 반환하므로 찾을 값은 반드시 [범위]의 첫 번째 열에 있어야 한다. 만약 [검색 키]로 만들고 싶은 값의 열이 가장 왼쪽에 있지 않다면 마우스로 [열 번호]를 클릭한 후 열의 위치를 앞으로 이동시켜야 한다.

Chapter 02 학생 정보 가공하기

bit.ly/구글시트분리

01 왼쪽, 오른쪽, 가운데서 필요한 문자만 쏙쏙

LEFT, MID, RIGHT 함수

저자 직강 영상

업무 상황 학생 명단의 학번(23105)에서 학년, 반, 번호를 분리해 정리하던 민 교사는 수십 명의 데이터를 하나하나 잘라 붙이려니 시간도 오래 걸리고 실수도 잦았다.
내가 필요한 데이터를 손쉽게 나누는 방법은 없을까?

핵심 기능 이해하기

LEFT, MID, RIGHT 함수를 이용하면 문자열에서 원하는 위치의 문자를 추출할 수 있다. LEFT는 문자열의 왼쪽, MID는 중간, RIGHT는 오른쪽에서 지정된 문자 수만큼 가져올 수 있다.

함수식	=LEFT(문자열, 문자 수)	의미	지정한 문자열의 왼쪽 첫 문자부터 문자 수만큼 추출한다.
함수식	=MID(문자열, 시작, 추출 길이)	의미	지정한 문자열에서 추출을 시작할 위치부터 추출 길이만큼 추출한다.
함수식	=RIGHT(문자열, 문자 수)	의미	지정한 문자열의 오른쪽 첫 문자부터 문자 수만큼 추출한다.

LEFT, MID, RIGHT 함수 실습하기

01 LEFT 함수를 활용하여 학년 데이터를 분리해 보자. 추출된 문자가 표시될 B3 셀에 =LEFT(를 입력한 후 데이터를 추출할 대상인 E3 셀을 입력한다.

	A	B	C	D	E
1	이름	학년	반	번호	학번
3	김구글	=LEFT(E3,			30601
4	이드롭				30602
5	박태그				10504
6	최로봇				20311
7	정검색				20415
8	강앱스				30606
9	윤메타				30607

B3 ▼ fx =LEFT(E3,

2. 학생 정보 가공하기 _ 37

02 학년 정보는 학번 30601에서 가장 왼쪽 첫 번째 자리에 위치하므로 가져올 문자 수를 1로 지정하여 수식을 마무리한다. 이렇게 수식을 입력하면 B3 셀에는 3이 반환된다.

	A	B	C	D	E
1	이름	학년	반	번호	학번
3	김구글	3			30601
4	이드롭				30602
5	박태그				10504
6	최로봇				20311
7	정검색				20415
8	강앱스				30606

B3 ▼ | fx =LEFT(E3,1)

03 MID 함수를 활용하여 반 데이터를 분리해 보자. 추출된 문자가 삽입될 C3 셀에 =MID(를 입력하고 데이터를 추출할 E3 셀을 입력한다.

C3 ▼ | fx =MID(E3,

	A	B	C	D	E
1	이름	학년	반	번호	학번
3	김구글	3	=MID(E3,		30601
4	이드롭				30602
5	박태그				10504
6	최로봇				20311
7	정검색				20415

⚠️ **TIPS!**
함수식을 입력할 때 참조하고 싶은 셀을 마우스로 클릭하면 키보드로 셀 주소를 직접 입력하지 않아도 해당 셀 주소가 자동으로 입력된다.

04 학번 30601에서 반 정보는 두 번째 문자부터 시작하여 두 글자이므로 시작 위치에 2, 추출 길이에 2를 입력하여 수식을 마무리한다. 이렇게 수식을 입력하면 C3 셀에는 06이 반환된다.

C3 ▼ | fx =MID(E3,2,2)

	A	B	C	D	E
1	이름	학년	반	번호	학번
3	김구글	3	06		30601
4	이드롭				30602
5	박태그				10504
6	최로봇				20311
7	정검색				20415

05 RIGHT 함수를 활용하여 번호 데이터를 분리해 보자. 추출된 문자가 표시될 D3 셀에 =RIGHT(를 입력한 후 데이터를 추출할 대상인 E3 셀을 입력한다.

D3	▼	fx =RIGHT(E3,			
	A	B	C	D	E
1	이름	학년	반	번호	학번
3	김구글	3	06	=RIGHT(E3,	30601
4	이드롭				30602
5	박태그				10504
6	최로봇				20311
7	정검색				20415

06 학번 30601에서 번호는 오른쪽부터 시작하여 두 글자이므로 RIGHT 함수의 문자 수에 2를 입력하여 수식을 마무리한다. 이렇게 수식을 작성하면 D3 셀에 01이 반환된다.

D3	▼	fx =RIGHT(E3,2)			
	A	B	C	D	E
1	이름	학년	반	번호	학번
3	김구글	3	06	01	30601
4	이드롭				30602
5	박태그				10504
6	최로봇				20311
7	정검색				20415

07 B3:D3 범위를 드래그하여 선택한 후 채우기 핸들을 이용해 아래로 끌어내리면 해당 수식이 아래 셀들에도 동일하게 적용된다.

B3:D11	▼	fx =LEFT(E3,1)			
	A	B	C	D	E
1	이름	학년	반	번호	학번
3	김구글	3	06	01	30601
4	이드롭	3	06	02	30602
5	박태그	1	05	04	10504
6	최로봇	2	03	11	20311
7	정검색	2	04	15	20415

드래그

> **이건 꼭 기억하자!**
>
> ✓ LEFT, MID, RIGHT 함수는 공백도 글자로 계산한다. 예를 들어 '홍 길 동'을 입력하면 5글자로 인식하므로 정확한 값을 얻지 못할 수 있다. 따라서 정확하게 조건을 입력하는 것이 중요하다.

| Chapter 02 | 학생 정보 가공하기 |

🔗 bit.ly/구글시트보안

02 학생 이름 가리기로 개인 정보 보호하기

REPLACE 함수

저자 직강 영상

업무 상황 학생 기초 자료를 교과 선샹님과 공유하려는 민 교사는 개인 정보 보호가 필요한 학생 이름 데이터를 어떻게 처리해야 할지 고민 중이다.
학생 이름 중 한 글자를 다른 글자로 대체하여 보호할 방법은 없을까?

💡 핵심 기능 이해하기

REPLACE 함수는 특정 부분을 다른 문자로 대체할 때 사용하는 기능으로 지정한 시작 위치에서 특정 문자의 수만큼 다른 문자로 대체한다.

| 함수식 | =REPLACE(텍스트, 위치, 길이, 새 텍스트) |
| 의미 | 문자열에서 대체할 문자열의 위치부터 대체할 문자의 개수만큼 새 텍스트로 대체하여 반환한다. |

🖱 REPLACE 함수 실습하기

01 보안 처리한 학생 이름이 들어갈 B2 셀에 =REPLACE(를 입력한 후 보안 처리되지 않은 이름이 있는 A2 셀을 입력한다.

	A	B	C	D	E	F	G
1	이름	보안처리된 이름	학년	반	번호	재정지원	작년 성적
2	김구글	=REPLACE(A2,	3학년	6반	1	X	499.7
3	박태그		3학년	6반	2	X	832.6
4	최로봇		3학년	6반	3	O	924.55
5	황알고리		3학년	6반	4	X	965.5

⚠ **TIPS!**
REPLACE 함수는 텍스트의 첫 글자를 1번으로 본다. 예를 들어 김구글 학생의 1번 글자는 '김'이다. 따라서 바꾸고 싶은 텍스트의 위치와 길이를 정확하게 입력해야 작동한다.

| 프롬프트 예 | REPLACE 함수를 활용하여 글자 수에 따라 글자를 *로 바꾸는 수식을 알려 줘. |

[PART 1] 새 학기 준비

02 김구글에서 가운데 글자는 두 번째에 위치하고, 한 글자만 보안 처리할 것이므로 REPLACE 함수의 두 번째와 세 번째 인수에 각각 2와 1을 입력한다. 마지막으로 가운데 글자를 대체할 문자로 "*"를 입력한다.

	A	B	C	D	E	F	G
1	이름	된 이름 (김*글)	학년	반	번호	재정지원	작년 성적
2	김구글	=REPLACE(A2,2,1,"*")	년	6반	1	X	499.7
3	박태그		3학년	6반	2	X	832.6
4	최로봇		3학년	6반	3	O	924.55
5	황알고리		3학년	6반	4	X	965.5

fx =REPLACE(A2,2,1,"*")

03 가운데 글자만 *로 바뀌어 반환되며 다른 셀에도 적용하기 위해 채우기 핸들을 이용해 아래로 드래그한다.

	A	B	C	D	E	F	G
1	이름	보안처리된 이름	학년	반	번호	재정지원	작년 성적
2	김구글	김*글	3학년	6반	1	X	499.7
3	박태그	박*그	3학년	6반	2	X	832.6
4	최로봇	최*봇	3학년	6반	3	O	924.55
5	황알고리	황*고리	3학년	6반	4	X	965.5
6	정검색	정*색	3학년	6반	5	X	939.1
7	배클래스	배*래스	3학년	6반	6	X	790.1

드래그

이건 꼭 기억하자!

✅ REPLACE 함수는 대체하고자 하는 문자열의 시작점과 글자 수를 정확하게 입력해야 하며, 문자로 대체할 때는 반드시 큰따옴표(" ")를 붙여야 한다.

Level UP 확장 활용 AI

'황알고리'처럼 네 글자의 이름을 가진 학생의 이름을 보안 처리하려면 아래처럼 IF 함수와 LEN 함수를 REPLACE 함수와 조합하여 사용해야 한다.

B2 fx =IF(LEN(A2)=3, REPLACE(A2, 2, 1, "*"), IF(LEN(A2)=4, REPLACE(A2, 2, 2, "**")))

	A	B	C	D	E	F	G	H	I
1	이름	보안처리된 이름	학년	반	번호	재정지원	작년 성적		
2	김구글	=IF(LEN(A2)=3,	REPLACE(A2, 2, 1, "*"),		IF(LEN(A2)=4,	REPLACE(A2, 2, 2, "**")))			
3	박태그	박*그 ❶	3학년	6반	❷ 2	X	❸ 832.6		❹
4	최로봇	최*봇	3학년	6반	3	O	924.55		
5	황알고리	황**리	3학년	6반	4	X	965.5		

❶ 만약(IF) A2 셀의 데이터가 세 글자라면(LEN(A2)=3) ❷ A2 셀의 두 번째부터 한 개의 글자를 *로 바꿔 줘.
❸ 만약(IF) A2 셀의 데이터가 네 글자라면(LEN(A2)=4) ❹ A2 셀의 두 번째부터 두 개의 글자를 *로 바꿔 줘.

> **Chapter 02** 학생 정보 가공하기
>
> bit.ly/구글시트변환

03 특정 문자를 자동으로 바꾸기
SUBSTITUTE 함수

저자 직강 영상

업무 상황 민 교사는 이미 입력된 학생들의 전화번호에서 하이픈(-)을 일괄 제거하고 새로 입력된 값에서도 자동으로 하이픈이 사라지도록 설정하고 싶다. **전체 데이터에서 하이픈을 한 번의 작업으로 모두 공백으로 처리하거나 제거하는 방법은 없을까?**

💡 핵심 기능 이해하기

SUBSTITUTE 함수는 문자열 내에서 특정 텍스트를 찾아 다른 텍스트로 일괄 바꾸는 기능으로 수식이 자동 처리되고 지속적인 작업이 필요한 경우에 적합하다. 예를 들어 전화번호에서 하이픈과 같은 문자열을 다른 문자열로 대체할 때 활용할 수 있다.

함수식	=SUBSTITUTE(텍스트, 검색할 문자, 대체 문자)
의미	텍스트에서 검색한 특정 문자를 새로운 문자로 모두 대체하여 반환한다.

🖱 SUBSTITUTE 함수 실습하기

01 수정 결과가 표시될 A2 셀에 =SUBSTITUTE(를 입력한 후 오타가 포함된 D2 셀을 참조한다. 그리고 찾을 문자로 "배드미터부", 바꿀 문자로 "배드민턴부"를 입력하여 수식을 완성한다.

A2	▼	fx	=SUBSTITUTE(D2,"배드미터부", "배드민턴부")	
	A	B	C	D
1	오타 수정	학번	이름	동아리 신청 희망
2	=SUBSTITUTE(D2,"배드미터부", "배드민턴부")		김구글	댄스부
3		20306	이드롭	배드미터부
4		20315	박태그	밴드부
5				
6				
7				

>  **TIPS!**
> 빠르게 일괄 수정이 필요할 때는 SUBSTITUTE 함수 대신 [찾기 및 바꾸기] 기능을 활용할 수 있다. [찾기 및 바꾸기]는 수동으로 한 번만 실행된다.

02 아래 범위까지 채우기 핸들로 드래그하여 수식을 입력한다.

A2:A10	▼	fx	=SUBSTITUTE(D2,"배드미터부", "배드민턴부")
	A	B	C	D
1	오타 수정	학번	이름	동아리 신청 희망
2	댄스부	20103	김구글	댄스부
3	배드민턴부	20306	이드롭	배드미터부
4	밴드부	20315	박태그	밴드부
5				
6				
7		드래그		

03 SUBSTITUTE 수식의 적용으로 새로운 응답이 오타로 들어와도 A 열에 오타가 수정되어 입력된다.

F20	▼	fx	
	A	B	C	D
1	오타 수정	학번	이름	동아리 신청 희망
2	댄스부	20103	김구글	댄스부
3	배드민턴부	20306	이드롭	배드미터부
4	밴드부	20315	박태그	밴드부
5	배드민턴부	20516	문런즈	배드미터부
6	배드민턴부	20328	임톡스	배드미터부
7	밴드부	20530	황알고리	밴드부

> **이건 꼭 기억하자!**
> ✓ SUBSTITUTE 함수는 문자열 속의 특정 문자 패턴을 찾아서 새로운 문자로 일괄 대체하며, 대체할 문자는 꼭 큰따옴표 (" ")로 감싸서 입력해야 한다.

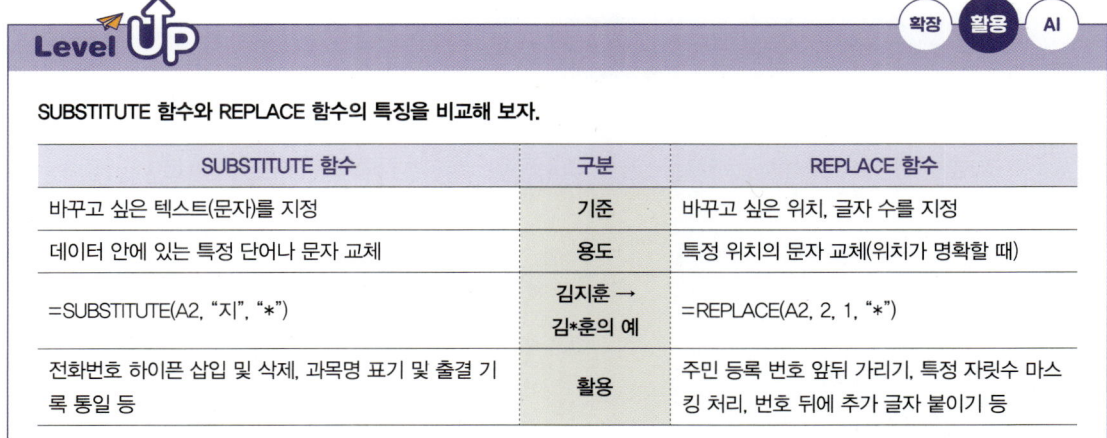

Level UP 확장 활용 AI

SUBSTITUTE 함수와 REPLACE 함수의 특징을 비교해 보자.

SUBSTITUTE 함수	구분	REPLACE 함수
바꾸고 싶은 텍스트(문자)를 지정	기준	바꾸고 싶은 위치, 글자 수를 지정
데이터 안에 있는 특정 단어나 문자 교체	용도	특정 위치의 문자 교체(위치가 명확할 때)
=SUBSTITUTE(A2, "지", "*")	김지훈 → 김*훈의 예	=REPLACE(A2, 2, 1, "*")
전화번호 하이픈 삽입 및 삭제, 과목명 표기 및 출결 기록 통일 등	활용	주민 등록 번호 앞뒤 가리기, 특정 자릿수 마스킹 처리, 번호 뒤에 추가 글자 붙이기 등

Chapter 03 시트 가독성 높이기

01 주요 항목을 화면에 고정시키기
행/열 고정

bit.ly/구글시트고정
저자 직강 영상

업무 상황 민 교사는 학급 학생들의 기초 자료 조사 내용을 확인하던 중 고민에 빠졌다. 스크롤을 옆으로 옮겼더니 학생 이름이 화면에서 사라져 누구의 자료인지 알 수 없었고, **아래로 내릴수록 행 제목이 보이지 않아 어떤 항목인지 확인하기 어려웠다. 보기 좋게 만드는 방법은 없을까?**

💡 핵심 기능 이해하기

행/열 고정은 행이나 열을 고정하여 스크롤을 내리거나 옆으로 이동해도 고정된 부분이 화면에 계속 표시되도록 설정하는 기능이다. 특히 데이터양이 많아 화면을 스크롤로 이동해야 할 때 중요한 기준 정보를 계속 보면서 작업할 수 있어 실수를 줄이고 업무 효율을 높일 수 있다.

🖱 열 고정 실습하기

01 스크롤을 오른쪽으로 옮기면 이름 항목이 보이지 않아 누구의 자료인지 알 수 없다. 이때 [열 고정]을 활용해야 한다.

	A	B	C	D	E	F	G	
1	이름	번호	성별	핸드폰 번호	보호자 관계	보호자 친밀도	같이 다니는 형제/자매 여부	재정 필요
2	김구글	1	남자	010-8765430	어머니	5	아니오	아
3	이드롭	2	남자	010-1234-5670	어머니	1	아니오	
4	박태그	3	남자	010-8765430	어머니	5	아니오	아
5	최로봇	4	여자	010-4567-8901	어머니	4	아니오	아

	F	G	H	I	J	
1	호자 밀도	같이 다니는 형제/자매 여부	재정 지원 필요 여부	작년에 어려웠던 상황	좋아하는 과목	싫어하
2	5	아니오	아니오	없음	수학, 체육, 과학	수학
3	1	아니오	네	네	수학, 체육, 과학	수
4	5	아니오	아니오	없음	체육, 국어, 사회	국어
5	4	아니오	아니오	없음	체육, 음악	음

02 고정하고 싶은 열 번호를 클릭하여 열 전체를 선택한 후 마우스 오른쪽을 눌러 [열 작업 더보기]-[A열까지 고정]을 선택하면 해당 열까지 화면에 고정된다.

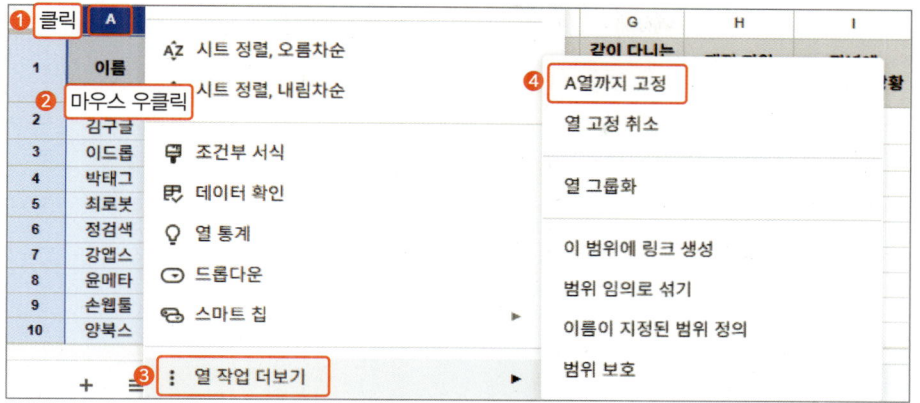

> ⚠️ **TIPS!**
> [메뉴]-[보기]-[고정]에서도 행과 열을 고정할 수 있다.

03 열 고정이 적용되면 셀 옆에 회색의 굵은 테두리로 표시되며 스크롤을 옆으로 옮겨도 고정된 열은 화면에 계속 유지된다. 이제 오른쪽으로 스크롤을 이동해도 누구의 정보인지 알 수 있다.

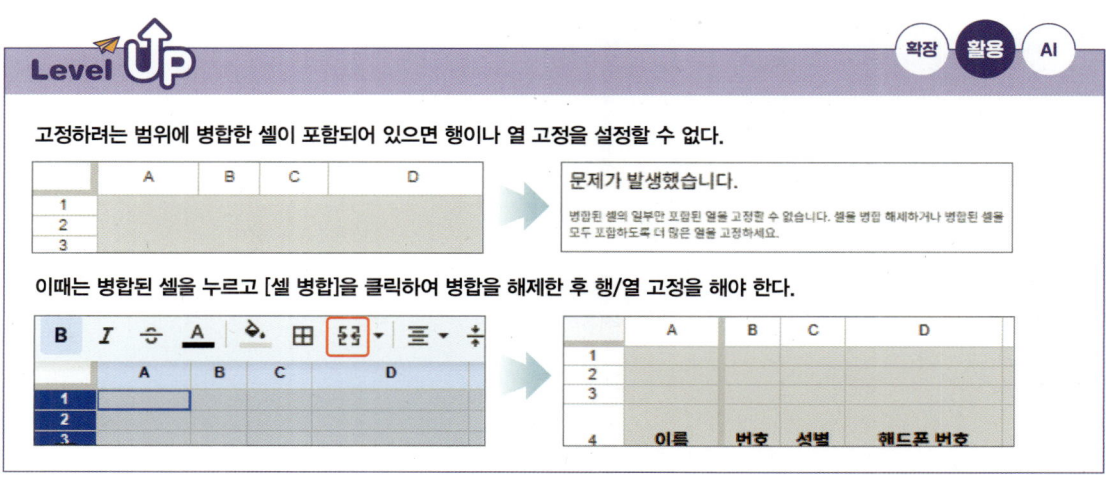

3. 시트 가독성 높이기 _ **45**

🖱 행 고정 실습하기

01 열이 고정이 되어 누구의 자료인지 쉽게 확인할 수 있지만, 스크롤을 내리면 행 제목이 화면에서 사라져 어떤 자료인지 구분하기 어렵다. 이때 [행 고정]을 활용해야 한다.

	F	G	H	I	J	K
1	호자밀도	같이 다니는 형제/자매 여부	재정 지원 필요 여부	작년에 어려웠던 상황	좋아하는 과목	싫어하
2	5	아니오	아니오	없음	수학, 체육, 과학	수학
3	1	아니오	네	네	수학, 체육, 과학	수
4	5	아니오	아니오	없음	체육, 국어, 사회	국어
5	4	아니오	아니오	없음	체육, 음악	음

⬇

	A	F	G	H	I	J	K
14	황알고리	5	네	아니오	없음	미술, 과학	미술
15	신챗팅	5	아니오	아니오	없음	수학	수
16	오독스	5	네	아니오	없음	과학, 체육, 수학	과학,
17	백클릭	5	아니오	아니오	없음	미술, 영어	영

> ⚠ **TIPS!**
> 행/열 고정을 해제하려면 고정된 셀에 마우스를 올리고 마우스 오른쪽을 클릭한 후 [행(또는 열) 작업 더보기]-[행(또는 열) 고정 취소]를 선택하면 된다.

02 고정하고 싶은 행 번호를 클릭하여 행 전체를 선택한 후 마우스 오른쪽 버튼을 눌러 [행 작업 더보기]-[1행까지 고정]을 선택하면 해당 행까지 화면에 고정된다.

> ⚠ **TIPS!**
> 스프레드시트 상단의 [행 머리글]을 클릭하면 해당하는 행의 전체 범위가 선택된다.

03 행 고정이 적용되면 셀 아래에 회색의 굵은 테두리로 표시되며 스크롤을 아래로 내려도 고정된 행은 화면에 계속 유지된다. 이제 스크롤을 내려도 어떤 정보인지 알 수 있다.

	A	F	G	H	I	J	
1	이름	호자밀도	같이 다니는 형제/자매 여부	재정 지원 필요 여부	작년에 어려웠던 상황	좋아하는 과목	싫어ㅎ
10	양북스	5	아니오	아니오	네	체육, 미술, 음악	미술
11	조코드	5	네	아니오	없음	미술	
12	문런즈	5	아니오	아니오	없음	체육, 미술, 영어, 과학, 수학	미술
13	임톡스	5	네	아니오	없음	체육, 국어	
14	황알고리	5	네	아니오	없음	미술, 과학	미술
15	신챗팅	5	아니오	아니오	없음	수학	
16	오독스	5	네	아니오	없음	과학, 체육, 수학	과학
17	백클릭	5	아니오	아니오	없음	미술, 영어	

 TIPS!
행/열 고정은 화면 보기용 기능이므로 인쇄 시 고정된 행/열이 적용되지 않는다. 인쇄 시 적용하려면 [머리글 행 반복 설정] 기능을 활용해야 한다.

 **이건 꼭 기억하자!**

✅ 행/열 고정은 고정하려는 행이나 열을 설정하는 것이 중요하다. 원하는 행의 가장 왼쪽, 열의 가장 위쪽(머리글)을 클릭한 후 행/열을 고정해 보자.

Level UP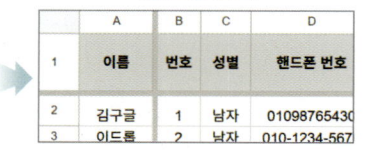

시트에서 왼쪽 상단 모서리 셀의 아래쪽에 마우스를 두면 손바닥 모양으로 변한다. 그 상태에서 마우스를 클릭하면 커서가 변경되고, 고정하려는 행 또는 열까지 잡아당기면 간단하게 행 또는 열을 고정할 수 있다.

〈행 고정 완료〉

〈열 고정 완료〉

3. 시트 가독성 높이기 _ **47**

Chapter 03 시트 가독성 높이기

bit.ly/구글시트정렬

02 학생 상담 순서대로 정렬하기

데이터 정렬

저자 직강 영상

업무 상황

민 교사는 학급 상담 일정을 온라인 설문지를 통해 신청받았다. 그런데 학생들의 상담 날짜가 정리되지 않아 **누가, 언제 상담을 신청했는지 한눈에 파악하기 어렵다. 이를 해결하는 방법은 없을까?**

💡 핵심 기능 이해하기

데이터 정렬은 오름차순 또는 내림차순으로 데이터를 정리하여 순서를 재배열하는 기능으로 시트 정렬을 사용하면 전체 시트를 일괄 정렬할 수 있다.

고급 범위 정렬을 활용하면 여러 기준을 적용해 세부적으로 정렬할 수 있다. 학교 현장에서는 학급 명단을 번호순으로 정리하거나 상담 일정을 날짜순으로 정리하는 데 유용하게 활용할 수 있다.

🔒 시트 정렬 실습하기

01 상담 일정을 날짜순으로 정리하려면 B 열을 클릭하여 해당 열 전체를 선택한 후 [메뉴]-[데이터]-[시트 정렬]에서 [B열 기준으로 시트 정렬(오름차순)]을 클릭한다.

 TIPS!
행 고정이 되어 있지 않은 상태에서 시트 정렬 기능을 사용하면 행 제목까지 함께 정렬되어 제목 행이 사라지는 문제가 발생할 수 있다. 따라서 시트 정렬 기능을 활용하기 전에는 반드시 행 고정을 설정해야 한다.

02 희망 일자가 빠른 날부터 순차적으로 정렬된 것을 확인할 수 있다.

	A	B	C	D	E
1	이름	희망 일자	희망 요일	희망 시간	상담 희망 내용
2	고챗봇	2025-03-03	월	13:00	성적
3	안코어	2025-03-03	월	11:00	기타
4	황알고리	2025-03-03	월	10:00	가족관계
5	강앱스	2025-03-04	화	11:00	가족관계
6	문런즈	2025-03-04	화	10:30	기타
7	유테크	2025-03-04	화	13:00	기타
8	송태스	2025-03-05	수	13:00	교우관계
9	양북스	2025-03-05	수	10:00	성적
10	윤메타	2025-03-05	수	14:00	가족관계
11	배클래스	2025-03-06	목	13:30	성적
12	서웹캠	2025-03-06	목	10:00	성적

> ⚠️ **TIPS!**
> 오름차순(A-Z)은 작은 값에서 큰 값(1→10), 가나다, ABC 순으로 정렬하며, 내림차순(Z-A)은 큰 값에서 작은 값(10→1), 가나다 역순, 알파벳 역순으로 정렬한다.

Level UP 　　　　　　　　　　　　　　　　　　　확장　활용　AI

1. SORT 함수를 활용하여 데이터를 정렬할 수 있다.

- **함수식**: =SORT(범위, 기준 열 번호, 오름차순_여부)
- **의미**: 범위에서 정렬 기준이 될 열을 오름차순(TRUE)이나 내림차순(FALSE)으로 정렬한다.

예1 오름차순 정렬

C2		fx	=SORT(A2:B5,2,TRUE)	
	A	B	C	D
1	이름	점수	오름 차순정렬	점수
2	김구글	88	최로봇	70
3	이드롭	95	박태그	76
4	박태그	76	김구글	88
5	최로봇	70	이드롭	95

예2 내림차순 정렬

C2		fx	=SORT(A2:B5,2,FALSE)	
	A	B	C	D
1	이름	점수	내림 차순정렬	점수
2	김구글	88	이드롭	95
3	이드롭	95	김구글	88
4	박태그	76	박태그	76
5	최로봇	70	최로봇	70

2. 데이터 정렬과 SORT 함수의 차이점을 이해하면 다양한 업무 상황에 활용할 수 있다.

구분	정렬 방식	자동 정렬	활용 적합 사례
데이터 정렬	메뉴나 필터에서 직접 적용	새로 입력된 값은 반영이 안 됨	인쇄 전 정리, 수동 데이터 확인용 등
SORT 함수	함수로 결과 출력	새 데이터 입력 시 자동으로 정렬됨	보고서용 실시간 결과표, 공유 시트 등

3. 시트 가독성 높이기

🖱 범위 정렬 실습하기

01 희망 일자 내에서 상담 시간이 빠른 순으로 정렬하려면 고급 범위 정렬 옵션을 활용할 수 있다. 데이터가 들어 있는 범위를 드래그하여 지정한 후 [메뉴]-[데이터]-[범위 정렬]-[고급 범위 정렬 옵션]을 클릭한다.

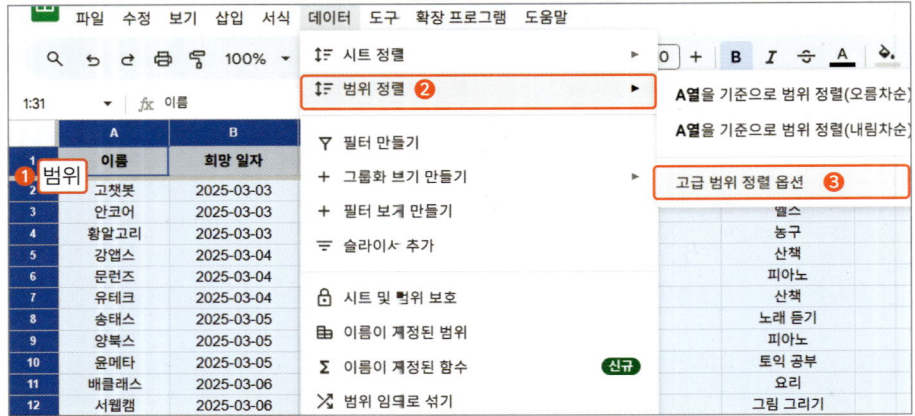

> ⚠ **TIPS!**
> 범위 정렬 시 데이터가 들어 있는 셀이 누락되지 않도록 범위를 정확하게 지정하는 것이 중요하다.

02 [데이터에 머리글 행이 있습니다]에 체크로 표시하면 [정렬 기준]이 머리글 행 이름으로 변경된다. 기준이 되는 머리글 행 이름을 선택한다.

> ⚠ **TIPS!**
> 머리글이 2줄 이상이면 첫 줄만 머리글로 인식되므로 머리글은 반드시 한 줄로 구성해야 한다.

50 _ [PART 1] 새 학기 준비

03 [다른 정렬 기준 열 추가]를 클릭하여 두 번째 [정렬 기준]을 추가한 후 희망 시간으로 설정한다.

> ⚠️ **TIPS!**
> 정렬 기준에서 위에 있는 항목일수록 우선순위가 높다. 예를 들어 희망 일자가 위에 있고 희망 시간이 아래에 있으면 날짜순으로 먼저 정렬되고 같은 날짜 내에서는 시간순으로 정렬된다.

04 희망 일자와 희망 시간을 오름차순으로 정렬하면 날짜별로 상담 순서가 명확해져 상담 일정을 쉽게 파악할 수 있다.

	A	B	C	D	E	F
1	이름	희망 일자	희망 요일	희망 시간	상담 희망 내용	위클래스 상담 희망
2	황알고리	2025-03-03	월	10:00	가족관계	O
3	안코어	2025-03-03	월	11:00	기타	O
4	고챗봇	2025-03-03	월	13:00	성적	X
5	문런즈	2025-03-04	화	10:30	기타	O
6	강앱스	2025-03-04	화	11:00	가족관계	O

🤖 **생성형 AI와 함께하기**

Google Apps Script를 활용한 정렬 자동화 방법을 생성형 AI로 만들려면?
프롬프트 예 구글 시트에서 데이터가 입력될 때마다 자동으로 고급 정렬 옵션(학년→반→이름순)이 적용되도록 Google Apps Script 코드를 만들어 줘.

📁 **이건 꼭 기억하자!**
- 시트 정렬을 사용할 때 비어 있는 셀이 있으면 정렬이 제대로 적용되지 않을 수 있으므로 정렬 전에 비어 있는 셀을 먼저 정리해야 한다.

Chapter 03 | 시트 가독성 높이기

🔗 bit.ly/구글시트가독성

03 줄마다 색 입혀 기초 자료 가독성 높이기

교차 색상

저자 직강 영상

업무 상황

민 교사는 학급 학생들의 이전 학년 성적을 바탕으로 학기 초 개별 상담을 준비하고 있다. 그러나 **행과 행 사이의 구분이 명확하지 않아 학생 성적을 혼동하는 일이 자주 발생했다.** 이를 해결하는 방법은 없을까?

💡 핵심 기능 이해하기

교차 색상은 행이나 열에 번갈아 가며 다른 색상을 적용해 데이터를 구분하기 쉽게 만드는 기능이다. 시트의 가독성을 높이고, 데이터 그룹이나 패턴을 직관적으로 확인할 수 있다.

🖱 교차 색상 실습하기

01 교차 색상을 적용하고 싶은 범위를 드래그하여 지정한 후 [서식]-[교차 색상]을 클릭한다.

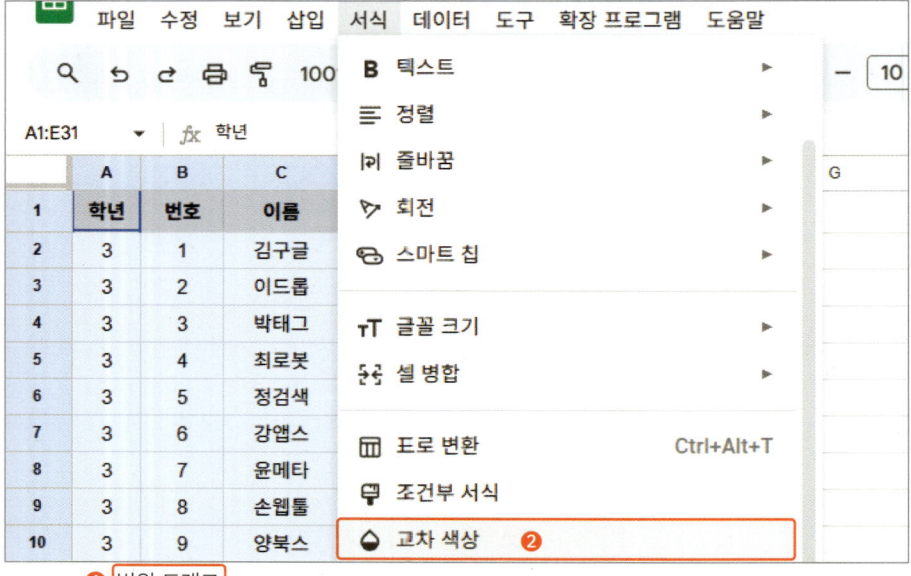

⚠️ **TIPS!**
Ctrl + O를 누른 후 서식 메뉴를 열고 L을 누르면 선택한 범위에 교차 색상이 적용된다.

02 교차 색상을 클릭하면 시트에 기본 설정된 교차 색상 스타일이 자동으로 적용된다. 오른쪽에 표시되는 교차 색상 옵션의 [스타일] 항목에서 원하는 색상으로 변경할 수 있다.

⚠️ **TIPS!**
[머리글]에 체크하면 가장 위쪽 행에서부터 색상이 적용되고 [바닥글]을 선택하면 가장 아래쪽 행부터 색상이 적용된다.

03 오른쪽 교차 색상 옵션의 [범위에 적용]에서 교차 색상이 적용되는 범위를 변경할 수 있다.

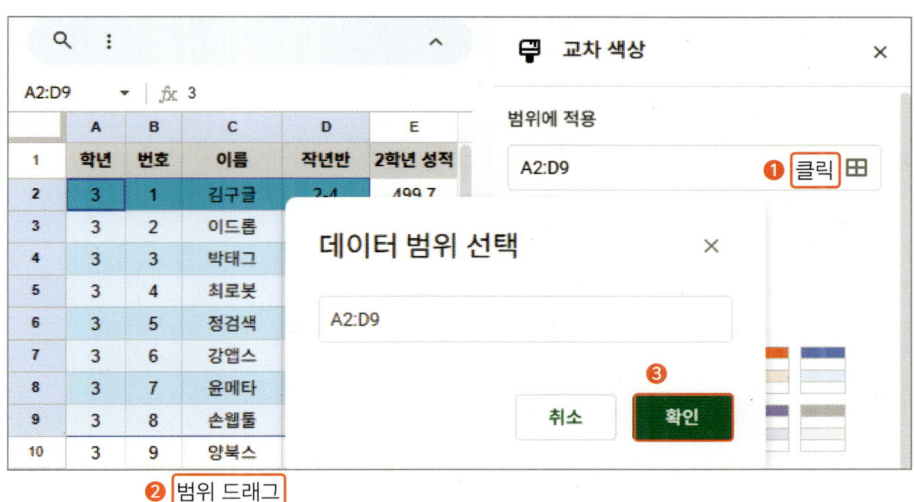

⚠️ **TIPS!**
기본 스타일 외에 원하는 색상을 조합하려면 맞춤형 스타일을 활용하여 교차 색상을 적용할 수 있다.

📁 **이건 꼭 기억하자!**

✅ 셀에 이미 색이 칠해져 있으면 교차 색상이 적용되지 않으므로 기존 색을 모두 지운 후 교차 색상을 적용해야 한다.

3. 시트 가독성 높이기 _ **53**

Chapter 03 | 시트 가독성 높이기

bit.ly/구글시트서식

04 학생 정보 일관되게 통일하기

서식 맞춤

저자 직강 영상

업무 상황

민 교사는 기초 조사를 통해 수집한 전화번호 형식이 01012345678, 010-1234-5678 등으로 다르고 심지어 공백이 섞여 있어 복사해서 사용하기 불편했다. 또 번호를 입력한 숫자 뒤에 2번, 3번 등으로 단위를 넣어 통일하고 싶다.

전화번호나 숫자 표현을 하나의 형식으로 깔끔하게 통일할 수 없을까?

🧠 핵심 기능 이해하기

서식 **맞춤**은 선택한 셀이나 범위에 글꼴, 색상, 숫자·날짜 형식 등을 지정하여 전체 시트의 스타일을 통일하는 기능이다. 텍스트, 숫자, 날짜·시간, 통화, 퍼센트, 사용자 지정 형식 등 다양한 표시 방식을 적용하여 데이터를 보기 좋게 정리할 수 있다.

🖱️ 전화번호 형식 통일 실습하기

01 서식 맞춤을 적용하여 전화번호에 하이픈(-)을 넣은 형태로 통일해 보자. 형식을 변경하고자 하는 행을 클릭하여 전체 영역을 드래그한 후 [서식]-[숫자]-[맞춤 숫자 형식]을 선택한다.

> ⚠️ **TIPS!**
>  + O 를 누른 후 [서식] 메뉴를 열고 N 을 누르면 숫자 서식과 관련된 메뉴가 나타난다.

54 _ [PART 1] 새 학기 준비

02 [맞춤 숫자 형식]에서 [000-0000-0000]을 입력하고 [적용]을 클릭한다.

03 전화번호 형식이 하이픈이 붙은 형태로 통일된다.

	A	B	C	D	E	F	G	H	I
1	이름	핸드폰번호	학년	반	번호	성별	힘든점	가족구성원	재정지원여부
2	김구글	010-1234-5633	3학년	6반	1번	남자	없어요	아빠, 엄마	아니오, 필요 없습니다.
3	이드롭	010-1234-5670	3학년	6반	2번	남자	없어요	아빠, 엄마	네, 필요합니다.
4	박테그	010-9876-5430	3학년	6반	3번	남자	딱히 없음	아빠, 엄마, 형 또는 오빠	아니오, 필요 없습니다.
5	최로봇	010-4567-8901	3학년	6반	4번	여자	없음	아빠, 엄마, 형 또는 오빠	아니오, 필요 없습니다.
6	청검색	010-6543-2102	3학년	6반	5번	남자	없음	아빠, 엄마, 형 또는 오빠	네, 필요합니다.
7	강앱스	010-1122-3343	3학년	6반	6번	여자	없음	아빠, 엄마,	아니오, 필요 없습니다.
8	윤메타	010-2233-4454	3학년	6반	7번	남자	없음	아빠, 엄마	아니오, 필요 없습니다.
9	손웹툴	010-3344-5565	3학년	6반	8번	남자	X	아빠, 엄마, 동생	아니오, 필요 없습니다.
10	양북스	010-4455-6676	3학년	6반	9번	여자	없음	아빠, 엄마	아니오, 필요 없습니다.
11	조코드	010-5566-7787	3학년	6반	10번	여자	X	아빠, 엄마, 남동생	아니오, 필요 없습니다.
12	문런즈	010-6677-8898	3학년	6반	11번	여자	없음	아빠, 엄마	아니오, 필요 없습니다.
13	임톡스	010-7788-9909	3학년	6반	12번	여자	없었어요	아빠, 엄마, 여동생	아니오, 필요 없습니다.

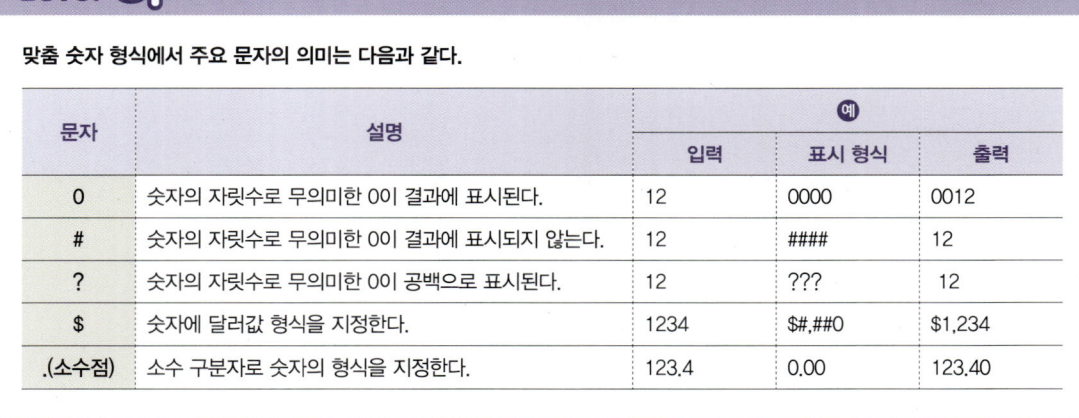

맞춤 숫자 형식에서 주요 문자의 의미는 다음과 같다.

문자	설명	예		
		입력	표시 형식	출력
0	숫자의 자릿수로 무의미한 0이 결과에 표시된다.	12	0000	0012
#	숫자의 자릿수로 무의미한 0이 결과에 표시되지 않는다.	12	####	12
?	숫자의 자릿수로 무의미한 0이 공백으로 표시된다.	12	???	12
$	숫자에 달러값 형식을 지정한다.	1234	$#,##0	$1,234
.(소수점)	소수 구분자로 숫자의 형식을 지정한다.	123.4	0.00	123.40

숫자 단위 통일 실습하기

01 번호 항목에서 숫자 뒤에 '번'을 붙여 '2번', '3번'으로 통일해 보자. 형식을 변경하고자 하는 행을 클릭하여 전체 영역을 드래그한 후 [서식]-[숫자]-[맞춤 숫자 형식]을 선택한다. [0"번"]을 입력하고 [적용]을 클릭한다.

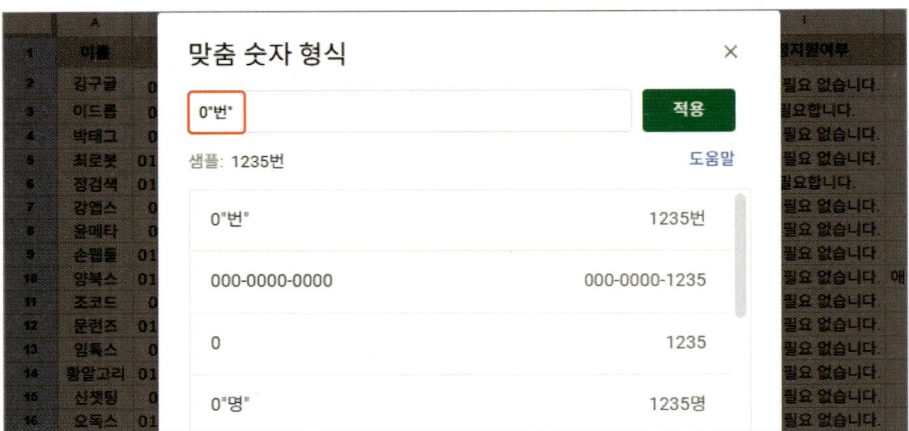

02 번호가 '2번', '3번' 형식으로 통일된다.

	A	B	C	D	E	F	G	H	I
1	이름	핸드폰번호	학년	반	번호	성별	힘든점	가족구성원	재정지원여부
2	김구글	010-1234-5633	3학년	6반	1번	남자	없어요	아빠, 엄마	아니오, 필요 없습니다.
3	이드롭	010-1234-5670	3학년	6반	2번	남자	없어요	아빠, 엄마	네, 필요합니다.
4	박태그	010-9876-5430	3학년	6반	3번	남자	딱히 없음	아빠, 엄마, 형 또는 오빠	아니오, 필요 없습니다.
5	최로봇	010-4567-8901	3학년	6반	4번	여자	없음	아빠, 엄마, 형 또는 오빠	아니오, 필요 없습니다.
6	장검색	010-6543-2102	3학년	6반	5번	남자	없음	아빠, 엄마, 형 또는 오빠	네, 필요합니다.
7	강앱스	010-1122-3443	3학년	6반	6번	여자	없음	아빠, 엄마,	아니오, 필요 없습니다.
8	윤메타	010-2233-4454	3학년	6반	7번	남자	없음	아빠, 엄마	아니오, 필요 없습니다.
9	손웹툴	010-3344-5565	3학년	6반	8번	남자	X	아빠, 엄마, 동생	아니오, 필요 없습니다.
10	양북스	010-4455-6676	3학년	6반	9번	여자	없음	아빠, 엄마	아니오, 필요 없습니다.
11	조코드	010-5566-7787	3학년	6반	0번	여자	X	아빠, 엄마, 남동생	아니오, 필요 없습니다.
12	문런즈	010-6677-8898	3학년	6반	1번	여자	없음	아빠, 엄마	아니오, 필요 없습니다.
13	임툭스	010-7788-9909	3학년	6반	2번	여자	없었어요	아빠, 엄마, 여동생	아니오, 필요 없습니다.
14	황알고리	010-8899-0010	3학년	6반	3번	여자	없음	아빠, 엄마, 여동생	아니오, 필요 없습니다.
15	신챗팅	010-2345-6782	3학년	6반	4번	여자	비밀입니다	아빠, 엄마, 여동생	아니오, 필요 없습니다.
16	오독스	010-3456-7893	3학년	6반	5번	여자	없음	아빠, 엄마, 여동생	아니오, 필요 없습니다.

⚠️ **TIPS!**
날짜 서식을 yyyy"년" mm"월" dd"일"로 지정하면 2025-08-25가 2025년 08월 25일로 통일된다.

📁 **이건 꼭 기억하자!**

 숫자 뒤에 단위를 붙일 때 "명"처럼 큰따옴표 안에 단위를 넣어야 인식된다.

| Chapter 03 | 시트 가독성 높이기 |

bit.ly/구글시트서식복사

05 내용 변경 없이, 겉모습만 똑같게 복사하기

서식 복사

저자 직강 영상

업무 상황

민 교사는 날짜, 시간, 특이 사항을 양식에 맞게 정렬하고 색상도 적용하여 가독성과 활용도를 높인 2주 차 학부모 상담 일정표를 완성하였다. 그런데 3주 차 상담 표를 새로 만들어 복사하니 2주 차 내용까지 그대로 복사되어 다시 수정해야 했다.
내용은 다르게 입력하되 서식만 동일하게 적용하는 방법은 없을까?

💡 핵심 기능 이해하기

서식 복사는 특정 셀의 서식을 복사하여 다른 셀에 동일하게 적용하는 기능이다. 일일이 지정하지 않아도 글꼴, 글자 색 등 서식 탭에 있는 모든 서식을 복사하여 빠르게 서식을 통일할 수 있다.

🖱 서식 복사 실습하기

01 3월 2주 차 상담 일정에 적용된 서식만 3주 차 서식에 적용하려면 서식이 포함된 셀의 범위를 `Ctrl`를 누른 상태에서 클릭하여 선택한다.

			3월 2주차 상담일정			
	날짜	2025 3. 10(월)	2025 3. 11(화)	2025 3. 12(수)	2025 3. 13(목)	2025 3. 14(금)
	1교시					
	2교시					
	3교시					
	4교시					
	5교시					상담 불가
	6교시					
	7교시					
	방과후					
			3월 3주차 상담일정			
	날짜	2025 3. 17(월)	2025 3. 18(화)	2025 3. 19(수)	2025 3. 20(목)	2025 3. 21(금)
	1교시					
	2교시					
	3교시					상담 불가
	4교시					
	5교시					
	6교시					
	7교시					
	방과후					

> ⚠ **TIPS!**
> `Ctrl`를 누른 상태에서 클릭하면 떨어져 있는 셀 범위도 한 번에 선택할 수 있고 `Ctrl`를 누른 상태에서 드래그하면 원하는 범위를 연속으로 지정할 수 있다.

02 [메뉴] 아래의 서식 복사 모양을 누른 후 복사한 서식을 붙여 넣고자 하는 시트 범위에 맞추어 정확하게 클릭하면 복사한 서식이 아래 셀에도 동일하게 적용된 것을 확인할 수 있다.

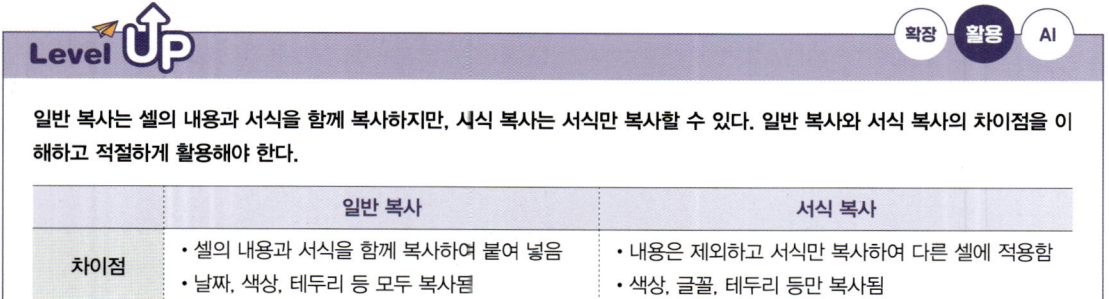

> ⚠️ **TIPS!**
> 일반 복사 후 붙여 넣기를 하면 오른쪽 하단에 [값만 붙여 넣기], [서식만 붙여 넣기], [표로 붙여 넣기] 옵션이 나타난다. 이때 [서식만 붙여 넣기]를 선택하면 서식 복사와 동일한 결과를 얻을 수 있다.

Level UP 확장 활용 AI

일반 복사는 셀의 내용과 서식을 함께 복사하지만, 서식 복사는 서식만 복사할 수 있다. 일반 복사와 서식 복사의 차이점을 이해하고 적절하게 활용해야 한다.

	일반 복사	서식 복사
차이점	• 셀의 내용과 서식을 함께 복사하여 붙여 넣음 • 날짜, 색상, 테두리 등 모두 복사됨	• 내용은 제외하고 서식만 복사하여 다른 셀에 적용함 • 색상, 글꼴, 테두리 등만 복사됨

03 적용된 서식을 지우려면 삭제할 셀의 전체를 드래그한 후 [메뉴]-[서식]-[서식 지우기]를 클릭한다.

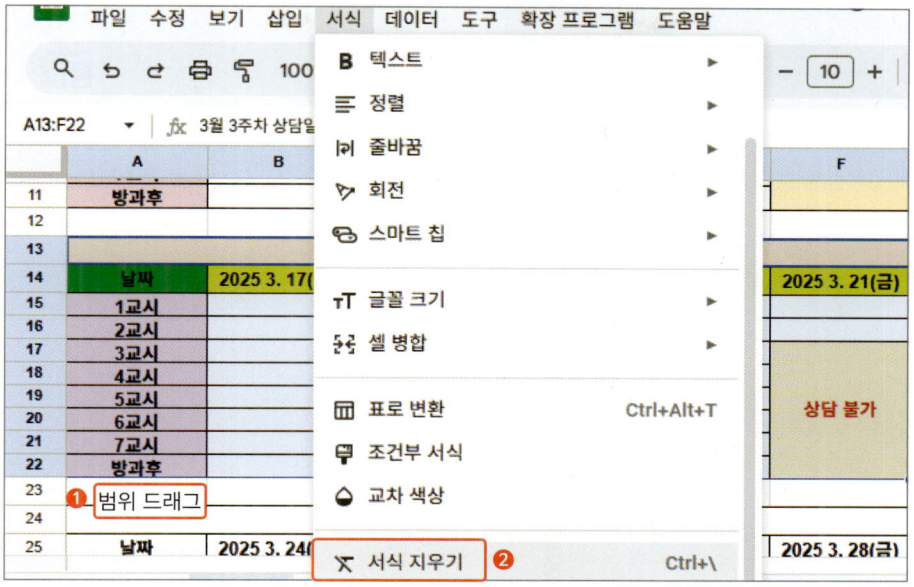

04 적용된 서식이 삭제된 것을 확인할 수 있다.

> ⚠ **TIPS!**
> 삭제할 셀의 전체를 드래그한 후 Ctrl+\를 눌러도 서식 지우기를 적용할 수 있다.

📁 **이건 꼭 기억하자!**

✅ 서식 복사는 글꼴, 글자 크기, 색상, 굵기, 테두리 등의 모양 복사만 가능하다. 또 서식 복사 시 전체 서식이 복사되며 원하는 속성만 복사할 수 없다.

| Chapter 03 | 시트 가독성 높이기 |

bit.ly/구글시트필터

06 클릭 몇 번으로 필요한 데이터 뽑기
필터 만들기

업무 상황

창체 동아리 신청 명단이 구글 스프레드시트로 공유됐다. 민 교사는 학급 학생들의 나이스 반 배정을 위해 댄스반 신청자를 확인하려 했지만, 명단이 학번순으로 정렬되어 있어 댄스반 신청 학생을 한눈에 찾기 어려웠다.
특정 항목을 기준으로 신청자만 빠르게 걸러보는 방법은 없을까?

💡 핵심 기능 이해하기

필터 만들기는 특정 조건을 설정하여 원하는 항목만 골라서 볼 수 있는 기능이다. 학급 시트에서 성별과 같이 특정 조건에 해당하는 학생만 따로 추려볼 때 유용하게 활용할 수 있다.

🖱 필터 만들기 실습하기

01 필터를 활용해서 댄스반을 신청한 학생들을 한눈에 파악해 보자. 필터를 적용할 영역을 드래그 하여 선택한 후 [메뉴]-[데이터]-[필터 만들기]를 클릭한다.

 **TIPS!**
범위를 지정한 후 지정한 곳에 마우스 커서를 두고 마우스 우클릭으로도 필터를 만들 수 있다.

02 글자 옆의 필터 모양을 클릭하면 해당 필터의 속성이 나타나며, [값별 필터링] 항목에는 데이터에 입력된 내용들이 목록으로 표시된다. 댄스부 학생들만 확인하기 위해 나머지 동아리 항목의 체크를 해제한다.

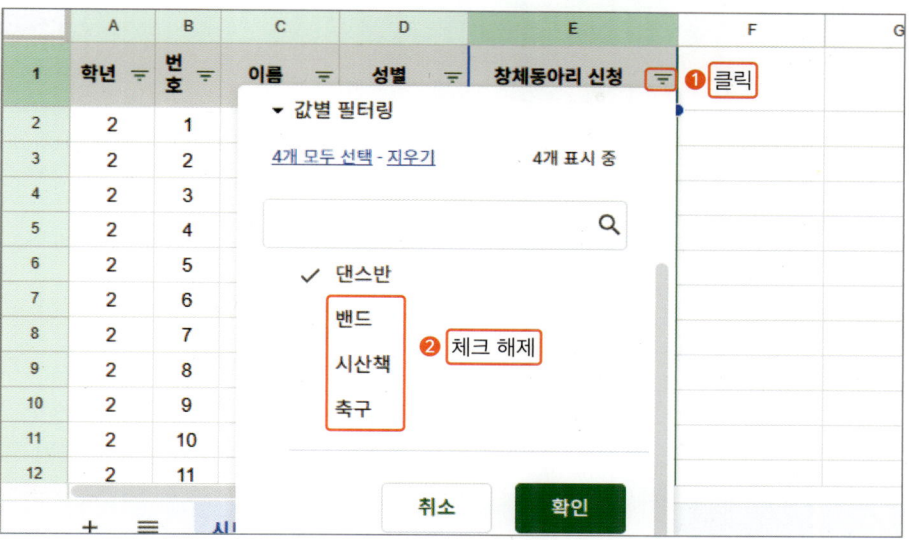

03 댄스반을 신청한 학생들만 필터링되어 나타난다.

> ⚠️ **TIPS!**
> [값별 필터링]은 여러 항목에 동시에 적용할 수 있다. 예를 들어 성별에서 '남자'를 해제하면 댄스반 필터와 함께 댄스반 신청 여학생 명단만 볼 수 있다.

📁 **이건 꼭 기억하자!**

✓ 같은 시트에서 성격이 다른 두 개의 데이터에 필터를 적용하려면 필터 범위를 정확히 구분해서 지정한 후 필터를 각각 적용해야 한다.

| Chapter 03 | 시트 가독성 높이기 |

🔗 bit.ly/구글시트인쇄

07 작업물을 깔끔하고 효율적으로 인쇄하기

인쇄

저자 직강 영상

업무 상황 학생 자리 배치표와 교직원 연명부 작업물을 출력해서 확인하던 민 교사. 학생 자리 배치표에서는 눈금선이 지저분하게 보였고 교직원 연명부에서는 이름, 직책 등의 제목 행이 첫 장에만 출력되었다. **작업물을 깔끔하고 보기 좋게 인쇄하는 방법은 없을까?**

💡 핵심 기능 이해하기

인쇄는 작업물을 출력하는 기능으로 서식 지정의 눈금선 해제와 머리글 및 바닥글의 고정된 행 반복을 설정하면 깔끔하고 보기 좋게 인쇄할 수 있다.

🖱 눈금선 해제 실습하기

01 눈금선 없이 인쇄하려면 인쇄 설정을 변경해야 한다. 인쇄하고자 하는 영역을 드래그하여 범위를 지정한 후 [메뉴] 아래의 인쇄 모양을 클릭한다.

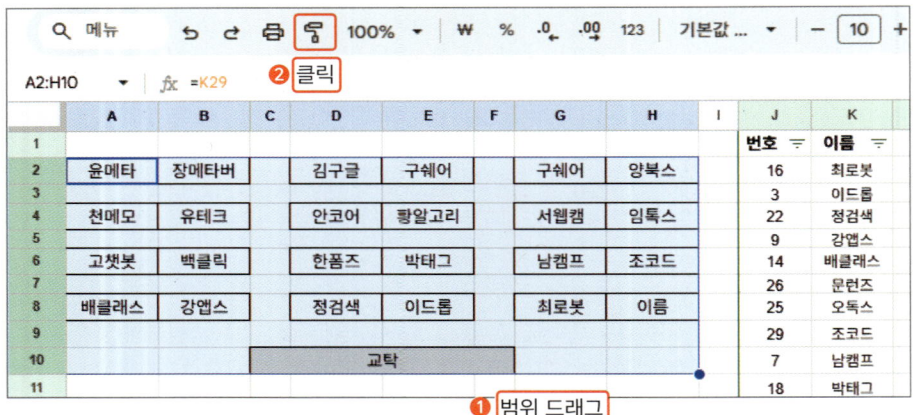

⚠️ **TIPS!**
Ctrl + P 를 누르거나 메뉴에서 [파일]-[인쇄]를 클릭해도 인쇄할 수 있다.

 **생성형 AI와 함께하기**

생성형 AI를 활용하여 눈금선 없이 인쇄하려면?

프롬프트 예 구글 시트에서 인쇄 시 눈금선을 없애고 싶어. / 표만 깔끔하게 보이게 인쇄하고 싶어.

02 인쇄 설정에서 [현재 시트]를 [선택된 셀]로 바꾸어 지정한 범위만 인쇄될 수 있도록 변경한다.

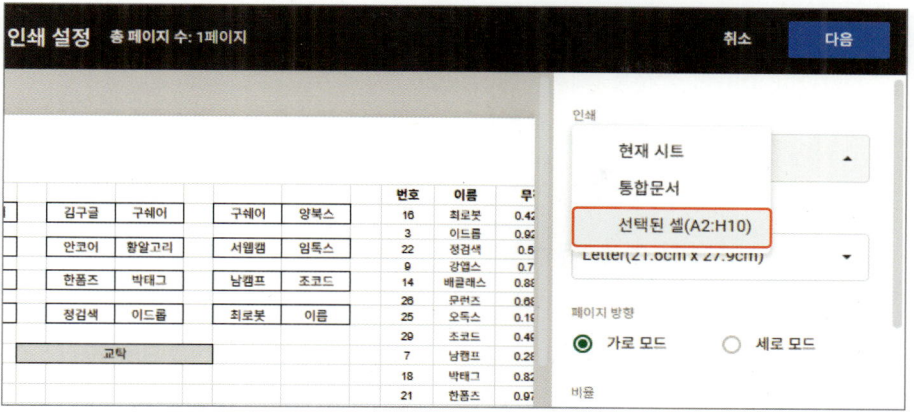

03 [서식 지정]에서 [눈금선 표시]를 체크 해제하면 눈금선이 없어진 것을 확인할 수 있다.

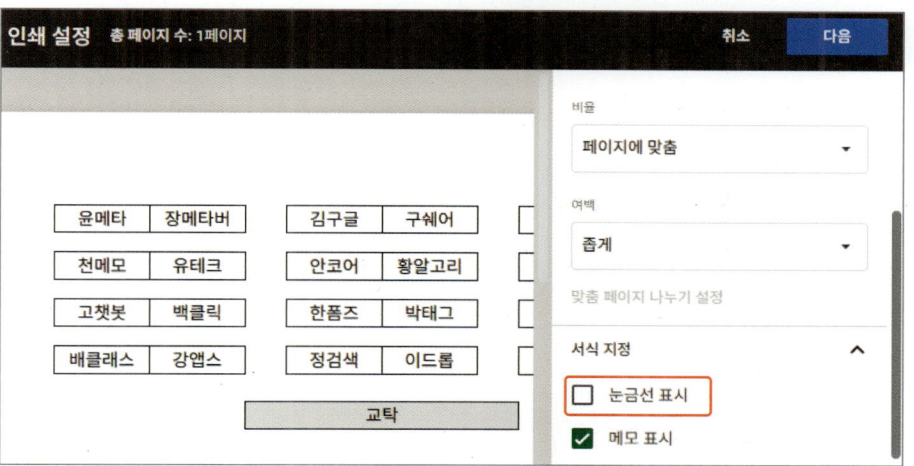

Level UP 확장 활용 AI

인쇄 설정 창에서 다양한 인쇄 옵션을 정할 수 있다.

인쇄 옵션	항목	설명
현재 시트	현재 시트, 선택된 셀	시트 전체 인쇄 또는 드래그한 범위만 인쇄
페이지 방향	가로 모드, 세로 모드	A4 용지의 가로 또는 세로 방향에 맞추어 인쇄
비율	기본, 너비에 맞춤, 높이에 맞춤, 페이지에 맞춤, 맞춤 숫자	인쇄할 시트의 크기 조절
여백	기본값, 좁게, 넓게, 맞춤 숫자	인쇄 시 내용과 용지 가장자리 사이의 공간(여백) 조절

3. 시트 가독성 높이기 _ **63**

고정된 행 반복 실습하기

01 제목을 고정하여 인쇄하려면 제목과 머리글이 있는 2행까지 [행 고정]을 한 후 [메뉴] 아래의 인쇄 모양을 클릭한다. [비율] 설정을 [페이지에 맞춤]에서 [기본(100%)]으로 변경한다.

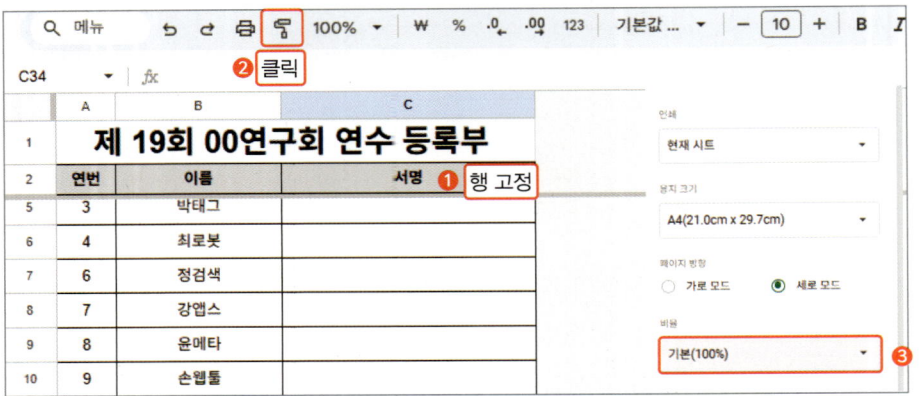

> ⚠️ **TIPS!**
> [페이지에 맞춤]으로 설정하면 글자가 작아지고 가독성이 떨어지므로 주의해야 한다.

02 [머리글 및 바닥글]-[행 및 열 머리글]에서 [고정된 행 반복]에 체크하면 고정된 행이 반복해서 인쇄된다.

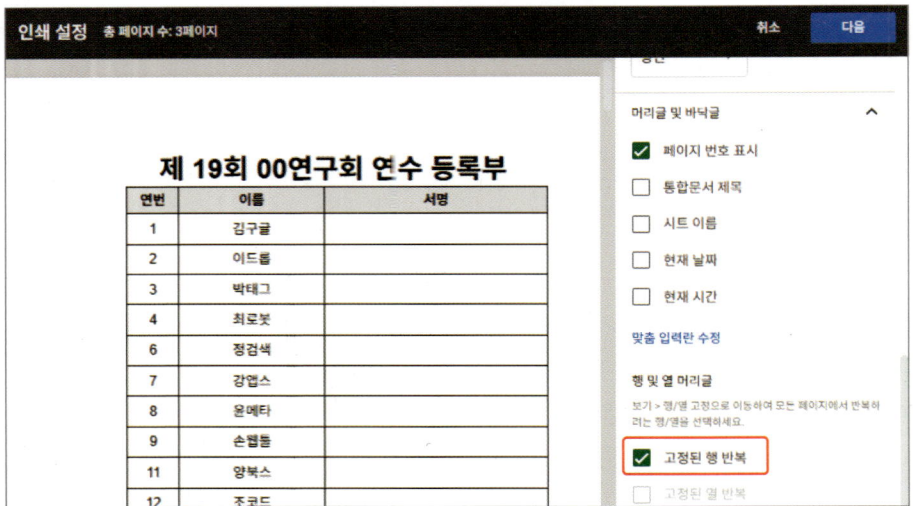

> 📁 **이건 꼭 기억하자!**
> ✅ 눈금선 체크 표시를 해제하거나 고정할 행을 선택한 후 인쇄 미리보기를 통해 설정이 적용되었는지 확인하고 출력해야 한다.

2
공유 및 협업

- **Chapter 01** 실시간 협업 문서 만들기
- **Chapter 02** 함께 출석 관리하기
- **Chapter 03** 실수 없이 안전하게 협업하기

4~5월

4~5월은 회의록 작성, 연수 이수 현황 정리 등 교사 간 문서 공유와 협업이 특히 중요한 시기이다.

구글 스프레드시트를 활용하여 실시간 협업과 소통을 강화하고, 안전하고 효율적인 공유 환경을 구축하여 업무를 스마트하게 관리해 보자.

Chapter 01 실시간 협업 문서 만들기

bit.ly/구글시트선택

01 데이터 입력 오류, 선택으로 완성하기
드롭다운 목록 만들기

저자 직강 영상

업무 상황
학생 봉사를 담당하는 김 고사는 학급별로 제출한 양식마다 봉사 활동 영역 이름이 달라서 관리에 어려움을 겪고 있다.
선택지를 미리 설정해서 입력 실수를 줄이고 데이터를 통일되게 관리할 방법은 없을까?

핵심 기능 이해하기

드롭다운은 셀에 미리 정해진 선택지를 목록 형태로 제공하여 사용자가 직접 선택할 수 있도록 하는 기능이다. 데이터를 빠르고 정확하게 입력할 수 있어 입력 실수를 줄이고 데이터의 일관성을 유지하는 데 효과적이다.

드롭다운 실습하기

01 드롭다운을 적용할 범위를 드래그하여 지정한 후 마우스 오른쪽을 클릭하여 드롭다운을 선택한다.

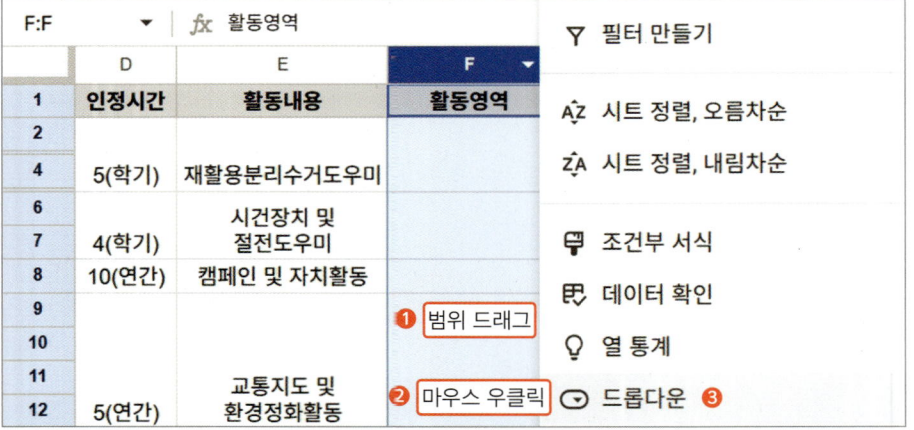

 TIPS!
[메뉴]에서 [삽입]을 클릭하여 [드롭다운] 항목으로도 선택할 수 있다.

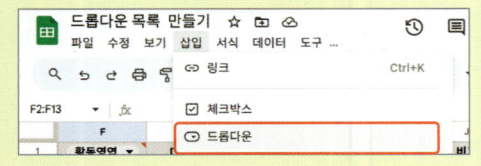

66 _ [PART 2] 공유 및 협업

02 [옵션] 항목에 '환경 보호 활동', '캠페인 활동', '이웃 돕기 활동'을 순차적으로 입력한 후 옵션마다 색상을 추가한다. 옵션 설정이 끝나면 [완료]를 클릭한다.

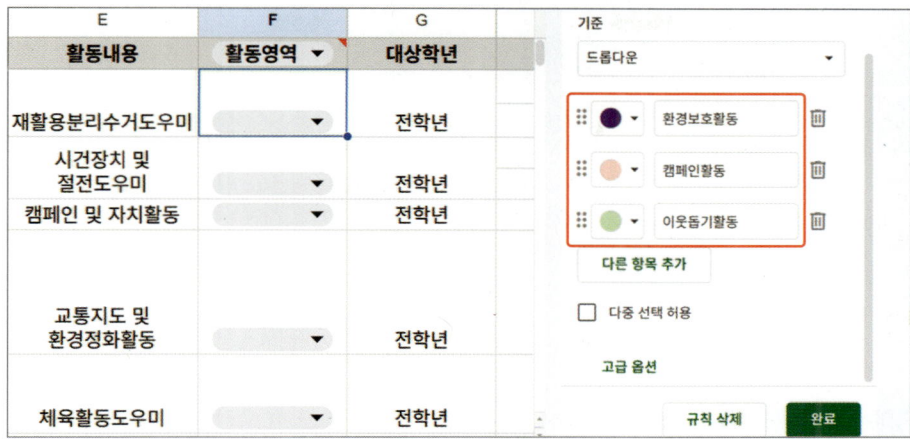

03 설정한 셀을 클릭하면 드롭다운 메뉴가 나타나며 원하는 값을 선택할 수 있다.

이건 꼭 기억하자!

- 드롭다운은 각 옵션에 색상을 추가하면 시각적으로 더 명확하게 구분할 수 있어 입력 오류를 줄일 수 있다.

Level UP 확장 활용 AI

드롭다운 기능을 설정하면 오류를 줄이고 가시적으로 데이터를 관리할 수 있어 학교 현장에서 다양하게 활용할 수 있다.

상황	활용	드롭다운 입력값 예
학급 행사 준비하기	진행 상황 드롭다운을 추가해 각 항목의 상태를 선택한다.	미진행, 진행 중, 완료
출석부 상태 표시하기	학생 출석 상태를 드롭다운으로 설정해 출석 상태를 관리한다.	출석, 결석, 지각, 조퇴
수행 평가 채점 기준 선택하기	채점 항목에 드롭다운으로 점수 또는 등급을 선택한다.	A, B, C, D, F

1. 실시간 협업 문서 만들기 _ **67**

Chapter 01 실시간 협업 문서 만들기

bit.ly/구글시트링크

02 클릭 한 번으로 열리는 디지털 자료
링크 삽입

저자 직강 영상

업무 상황
디지털 학습 자료를 만드는 최 교사는 학생들에게 유용한 동영상, 사진, 문서 등을 수업에 활용하고 있다. 하지만 자료가 흩어져 있어 매번 따로 안내하거나 찾아야 하는 불편함이 있다.
이 모든 자료를 하나의 문서에 모아 클릭 한 번으로 쉽게 접근하는 방법은 없을까?

핵심 기능 이해하기

링크 삽입은 웹사이트, 동영상, 구글 드라이브 문서 등을 연결하는 하이퍼링크를 추가하는 기능이다. 한 곳에 정리한 자료를 클릭 한 번으로 쉽게 접근할 수 있어 학습 자료를 만들거나 업무 관리에 효율적으로 활용할 수 있다.

링크 삽입 실습하기

01 링크 삽입을 적용할 범위를 클릭하여 지정하고 마우스 오른쪽을 클릭한 후 링크 삽입을 선택한다.

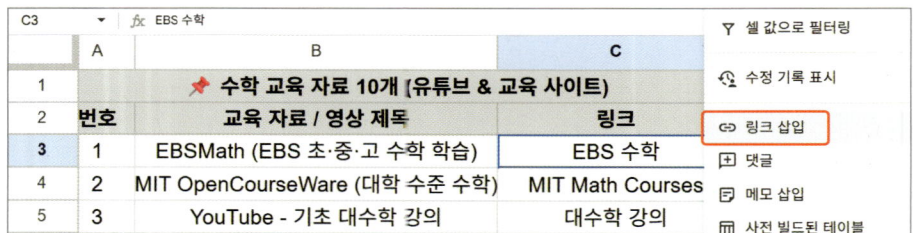

02 링크 삽입 창에 연결할 URL을 입력한 후 [적용]을 클릭하면 해당 텍스트는 파란색 밑줄이 생기며 하이퍼링크로 표시된다.

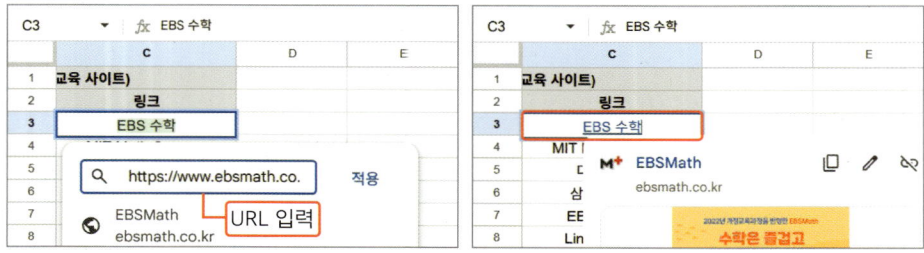

68 _ [PART 2] 공유 및 협업

03 [링크 검색 또는 붙여 넣기]를 클릭한 후 구글 드라이브에 있는 파일을 검색하여 링크를 삽입하거나 파일의 공유 링크를 추가하여 삽입할 수 있다. 또 [시트 및 이름이 지정된 범위]를 클릭하면 해당 시트에 다른 시트의 링크를 삽입할 수 있다.

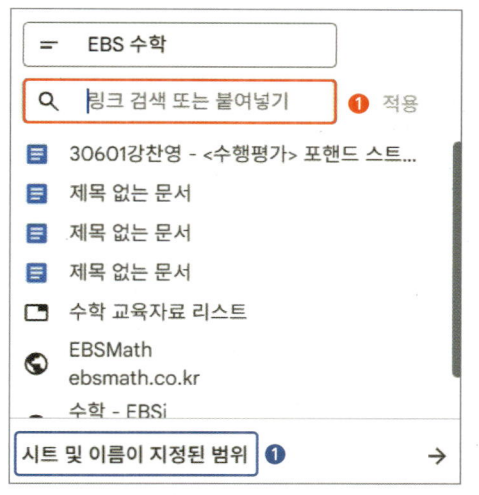 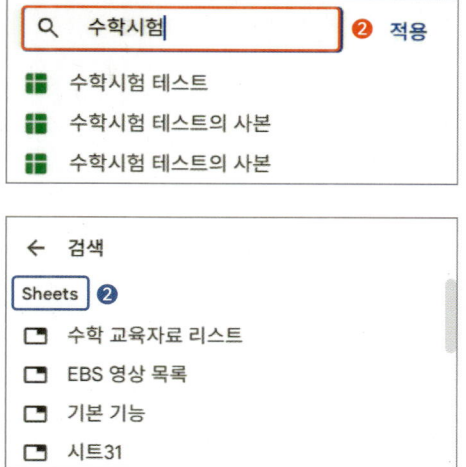

> ⚠️ **TIPS!**
> 시트에는 PDF, 한글(hwp) 파일을 직접 첨부할 수는 없지만, 구글 드라이브에 파일을 업로드한 후 [공유 링크]를 생성해 삽입하면 사용자가 링크를 클릭해 바로 열람할 수 있다. 또 링크를 삽입했더라도 [보기 권한]이 없으면 상대방은 열 수 없기에 [링크가 있는 모든 사용자], [뷰어] 권한 설정이 필요하다.

04 한 곳에 정리한 교육 자료와 링크를 생성해 학생들에게 공유하면 클릭 한 번으로 여러 교육 자료(사이트, 시트, 유튜브 영상, PDF 자료 등)에 바로 접근할 수 있어 학습의 편의성과 집중도를 높일 수 있다.

	A	B	C
1		📌 수학 교육 자료 10개 (유튜브 & 교육 사이트)	
2	번호	교육 자료 / 영상 제목	링크
3	1	EBSMath (EBS 초·중·고 수학 학습)	EBS 수학
4	2	MIT OpenCourseWare (대학 수준 수학)	MIT Math Courses
5	3	YouTube - 기초 대수학 강의	대수학 강의

> 📁 **이건 꼭 기억하자!**
> ✅ 링크 삽입 시 https:// 또는 https://www.를 입력하지 않고 링크 주소만 입력해도 구글 시트가 자동으로 인식하여 완전한 URL로 변환된다.

Chapter 01 실시간 협업 문서 만들기

03 실시간 회의록 소통, 댓글로 끝내기
댓글 기능

bit.ly/구글시트댓글

저자 직강 영상

업무 상황
학년부 회의를 진행하던 김 교사는 회의록을 공유했지만, 수정 사항이나 의견을 메신저로 주고받는 것이 번거롭다.
문서에서 바로 의견을 남기고 실시간으로 소통하며 협업하는 방법은 없을까?

핵심 기능 이해하기

댓글은 특정 셀에 의견을 남기거나 피드백을 제공하고 @멘션(mention) 기능을 통해 특정 사용자에게 알림을 보낼 수 있는 기능이다. 실시간으로 소통하고, 작업 내용을 확인하거나 수정 요청을 전달하는 데 유용하다.

댓글 실습하기

01 의견을 남기고 싶은 셀이나 범위를 지정한 후 마우스 오른쪽을 클릭하여 [댓글]을 선택한다. 댓글 창이 나타나면 의견이나 피드백을 작성한 후 [댓글]을 클릭한다.

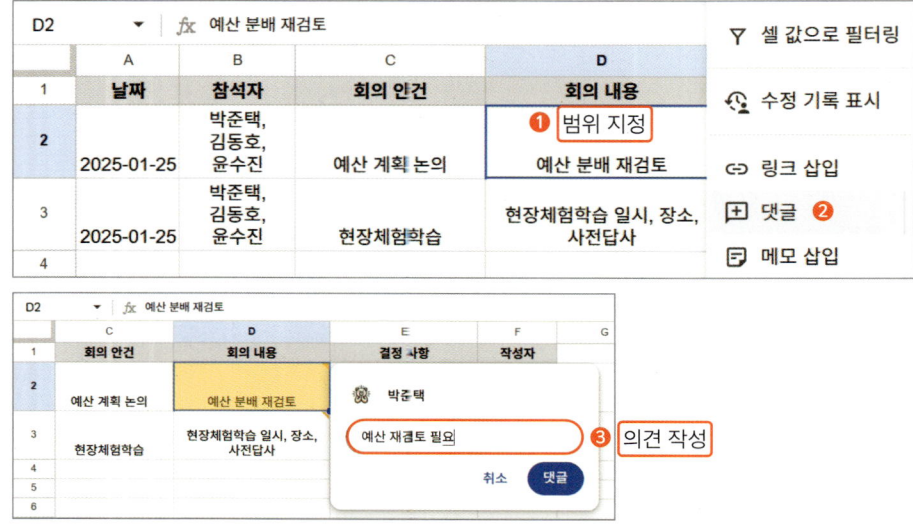

> ⚠ **TIPS!**
> 해당 셀에 말풍선 모양이 표시되며 소통이 시작된다. 이어서 아래의 작성 칸에 답글을 작성할 수 있다.

02 특정인에게 댓글을 지정하고 알림을 보내려면 @와 특정인의 이메일 주소를 입력한 후 의견을 적고 [할당]을 누르면 해당 이메일로 댓글 알림이 전송된다.

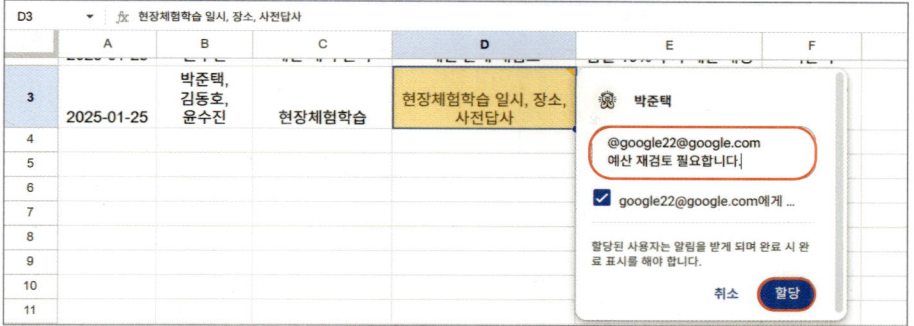

03 상대방은 이메일 알림을 받고 내용을 즉시 확인할 수 있다.

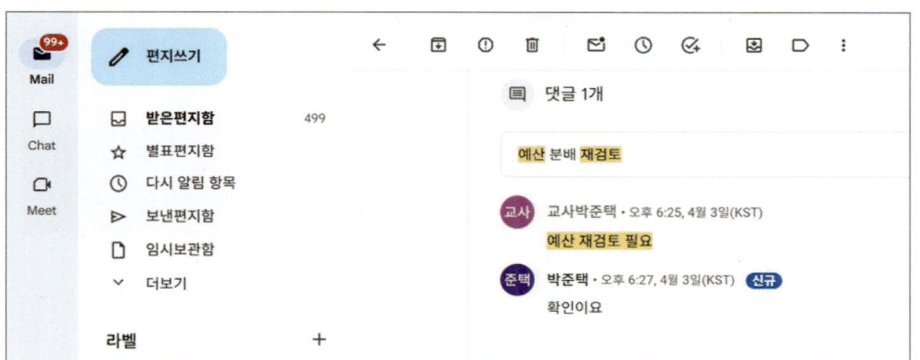

생성형 AI를 활용하여 협업과 소통이 가능한 회의록을 빠르게 적용할 수 있다.

프롬프트 예 | 학교 업무용 회의록을 구글 시트에 정리할 수 있도록 표 형식으로 작성해 줘. 표에는 날짜, 회의 주제, 참석자, 안건별 내용, 결정 사항, 담당자, 진행 현황(예정·진행 중·완료)이 반드시 포함되도록 해 줘.

Level UP 확장 활용 AI

댓글 기능은 업무 협의, 피드백, 자료 검토 등 다양한 상황에서 효과적으로 활용할 수 있다.

상황	활용
출결 및 학생 관리하기	출결 이상 상황이나 의심되는 항목 옆에 댓글로 담당 교사에게 상황 확인을 요청한다. 조치 완료 시 댓글을 해결 처리하여 기록을 유지한다.
학생 평가 기록하기	수행 평가 결과, 학생 태도 및 성장 과정 등을 기록하는 시트에서 동료 교사나 교과 담당자가 셀에 직접 댓글을 달아 학생에 대한 추가 정보, 관찰 내용, 보완 의견 등을 남길 수 있다.
행사 준비하기	준비 항목표에 확인 요청이나 변경 사항을 댓글로 남기고, @멘션으로 담당자에게 알림을 보낸다. 진행 상황에 따라 댓글을 해결 처리한다.

04 논의가 완료된 댓글은 완료 상태를 체크하여 더 이상 추가 논의가 필요 없음을 명확히 한다.

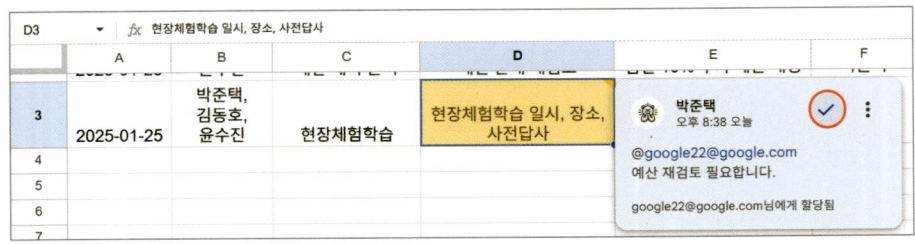

> ⚠️ **TIPS!**
> 완료 상태를 체크하면 업무 흐름을 정리하고 협업 시 혼선을 줄이는 데 도움이 된다.

05 댓글 모두 보기 모양을 클릭하면 문서 내 모든 댓글과 답글을 한눈에 볼 수 있다. 이후 [모든 유형]에서 [해결됨]을 선택하면 완료된 댓글만 따로 모아볼 수 있다. 또 알림 벨 모양을 클릭하면 댓글에 대한 알림 설정도 가능하다.

 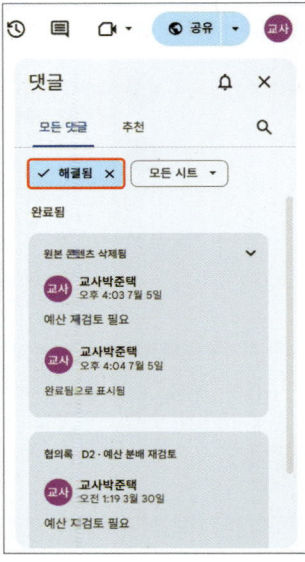 

> ⚠️ **TIPS!**
> 댓글 모두 보기 기능을 활용하면 각 댓글에 대한 답글 작성, 해결 처리, 할당된 작업 확인이 가능하고 해결되지 않은 댓글을 빠르게 찾아 대응할 수 있다. 또 특정 학생이나 팀원에게 할당된 댓글만 모아서 관리할 수도 있다.

> 📂 **이건 꼭 기억하자!**
> ✅ 댓글로 소통하려면 [보기 전용]이 아닌 [댓글 가능] 또는 [편집 가능] 권한이 꼭 필요하다. [보기 전용]은 댓글을 작성할 수 없으므로 공유 설정에서 사용자 권한을 꼭 확인해야 한다.

Chapter 01 실시간 협업 문서 만들기

04 교과 예산을 한눈에 관리하는 방법
표로 변환, 차트

🔗 bit.ly/구글시트차트

저자 직강 영상

업무 상황 교과부장을 맡고 있는 김 교사는 선생님별로 예산을 얼마나 사용했고, 남은 금액은 얼마인지 실시간으로 파악하고 싶다. **특히 동일한 예산 항목을 여러 교사가 중복하여 사용하는 경우가 발생할 수 있어 이를 사전에 방지하는 방법이 필요하다.** 이를 해결하는 방법은 없을까?

🔑 핵심 기능 이해하기

표로 변환 기능을 활용하면 데이터를 테이블 형식으로 정리하여 필터링, 정렬, 서식 지정 등을 손쉽게 적용할 수 있다.

차트 기능을 활용하면 막대, 원형, 선형 등으로 데이터를 시각적으로 표현하여 한눈에 확인할 수 있다.

🖱 교과 예산표 실습하기

01 교과 예산표를 만들기 위해 범위(A1:G5)를 지정한 후 [메뉴]-[서식]-[표로 변환]을 클릭한다. 표로 변환되면 표의 이름, 헤더, 필터 및 정렬 기능 등이 활성화된다.

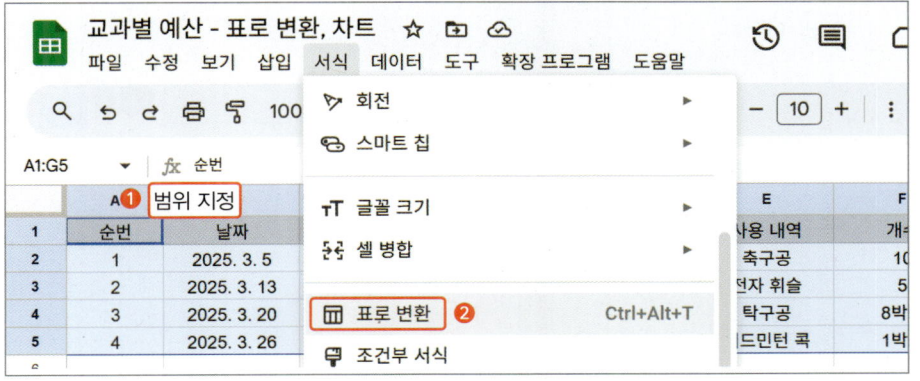

1. 실시간 협업 문서 만들기 _ **73**

02 항목별 상위 제목 옆의 화살표 모양을 클릭하면 [열의 유형 수정]에서 해당 열의 속성에 맞게 유형을 설정할 수 있다. 열의 유형은 숫자, 날짜, 드롭다운, 체크박스 등이 있으며 변경할 열의 유형을 클릭하면 바로 설정할 수 있다. 날짜(B2 셀)는 [열 유형 수정]-[날짜]로 설정한다.

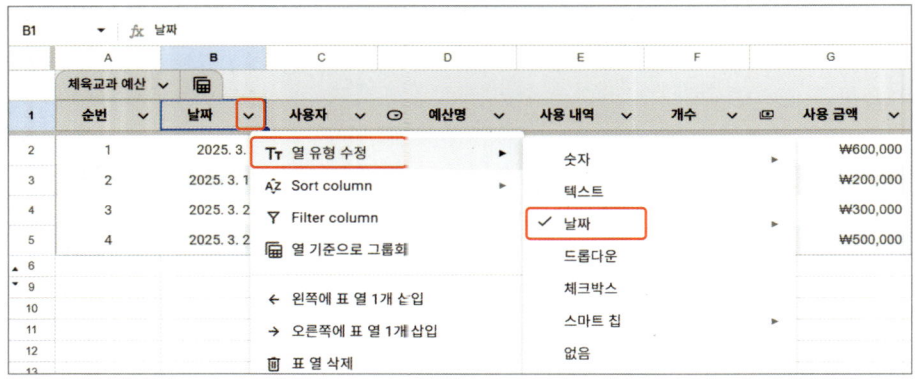

03 예산명은 [열 유형 수정]-[드롭다운]으로 설정한다. 우측에 [드롭다운] 설정 창이 생성되며, 옵션별로 이름이 이미 지정되어 있으므로 색상만 지정하면 된다.

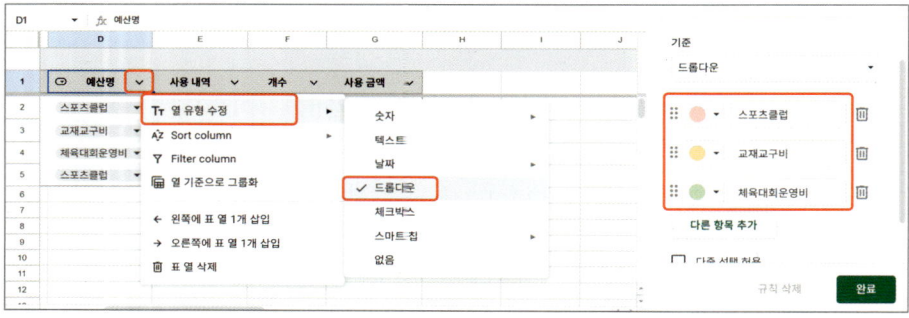

04 사용 금액은 [열 유형 수정]-[숫자]-[통화]로 설정하고 사용자, 사용 내역, 개수는 [열 유형 수정]-[없음]으로 설정한다.

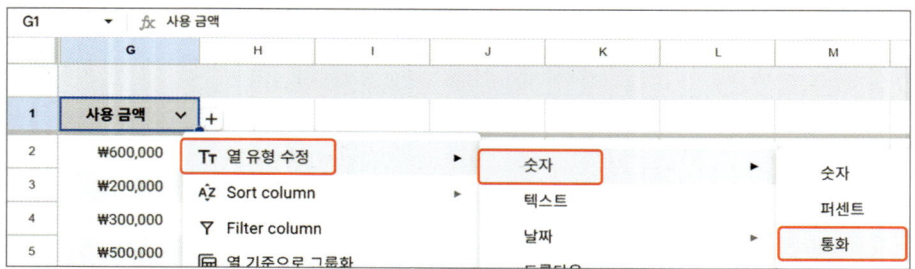

05 예산 항목별로 사용 금액을 확인하려면 D1 셀에서 [열 기준으로 그룹화]를 클릭한다.

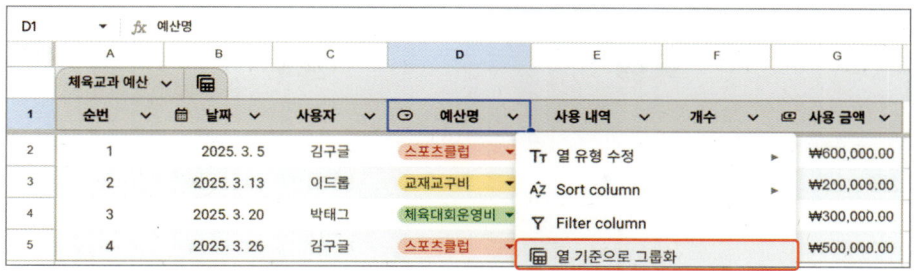

06 예산명을 기준으로 데이터가 자동으로 그룹화되며, 예산별 사용 금액의 합계가 우측에 표시된다. 클릭 한 번으로 예산별 누적 사용 금액을 확인할 수 있어 전체 예산 현황을 쉽게 파악할 수 있다.

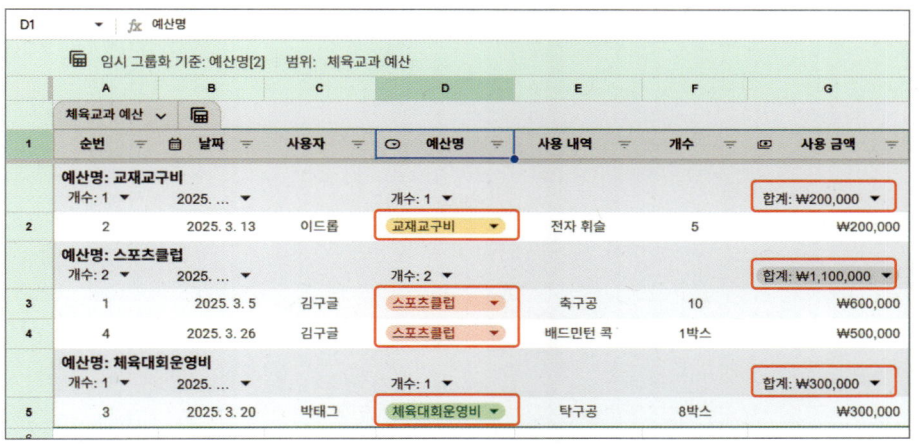

⚠️ **TIPS!**
예산별 사용 금액 열의 합계를 클릭했을 때 개수, 평균, 최댓값 등 다양한 요약 방식으로 전환하여 데이터를 확인할 수 있다.

07 [보기 저장]을 클릭하면 설정한 그룹화 기준을 저장할 수 있다. 이름을 지정한 후 [저장]을 누르고 X를 누르면 화면이 기존의 표로 다시 전환된다.

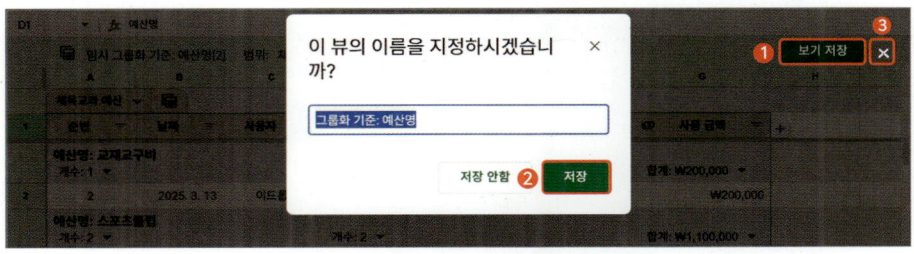

08 계산기 모양을 클릭하면 저장된 그룹화 기준을 선택할 수 있고, 선택 시 다시 그룹화 형식으로 화면이 전환된다.

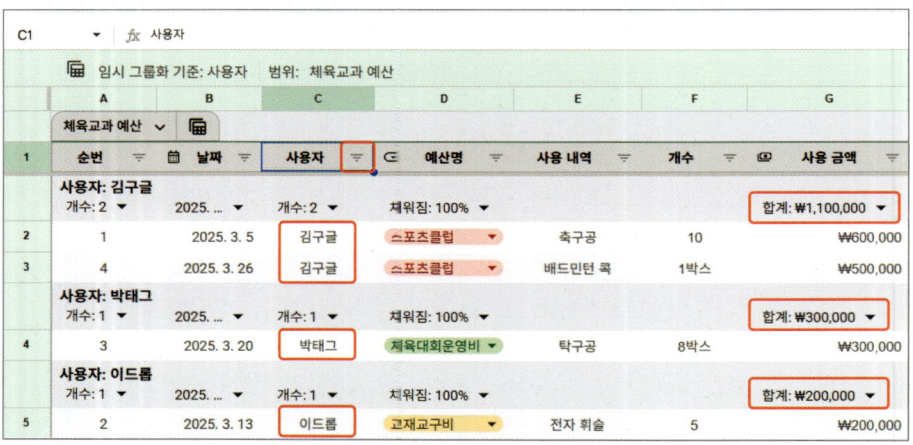

09 사용자별로 사용한 예산을 확인하려면 사용자 우측의 아래 화살표를 누른 후 [열 기준으로 그룹화]를 클릭한다. 사용자별로 그룹화가 되어 어떤 품목을 샀고, 얼마의 예산을 집행했는지 파악할 수 있다.

10 G8 셀에 =SUM(G2:G5) 함수식을 입력하면 항목별 예산이 자동으로 합산되어 총사용 예산을 한 눈에 확인할 수 있다.

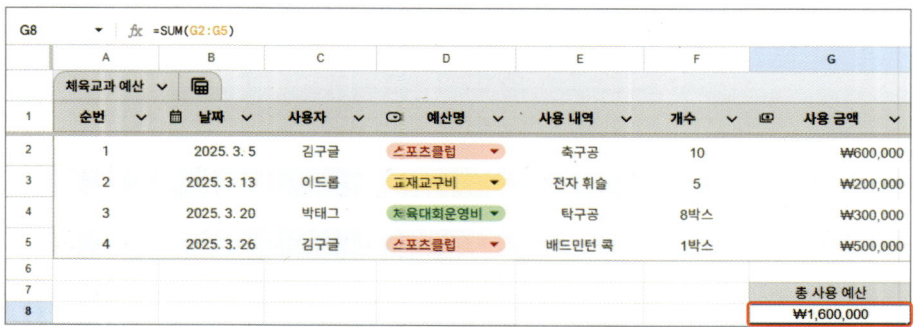

76 _ [PART 2] 공유 및 협업

🖱 차트 실습하기

01 교과 예산 현황표를 기준으로 차트를 삽입하여 예산 사용 현황을 시각적으로 확인해 보자. 예산명, 사용 내역, 잔액이 포함된 3개의 열 범위를 열의 제목을 포함하여 선택한 후 [메뉴]-[삽입]-[차트]를 클릭한다.

순번호	예산명	원가통계비	배정액	사용내역	잔액
1	스포츠클럽	교육운영비	₩5,000,000	₩1,250,000	₩3,750,000
2	교재교구비	운영수당비	₩6,000,000	₩1,500,000	₩4,500,000
3	체육대회운영비	교육운영비	₩6,000,000	₩600,000	₩5,400,000
4	물품관리비	운영수당비	₩2,000,000	₩100,000	₩1,900,000

02 우측에 차트 설정 창이 열리면 [차트 유형]에서 시각적인 비교가 용이한 [100% 누적 막대 차트]를 선택한다. 이후 스크롤을 내려 하단에 있는 [1행을 헤더로 사용] 항목을 선택한다.

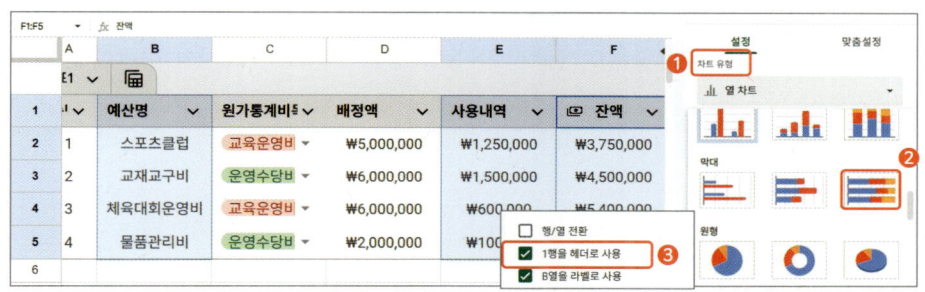

03 예산 100% 중에서 사용한 금액은 파란색으로, 잔액은 빨간색으로 표시되어 예산별로 사용 비율과 잔액 비율을 한눈에 확인할 수 있다.

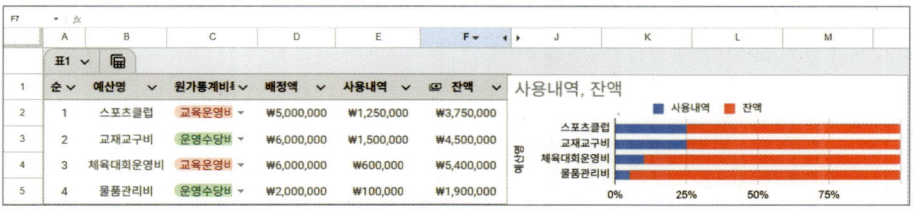

> 📁 **이건 꼭 기억하자!**
>
> ✅ 100% 누적 막대 차트 생성 시 먼저 제목 행을 포함하여 범위를 설정하고, 차트 설정에서 [1행을 헤더로 사용]에 꼭 표시해야 Y축과 계열이 제목 행에 맞추어 변경된다.

Chapter 01 실시간 협업 문서 만들기

05 공지와 업무를 한 곳에! 학년부 공유 시트 만들기
체크박스, COUNTIF 함수, 공유

bit.ly/구글시트체크박스

저자 직강 영상

업무 상황
학년 부장을 맡고 있는 정부장은 전달 사항을 매번 모여서 안내하기 어렵고, 각 교사의 업무 진행 상황을 일일이 확인하는 것도 번거롭게 느껴진다.
전달 내용을 한눈에 공유하고, 반별 업무 현황을 쉽게 파악하는 방법은 없을까?

💡 핵심 기능 이해하기

체크박스는 셀 안에 작은 네모 상자를 넣어 한 번 클릭하면 체크(✓), 다시 클릭하면 해제(□)가 되는 기능이다. 할 일 목록, 업무 진행 상황 등을 직관적으로 표시하고 관리할 수 있다.

COUNTIF 함수는 특정 범위에서 조건에 맞는 셀의 개수를 세는 함수로, 체크박스에서 표시한 셀은 TRUE 값으로 인식한다.

공유 시트로 월별 학교 행사, 학년부 할 일, 전달 사항 등을 정리하여 모든 교사와 공유하면 전달 내용의 궁금 사항이나 추가 설명이 필요할 때 [댓글]이나 [메모]를 통해 소통하고, 해당 업무를 완료하면 목록에서 삭제하여 최신 상태를 유지할 수 있다.

함수식	=COUNTIF(범위, TRUE)
의미	범위에서 TRUE 값의 개수를 센다.

🖱 체크박스 실습하기

01 표의 상단에 제목을 입력하고 그 아래에는 내용, 마감일, 비고, 반, 합계 항목을 순서대로 입력한다.

	A	B	C	D	E	F	G	H	I	J	K	L	M
1	5월 학급별 업무 체크리스트				(완료 시 체크 박스 클릭 / 특이사항은 댓글 또는 메모로 추가입력해주세요 ^_^)								
2	번호	내용	마감일	비고	1반	2반	3반	4반	5반	6반	7반	8반	합계
3	1												
4	2												
5	3												

⚠️ **TIPS!**
표의 제목처럼 여러 셀을 합칠 때는 상단의 셀 병합 모양을 누른다.

02 반별로 업무 완료 여부를 표시할 수 있는 체크박스를 삽입한다. 범위를 드래그한 후 [메뉴]-[삽입]-[체크박스]를 클릭한다. 삽입된 박스를 클릭하면 체크 표시가 나타나며 완료 여부를 쉽게 표시할 수 있다.

03 [합계] 부분에는 체크박스에서 표시한 개수가 자동으로 표시되도록 COUNTIF 함수를 사용하여 =COUNTIF(E3:L3, TRUE)를 입력한다.

04 COUNTIF 함수를 다른 행에도 동일하게 적용하려면 M3 셀을 선택한 후 셀 오른쪽 아래 모서리에 나타나는 작은 사각형(핸들)을 마우스로 잡고 아래로 드래그하면 된다.

> ⚠️ **TIPS!**
> 체크박스가 삽입된 E3 셀을 클릭한 후 마우스로 드래그하여 L5 셀까지 범위를 지정하면 해당 영역에 체크박스가 동일하게 복사된다.

1. 실시간 협업 문서 만들기 _ **79**

🖱 시트 공유 실습하기

01 오른쪽 상단의 [공유]를 클릭하면 [공유 설정] 창에서 접근 권한과 편집 권한을 설정할 수 있다.

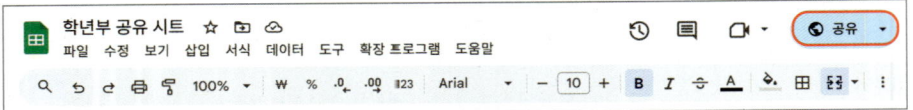

02 접근 권한은 [링크가 있는 모든 사용자]로, 편집 권한은 [편집자]로 설정한다. 권한을 설정한 후 [링크 복사]를 클릭하면 복사된 URL을 동료 교사의 메일이나 메신저 등에 붙여 넣어 시트를 공유할 수 있다.

> ⚠ **TIPS!**
> - [접근 권한]에서 [제한됨]은 나만 열람 가능하고, [링크가 있는 모든 사용자]는 링크가 있으면 누구나 열람이 가능하다.
> - [편집 권한]에서 [뷰어]는 보는 것만 가능, [댓글 작성자]는 보는 것과 댓글 작성만 가능, [편집자]는 내용 수정이 가능하다.
> - 사용자(이메일) 추가로 구글 시트를 공유하려면 [공유]를 누르고 [사용자 및 그룹, 캘린더 일정 추가]에 이메일 주소를 입력한 후 [편집자]로 권한을 설정하고 [전송]을 클릭한다.

🤖 생성형 AI와 함께하기

☑로 표시한 반의 수와 집행률을 자동으로 계산하고 싶다면?

프롬프트 예 학년부 업무 체크리스트를 구글 시트로 만들고 있어. 반별로 업무 완료 여부를 체크박스로 표시하면 완료한 수와 전체의 집행률을 표시하고 싶어.

AI 답변의 예
- 완료한 반 수 계산 =COUNTIF(범위, TRUE)
- 집행률(%) 계산 =ROUND(COUNTIF(범위, TRUE) / COUNTA(범위) * 100, 1) & "%"

📁 **이건 꼭 기억하자!**

✅ 학년부 공유 시트를 공유할 때는 접근 권한을 [링크가 있는 모든 사용자], 작성 권한을 [편집자]로 설정해야 한다. [뷰어(보기 가능)]로 설정하면 동료 교사들이 내용 확인만 가능하고 직접 작성하거나 수정할 수 없다.

| Chapter 01 | 실시간 협업 문서 만들기 |

bit.ly/구글시트자동화

06 기자재 A/S 자동화 시스템 구축하기
드롭다운, 댓글 알림

저자 직강 영상

업무 상황 컴퓨터 기자재 관리를 맡은 김 교사는 종이로 된 수리 요청서를 확인하고 수리 기사님에게 연락하는 일이 번거롭게 느껴졌다. 수리 현황을 매번 파악하기 어려웠고 요청이 빠지는 일이 있었다.
수리 요청 과정을 자동화하고, 수리 기사님도 실시간으로 확인하는 방법은 없을까?

💡 핵심 기능 이해하기

드롭다운을 활용하면 제품의 수리 상태나 기자재 분류를 일관되게 입력할 수 있고, 댓글 알림을 활용하면 수리 기사님이 실시간으로 요청 사항을 확인하고 즉시 대응할 수 있다.

🖱 드롭다운 실습하기

01 새로운 스프레드시트를 생성한 후 표의 제목을 '2025년 구글중 기자재 A/S 신청'으로 입력한다. 1행에는 제목과 안내 사항을 적고 2행에는 연번, 작성일, 성명, 장소, 요청 내용, 일반/긴급, 처리, 비고 등을 적는다.

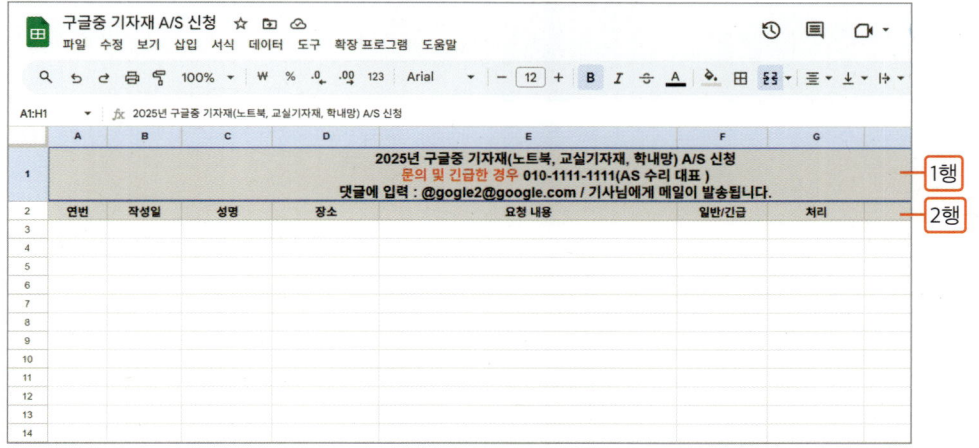

⚠ TIPS!
- 표의 제목처럼 여러 셀을 합칠 때는 여러 셀(A1:H1)을 드래그한 후 상단의 셀 병합 🔗 모양을 누른다.
- 표에 색상을 지정하려면 마우스로 범위를 드래그한 후 🎨 모양을 클릭하여 원하는 색을 선택한다.
- 표의 테두리를 설정하려면 범위를 지정한 후 ⊞ 모양을 클릭하여 원하는 테두리 형태를 선택한다.

02 일반/긴급 항목에 드롭다운을 생성하려면 F3 셀부터 F9 셀까지 아래로 드래그한 후 [메뉴]-[삽입]-[드롭다운]을 클릭한다. 일반과 긴급을 입력한 후 시각적으로 구분할 수 있도록 일반은 초록색, 긴급은 빨간색으로 설정한다.

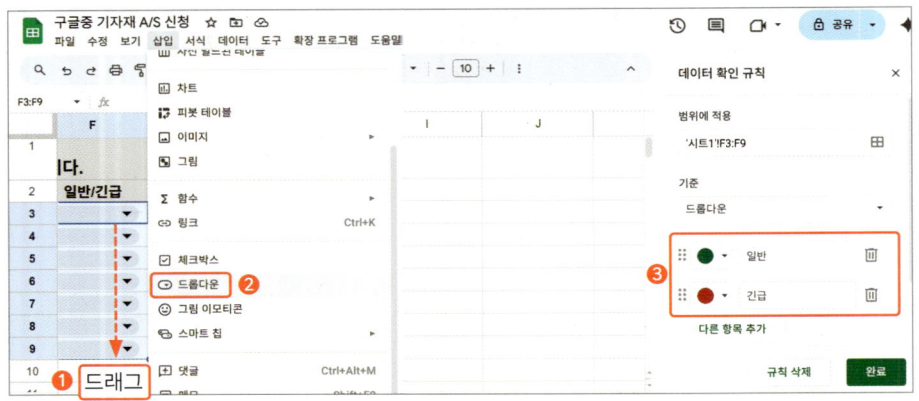

⚠️ **TIPS!**
일반/긴급 항목의 색을 지정할 때 일반은 초록색, 긴급은 빨간색을 지정하면 상황을 빠르게 파악할 수 있다. 또 일반/긴급 항목은 진하게, 처리 항목은 연하게 색을 설정하면 명확성을 높일 수 있다.

03 G3 열을 아래로 드래그한 후 같은 방법으로 처리 항목에 드롭다운을 생성하고 각각 분홍색, 노란색, 초록색으로 설정한다.

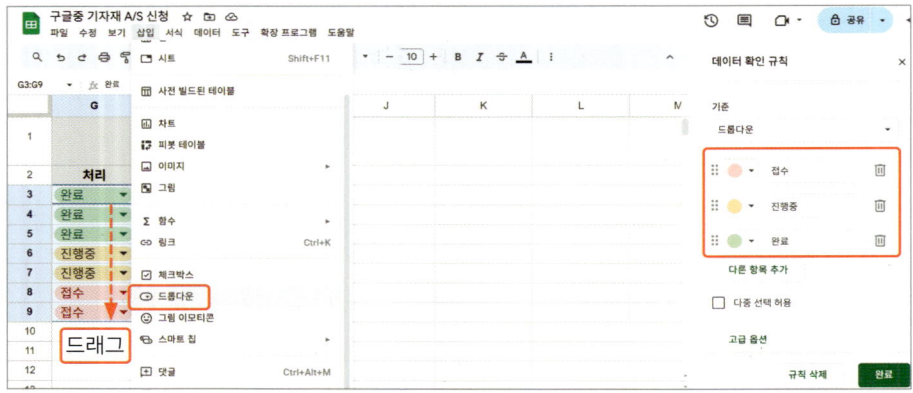

🤖 **생성형 AI와 함께하기**

기자재 A/S 시트를 제작하고 싶다면?

프롬프트 예   기자재 수리 요청을 위한 구글 시트를 만들고 싶어. 첫 번째 행에는 작성일, 성명, 장소, 기자재 종류, 고장 내용, 일반/긴급 여부, 처리 상태 항목을 포함하고, 그 아래로 입력할 수 있도록 20행의 표 형식으로 구성해 줘. 완성된 시트를 구글 시트 형식으로 제공해 줘.

🖱 공유 및 댓글 알림 실습하기

01 완성된 '기자재 A/S' 시트 링크를 교내 선생님들과 수리 기사님께 공유한다. 공유 시 권한 설정은 [링크가 있는 모든 사용자]-[편집자]로 설정한다. 선생님들이 A/S 요청 사항을 작성하면 수리 기사님은 시트 모바일 앱을 통해 해당 요청을 실시간으로 확인하고, 처리 사항(접수, 진행 중, 완료)을 직접 기록할 수 있다.

02 추후 조정이나 확인이 필요한 경우에는 비고 항목에 메시지를 남기거나 댓글 기능을 활용해 담당자와 소통할 수 있다. 긴급 요청 내용의 셀을 선택하고 마우스 오른쪽을 클릭하여 댓글 삽입을 누른다. 댓글 창에 @ 메일 주소를 입력하고 의견을 남기고 할당 체크박스에 표시한 후 [할당]을 클릭하면 해당 인물에게 이메일 알림이 자동으로 전송된다.

> **이건 꼭 기억하자!**
>
> ✓ 항목 행을 고정하면 항목이 항상 상단에 표시되어 요청 내용이 많아져도 내용을 쉽게 확인하고 입력할 수 있으며, 작성한 데이터가 많아져 스크롤이 길어질 때 행 숨기기를 하면 시트를 간결하게 정리할 수 있다.

| Chapter 01 | 실시간 협업 문서 만들기 |

bit.ly/구글시트진행률

07 인증 챌린지 시각화로 진행률 직관적으로 확인하기

SPARKLINE 함수

저자 직강 영상

업무 상황

'30일 독서 인증 챌린지'를 운영 중인 김 교사는 학생들의 진행 상황을 한눈에 파악하기 어려웠다. 누가 목표를 달성했는지 확인하고, 적절한 시점에 격려하는 데에도 불편함이 있었다.
어떻게 하면 학생들의 진행 상황을 효과적으로 파악하고, 학생들의 동기를 높일 수 있을까?

핵심 기능 이해하기

SPARKLINE 함수는 데이터를 셀 안에서 간단한 그래프로 시각화할 수 있다. 그중 바(bar) 형식의 SPARKLINE은 진행률이나 수치의 상대적인 크기를 시각적으로 표현할 때 유용하다.

함수식 =SPARKLINE(데이터_범위, {"charttype", "bar"; "max", 목푯값})
의미 데이터_범위를 기반으로 막대형 그래프를 그리고, 막대의 길이는 목푯값을 기준으로 비율적으로 나타낸다.

SPARKLINE 함수 실습하기

01 체크박스에 표시한 개수에 따라 진행률이 막대그래프로 표시되도록 설정하려면 C2 셀에 함수식 =SPARKLINE(COUNTIF(E2:AH2, TRUE), {"charttype", "bar"; "max", 30})을 입력한다. 체크박스에 표시한 개수에 따라 진행률이 막대그래프로 표시되는 것을 확인할 수 있다.

C2	▼	fx	=sparkline(countif(E2:AH2,true),{"charttype","bar";"max",30})			
	A	B	C	D	E	F
1	학번	이름	진행률		3월2일	3월3일
2	30101	김구글			☐	☐

E3	▼	fx	TRUE			
	A	B	C	D	E	F
1	학번	이름	진행률		3월2일	3월3일
2	30101	김구글	▬		☑	☑

 **TIPS!**

이 함수는 처음 보면 복잡해 보일 수 있지만, 암기할 필요는 전혀 없다. 그대로 복사해서 붙여 넣은 후 셀 범위(E2:AH2)나 목푯값(30)만 자신의 시트 상황에 맞게 숫자만 바꿔주면 바로 활용할 수 있다. 반복해서 사용하다 보면 자연스럽게 익숙해지고, 다양한 시트에 손쉽게 응용할 수 있게 된다.

02 C2 셀의 오른쪽 아래 모서리를 잡고 아래로 드래그하여 함수식을 전체 적용하면 체크 표시를 누를 때마다 그래프의 길이가 자동으로 증가하여 실시간으로 진행률이 시각화된다.

03 막대그래프와 백분율 수치를 함께 표시하려면 D2 셀에 함수식 =COUNTIF(E7:AH7, TRUE)/30을 입력한다. D2 셀의 오른쪽 아래 모서리를 잡고 아래로 드래그하여 함수식을 전체 적용한다. 해당 날짜에 독서 인증을 완료하면 체크박스를 클릭하고, 체크가 누적될수록 개별 인증 그래프 바가 점점 증가한다. 막대가 꽉 차면 100% 완료를 의미한다.

생성형 AI와 함께하기

생성형 AI를 활용하여 SPARKLINE과 백분율 진행률을 표시하고 싶다면?

SPARKLINE 만들기 프롬프트 예
체크박스로 구성된 일일 기록표에서 학생이 표시한 개수에 따라 진행률을 막대그래프로 시각화하고 싶어. E7 셀부터 AH7 셀까지 체크박스를 기준으로 진행률을 나타내는 SPARKLINE 바를 만들고 싶어.

백분율 진행률 표시 만들기 프롬프트 예
E7 셀부터 AH7 셀까지 30개의 체크박스를 기준으로 표시한 셀의 수를 계산해서 백분율(%)로 표시하는 수식을 알려 줘. 소수(0.6)로 나올 때 이를 백분율(60%) 형식으로 표시하려면 어떻게 해야 하는지 단계별로 알려 줘.

이건 꼭 기억하자!

- 진행률과 백분율을 함께 표시하면 학생 간 편차를 시각적으로 쉽게 확인할 수 있어 맞춤형 피드백에 효과적으로 활용할 수 있다.

Chapter 02 | 함께 출석 관리하기

01 모바일로 간편하게 실시간 출결 확인하기
구글 스프레드시트 앱

bit.ly/구글시트모바일

저자 직강 영상

업무 상황

현장 체험 학습을 인솔 중인 김 교사는 출발하기 전 학생들의 출석 및 지각 여부를 확인해야 한다. 휴대 전화에서 출석부 시트를 바로 연결하여 실시간으로 출석 현황을 확인하고 공유하는 방법은 없을까?

핵심 기능 이해하기

구글 스프레드시트 앱은 휴대 전화로 시트를 열람하고, 데이터를 입력하거나 수정할 수 있다. 댓글 작성, 체크박스 클릭, 공유 설정 등 기본적인 공동 작업도 모바일에서 간편하게 수행할 수 있다.

구글 스프레드시트 앱 실습하기

01 모바일에서 출결 시트를 활용하려면 PC에서 현장 체험 학습용 출석부를 미리 작성해 두어야 한다. 학생들의 출결 상황을 체크할 수 있도록 범위(C3:D13)를 지정한 후 [메뉴]-[삽입]-[체크박스]를 이용해 체크박스를 삽입한다.

❶ PC에서 출석부 작성   ❷ 범위 지정

> ⚠️ **TIPS!**
> 출석부에 COUNTIF 함수를 함께 사용하면 체크만으로 인원수를 자동으로 집계할 수 있다. 손으로 세지 않아도 실시간으로 몇 명이 참여했는지 바로 확인할 수 있어 출결 관리나 참여율 집계에 효과적이다.

02 체크박스에서 마우스 오른쪽을 클릭한 후 [댓글]을 선택하면 해당 셀에 간단한 메모나 상황 설명을 남길 수 있다.

> **TIPS!**
> 체크박스를 클릭하여 댓글 기능을 활용하면 지각한 날짜나 특이 사항을 기록할 수 있다.
> 예) 5/12(목) 지각

03 휴대 전화로 구글 스프레드시트 앱을 실행한 후 '현장 체험 학습 출결' 시트를 클릭한다. 체크박스를 눌러 표시하거나 해당 셀을 클릭한 후 상단의 [+]를 누르면 댓글 기능을 사용할 수 있다.

이건 꼭 기억하자!

✅ 휴대 전화로 시트를 새로 만들고 편집할 수 있지만, 속도가 느리고 체크박스 삽입 기능이 제한적이다. 그래서 출결 체크용 시트는 PC에서 미리 만들어두는 것이 훨씬 효율적이다. 야외 현장에서는 준비된 시트에 체크만 하면 되니 빠르고 정확하게 활용할 수 있다.

Level    확장 · 활용 · AI

구글 스프레드시트 앱을 활용하면 방과후 선생님이 출석 및 결석 여부를 수업마다 기록하고 누적 출석률도 관리할 수 있다. 또 체육용품, 과학 기자재 등의 대여 및 반납 명단을 작성하고 모바일로 즉시 반납 여부를 표시할 수 있다.

2. 함께 출석 관리하기 _ **87**

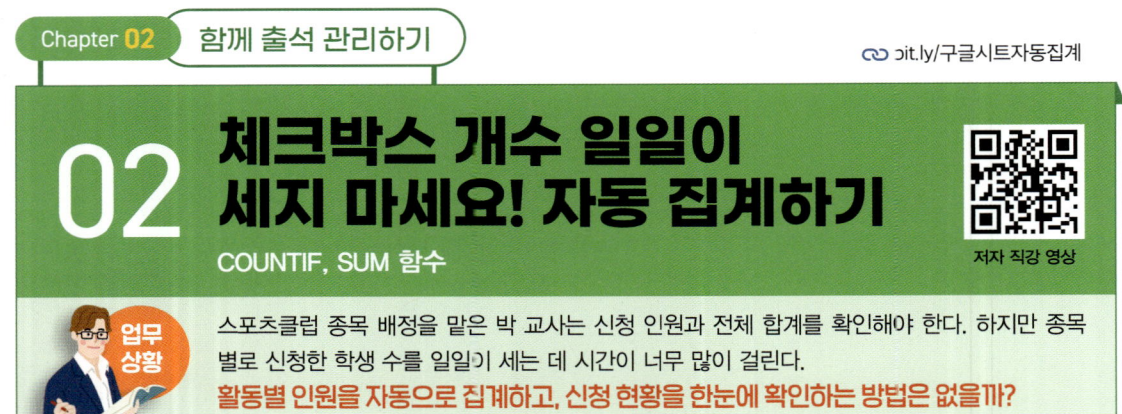

02 체크박스 개수 일일이 세지 마세요! 자동 집계하기

COUNTIF, SUM 함수

업무 상황
스포츠클럽 종목 배정을 맡은 박 교사는 신청 인원과 전체 합계를 확인해야 한다. 하지만 종목별로 신청한 학생 수를 일일이 세는 데 시간이 너무 많이 걸린다.
활동별 인원을 자동으로 집계하고, 신청 현황을 한눈에 확인하는 방법은 없을까?

핵심 기능 이해하기

COUNTIF 함수는 지정한 범위에서 특정 조건에 맞는 셀의 개수를 자동으로 세는 함수로 SUM 함수를 활용하면 합산 인원을 빠르게 집계할 수 있다.

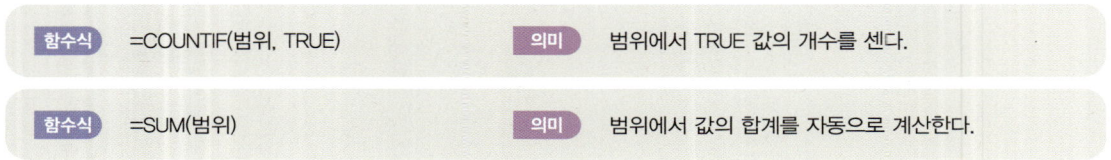

| 함수식 | =COUNTIF(범위, TRUE) | 의미 | 범위에서 TRUE 값의 개수를 센다. |
| 함수식 | =SUM(범위) | 의미 | 범위에서 값의 합계를 자동으로 계산한다. |

COUNTIF, SUM 함수 실습하기

01 활동별 인원을 표시하려면 체크박스를 삽입해야 한다. 체크박스를 넣을 셀의 범위(D3:I7)를 선택하고 [메뉴]-[삽입]-[체크박스]를 클릭한다.

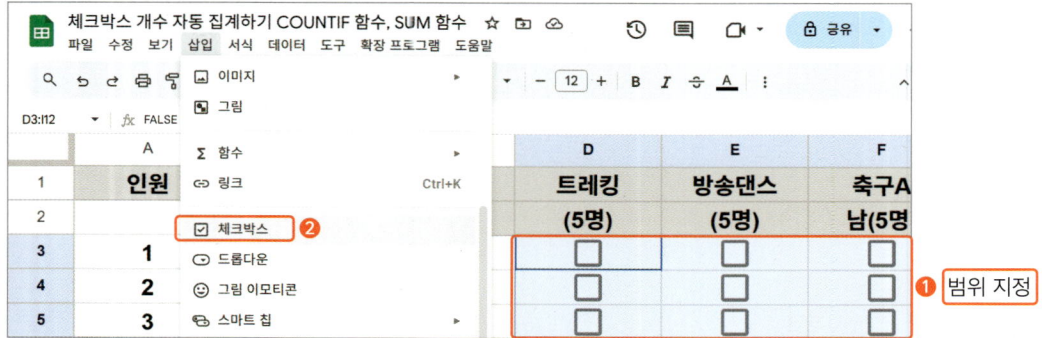

⚠️ **TIPS!**
셀 범위 설정 시 마우스를 클릭한 상태로 원하는 범위까지 드래그하여 선택하면 자동으로 범위가 지정된다. 또 첫 번째 셀을 클릭하고 Shift 를 누른 상태에서 마지막 셀을 클릭하면 두 셀 사이의 범위가 한 번에 지정된다.

02 체크박스에 표시한 트레킹 신청 인원을 자동으로 집계하려면 D8 셀에 =COUNTIF(D3:D7, TRUE)를 입력한다. 체크박스의 값은 TRUE로 인식되고 합계에 자동으로 숫자가 집계된다.

생성형 AI와 함께하기

체크박스의 개수를 자동으로 집계하고 싶다면?

프롬프트 예: D3 셀부터 D7 셀까지 표시한 항목 수를 자동으로 집계하고 싶어. 어떤 함수를 쓰면 될까?

03 수식이 입력된 D8 셀의 오른쪽 아래 모서리(핸들)를 클릭한 상태로 우측으로 드래그하면 수식이 자동 복사되어 적용된다.

❶ 셀 선택 ❷ 드래그

04 반별로 선택한 모든 스포츠 종목의 학생 수를 자동으로 합산하려면 J8 셀에 =SUM(D8:I8)를 입력한다.

2. 함께 출석 관리하기 _ **89**

05 체크박스가 표시된 학생들만 보려면 필터 기능을 활용해야 한다. 표 전체를 드래그한 후 [메뉴] 오른쪽에 있는 필터 모양을 클릭하거나 [메뉴]-[데이터]-[필터 만들기]를 클릭한다.

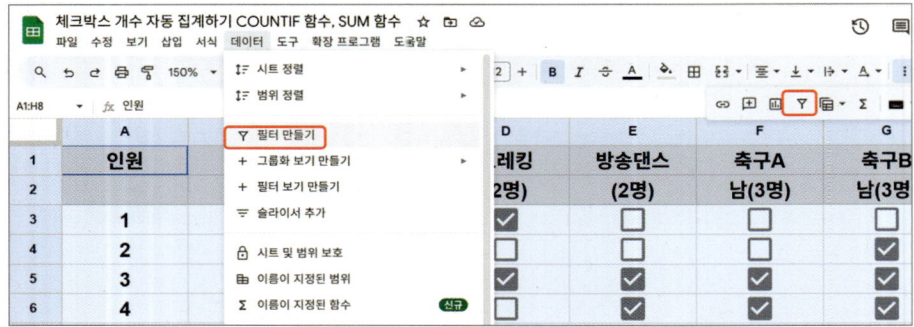

06 제목 옆에 필터 모양을 누르면 필터 조건을 설정할 수 있는 창이 열린다. TRUE 값에만 체크로 표시한 후 [확인]을 클릭한다.

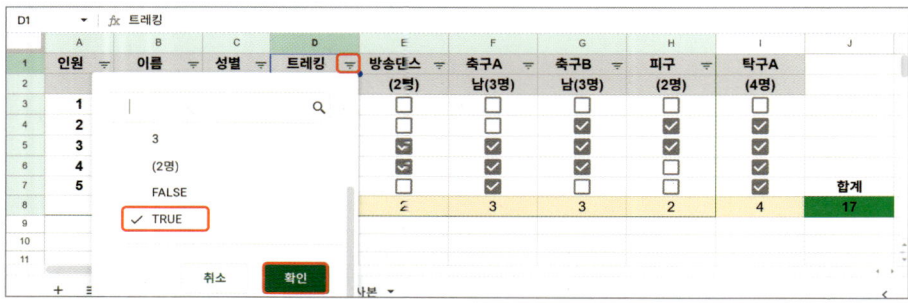

07 TRUE 값이 있는 항목의 결과만 화면에 표시되고 나머지 행은 자동으로 숨겨지는 것을 확인할 수 있다.

	A	B	C	D	E
1	인원	이름	성별	트레킹	방송댄스
3	1	김구글	남	✓	☐
5	3	박태그	여	✓	✓
7	5	오챗	남	✓	☐

> **이건 꼭 기억하자!**
>
> 체크박스를 활용한 집계에는 COUNTIF와 SUM 함수를 함께 사용하고, 필요한 항목만 보고 싶을 땐 필터 기능으로 조건에 맞는 데이터만 선별해서 확인한다.

| Chapter 02 | 함께 출석 관리하기 |

bit.ly/구글시트강조

03 체험 학습 출결 시각화 시트 만들기
조건부 서식

저자 직강 영상

업무 상황 학생들의 학교장 허가 교외 현장 체험 학습 횟수를 기록하고 있는 민 교사는 누가 몇 번 사용했는지 일일이 확인하는 데 시간이 걸리고, 기준 횟수를 초과한 학생을 빠르게 찾기 어려운 상황이다. **데이터를 자동으로 분석하고, 시각적으로 구분하는 방법은 없을까?**

💡 핵심 기능 이해하기

조건부 서식은 셀의 값이나 조건에 따라 자동으로 색, 글꼴, 테두리 등의 서식을 적용하는 기능이다. 예를 들어 값이 크거나 작은 경우 자동 색상 강조, 특정 텍스트가 포함된 셀의 글꼴 색 변경, 사용자 지정 수식을 사용하면 복잡한 조건도 적용이 가능하다. 조건부 서식은 지정한 조건을 만족하는 경우에만 서식이 적용되므로 중요한 정보를 빠르게 파악하고 시각적으로 구분할 수 있다.

🖱 조건부 서식 실습하기

01 교외 체험 학습 사용 횟수가 누적 기록에 합산되도록 H2 셀에 =SUM(C2:G2)을 입력한 후 아래로 드래그하여 수식을 전체 적용한다. 이제 조건부 서식을 적용할 범위(H2:H6)를 지정한 후 [메뉴]-[서식]-[조건부 서식]을 클릭한다.

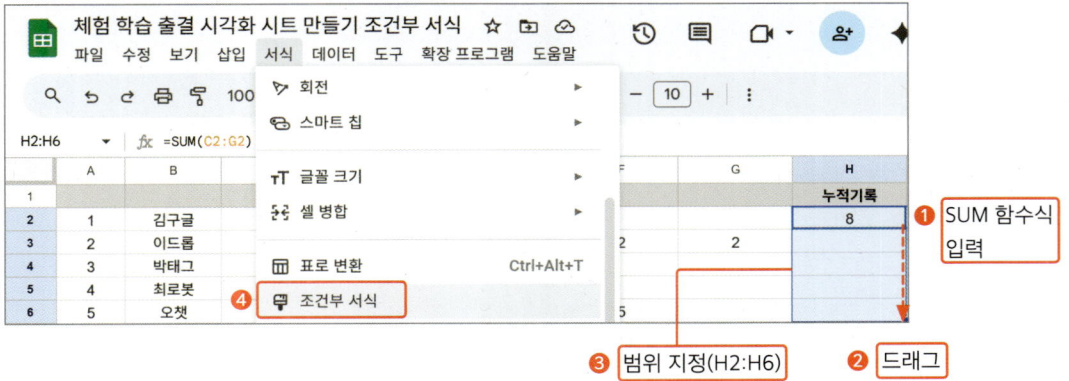

> ⚠ **TIPS!**
> 셀에 함수식을 입력할 때는 함수 이름을 전부 다 입력하지 않아도 된다. 예를 들어 =su까지만 입력해도 자동으로 SUM 함수가 뜨고, =av만 입력해도 AVERAGE 함수가 나타나므로 긴 함수명을 모두 입력할 필요가 없다.

02 [조건부 서식] 창에서 셀의 값이 지정한 값과 일치할 때 특정 색이나 서식을 적용하기 위해 [형식 규칙]을 [같음]으로 설정한다. 여기서 교외 체험 학습 사용일이 10일 때 노란색으로 강조하려면 색을 클릭하여 노란색을 선택한 후 [완료]를 누른다.

03 교외 체험 학습 사용일이 11일~19일 때 주황색으로 강조해 보자. [+ 다른 규칙 추가]를 클릭하여 [형식 규칙]을 [범위]로 설정하고, 값을 11과 19로 입력한다. 색상에서 주황색을 선택하고 [완료]를 누른다.

04 교외 체험 학습 사용일이 20일 때 빨간색으로 강조하려면 동일한 방식으로 [+ 다른 규칙 추가]를 클릭한다. [형식 규칙]을 [보다 크거나 같음]으로 설정하고, 값을 20으로 입력한 후 색상에서 빨간색을 선택하고 [완료]를 누른다.

05 10일 이상이면 노란색, 11일 이상이면 주황색, 20일 이상이면 빨간색으로 표시되어 기준을 초과한 학생을 한눈에 쉽게 파악할 수 있다.

> ⚠️ **TIPS!**
> 교외 체험 학습 사용 횟수는 숫자로 입력해야 누적 합계를 계산할 수 있다. 이때 교외 체험 학습의 사용 날짜를 입력하려면 댓글 기능을 활용하면 된다.

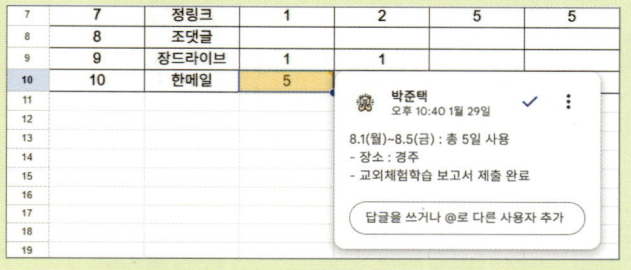

이건 꼭 기억하자!
✓ 조건부 서식을 설정할 때 중요한 경고는 빨간색, 주의는 노란색, 완료는 초록색처럼 직관적으로 색깔을 설정해야 데이터를 한눈에 파악할 수 있다.

Level UP   확장 활용 AI

[색상 스케일]은 숫자 데이터의 크기에 따라 낮은 값부터 차례대로 셀 배경을 연속적인 색상으로 표시하는 기능으로 값의 상대적인 크기나 차이를 색으로 빠르게 인식할 수 있다.
❶ 셀 범위를 지정하고 [서식]-[조건부 서식]-[조건부 서식 규칙] 창에서 [색상 스케일]을 선택한다.
❷ [형식 규칙]의 [미리보기]를 누르고 원하는 색상 스케일을 선택한 후 [완료]를 클릭한다.

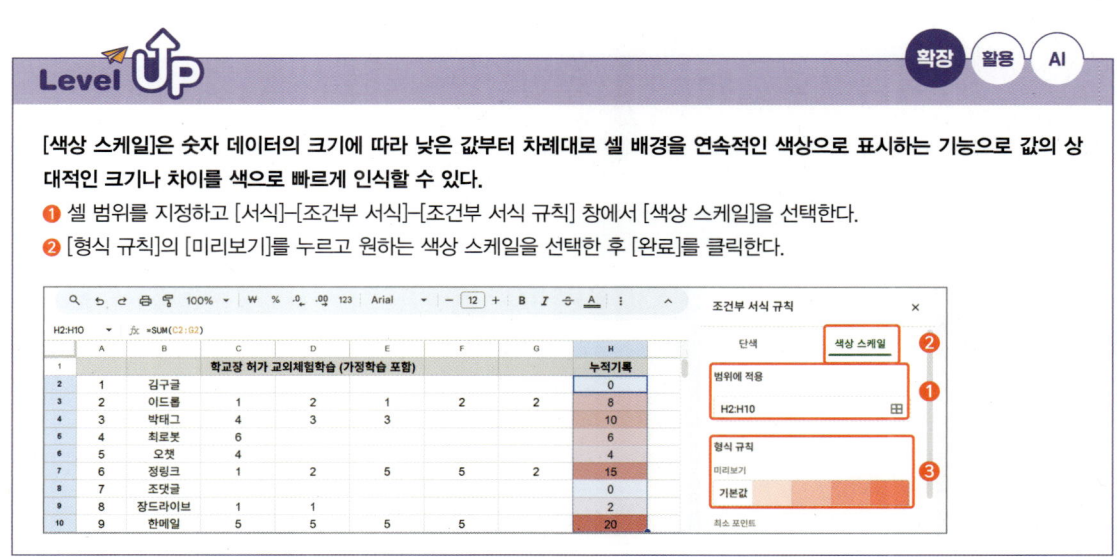

2. 함께 출석 관리하기 _ 93

Chapter 03 실수 없이 안전하게 협업하기

01 여기는 수정하지 마세요!

시트 및 범위 보호

bit.ly/구글시트보호
저자 직강 영상

업무 상황
연수 이수 현황을 수합 중인 김 교사는 시트를 공유했지만, 선생님들이 수정하면 안 되는 영역까지 실수로 지우거나 다른 선생님의 데이터를 건드리는 일이 발생하였다.
입력이 필요한 부분만 작성하도록 설정하고, 나머지 범위는 보호하는 방법은 없을까?

핵심 기능 이해하기

시트 및 범위 보호 기능을 활용하면 시트에서 특정 셀, 범위 또는 전체 시트에 대한 편집 권한을 제한할 수 있다. 중요한 데이터를 실수로 수정하거나 삭제하는 것을 방지할 수 있어 협업 작업에서 매우 유용하다.

범위 보호 실습하기

01 '연수 이수 현황' 시트에서 고정 항목(빨간색 칸)은 수정하면 안 되는 영역이고 초록색 칸에만 이수 여부나 일자를 입력하고 수정해야 한다. 고정 항목 영역의 범위를 보호하려면 A2:A9와 B2:D2를 마우스로 드래그하여 범위로 지정한다.

	A	B	C	D
1		다문화교육 의무연수 이수현황 제출 (20○○년 ─월 1일~20○○년 12월 31일) 15시간		
2	성명	과정명	이수번호	연수기관
3	이교사			
4	박교사			
5	이교사			
6	박교사			
7	최교사			
8	정교사			
9	최교사			
10	최교사			
11	이교사			
12	정교사			

⚠️ **TIPS!**
- Ctrl 를 누르고 셀을 클릭하면 떨어진 여러 셀이나 범위를 동시에 선택할 수 있다. 또 A1 셀을 클릭한 후 Shift 를 누르고 A10 셀을 클릭하면 A1 셀부터 A10 셀까지 연속된 10개의 셀을 한 번에 범위로 지정할 수 있다.
- 셀을 병합하려면 범위를 선택한 후 [메뉴]-[서식]-[셀 병합]을 누르거나 [메뉴] 상단의 셀 병합 모양을 누른다.

02 [메뉴]-[데이터]-[시트 및 범위 보호]를 클릭하면 화면 오른쪽에 설정 창이 열린다.

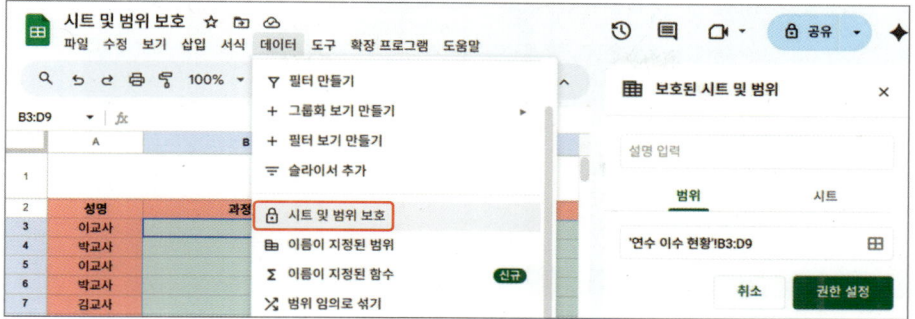

03 보호할 범위 및 시트에 대한 설명을 간단히 적고 상황에 맞게 범위와 시트 옵션 중에서 하나를 골라 설정한다. 범위는 시트의 일부분이 보호되고, 시트를 선택하면 시트 전체가 보호된다. 우리는 특정 셀을 보호하기 위해 범위를 지정하였으므로 [범위]를 선택한 후 [권한 설정]을 클릭한다.

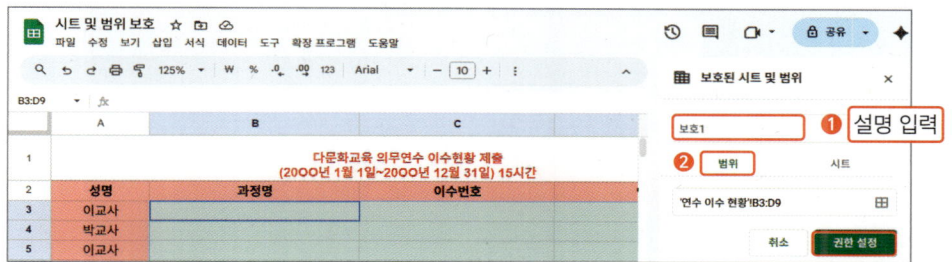

04 [권한 설정]을 클릭하면 [범위 수정 권한] 설정 창이 나타난다. 두 가지 방법으로 수정 권한을 설정할 수 있다.

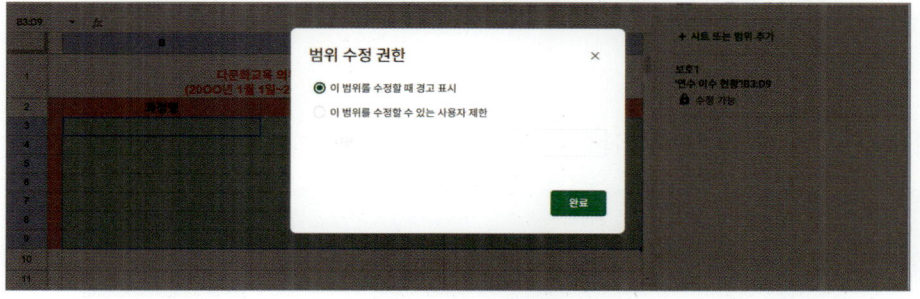

⚠️ **TIPS!**
구글 시트의 보호 기능은 두 가지로 나눌 수 있다.
① [수정할 때 경고 표시]는 수정은 가능하지만, 보호된 범위임을 알리는 안내창이 떠서 실수를 줄여준다.
② [수정할 수 있는 사용자 제한]은 지정된 사용자만 수정할 수 있다.

3. 실수 없이 안전하게 협업하기 _ **95**

05 [이 범위를 수정할 때 경고 표시]를 클릭한 후 [완료]를 누르면 해당 범위에 내용을 입력하거나 수정하려 할 때마다 경고 메시지가 나타나 실수로 내용을 변경하는 것을 방지할 수 있다.

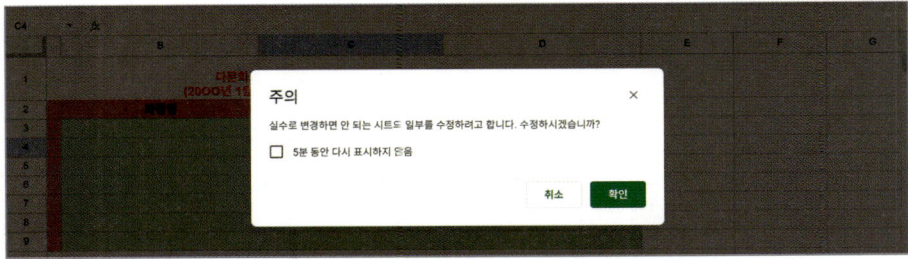

06 [이 범위를 수정할 수 있는 사용자 제한]을 클릭하면 해당 범위를 [나만] 수정 가능하게 설정하거나 [맞춤]을 선택해 특정 사용자만 편집하도록 지정할 수 있다. [맞춤]을 통해 특정 사용자에게 수정 권한을 부여하려면 사용자의 이메일을 입력한다.

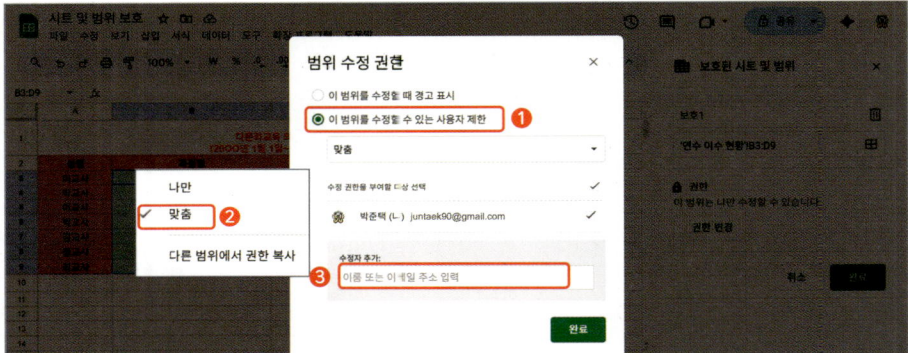

> ⚠️ **TIPS!**
> • [이 범위를 수정할 수 있는 사용자 제한]-[나만] 나만 수정할 수 있으며 다른 사람은 볼 수만 있다.
> • [이 범위를 수정할 수 있는 사용자 제한]-[맞춤] 특정 사용자의 이메일 주소를 입력하여 수정하도록 지정할 수 있다.

07 권한이 없는 사용자가 특정 범위의 내용을 바꾸려고 시도하면 안내창이 뜨면서 차단된다.

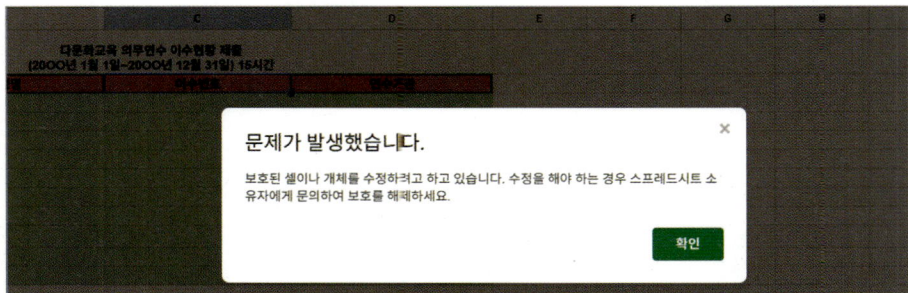

🖱 시트 보호 실습하기

01 '연수 이수 현황' 시트에서 마우스 오른쪽을 클릭한 후 [시트 보호]를 선택한다.

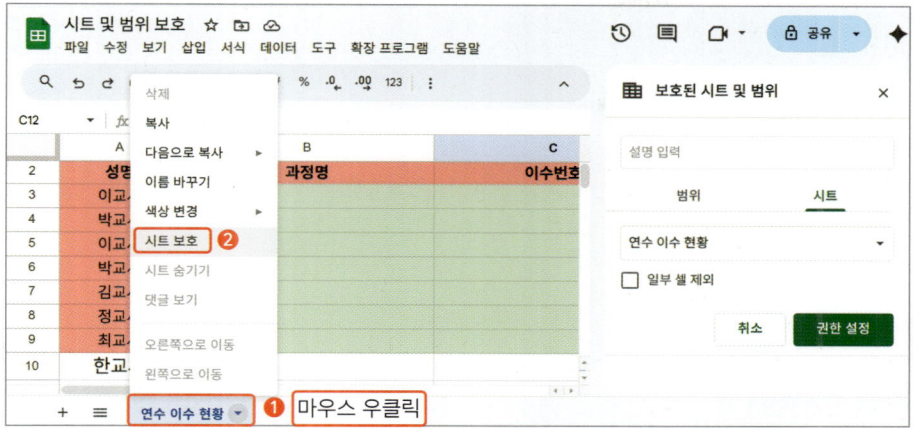

> ⚠ **TIPS!**
> [시트 공유 설정]에서의 권한은 시트 전체에 대한 접근 권한을 조정하지만, [시트 및 범위 보호]는 시트 내 특정 셀이나 범위까지도 정밀하게 권한을 설정할 수 있다.

02 [범위 수정 권한]에서 수정 가능 사용자나 경고 메시지 여부를 지정한다.

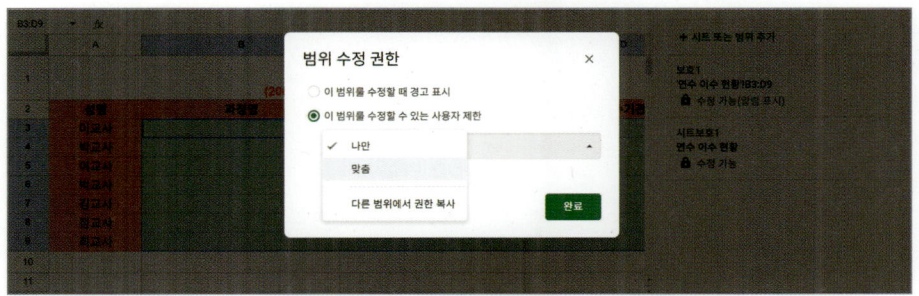

> 📁 **이건 꼭 기억하자!**
> ✅ 학교의 전 교사와 시트를 공유하여 입력할 때 입력 칸을 제외한 범위는 [이 범위를 수정할 수 있는 사용자 제한]으로 수정을 제한하고 입력 칸에는 [이 범위를 수정할 때 경고 표시]로 설정하면 안전하게 작업할 수 있다.

Chapter 03 실수 없이 안전하게 협업하기

🔗 bit.ly/구글시트복원

02 협업 작업 중 실수 걱정 끝! 이전으로 돌아가기

버전 기록

저자 직강 영상

업무 상황

학생 성적 시트를 수정 중인 이 교사는 같은 교과 선생님들과 함께 작업하던 중 누군가 수정하면 안 되는 내용을 변경하고 다른 선생님의 자료를 실수로 삭제하는 상황이 발생하였다.
이럴 때 문서의 이전 버전으로 되돌리는 방법은 없을까?

💡 핵심 기능 이해하기

버전 기록은 문서가 수정된 모든 이력을 자동으로 저장하고, 이전 버전으로 되돌릴 수 있는 기능이다. 여러 명이 함께 작업하는 문서에서 수정 실수나 데이터 유실을 예방하고 복원할 수 있다. 또한 특정 시점의 변경 사항을 비교하여 누가 어떤 수정을 했는지도 확인할 수 있다.

🖱 버전 기록 실습하기

01 문서의 버전 기록을 확인하려면 [메뉴]-[파일]-[버전 기록]을 누른 후 [버전 기록 보기]를 클릭한다. 화면 오른쪽에 나타난 [버전 기록] 창에서 [모든 버전]과 [이름이 지정된 버전]을 선택할 수 있다.

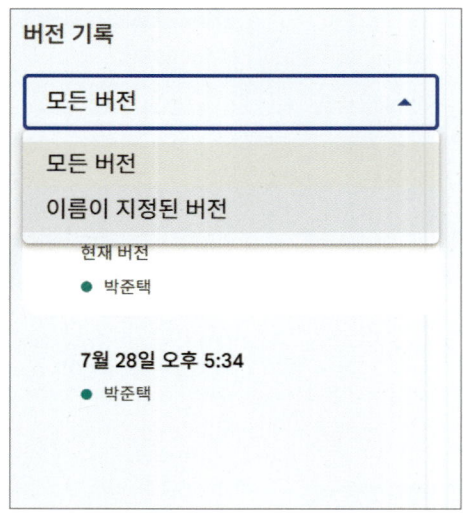

> ⚠ **TIPS!**
> [이름이 지정된 버전]을 선택하여 이름을 지정하면 특정 상태로 쉽고 빠르게 복원할 수 있다.

02 구글 시트는 변경된 내용이 실시간으로 자동 저장되며, 시간대별로 수정된 시간과 작성자 이름이 기록된다. 또 작성자마다 색상이 다르게 표시되어 누가 어떤 내용을 변경했는지 시각적으로 쉽게 파악할 수 있다. 초록색으로 색칠된 부분이 7월 28일 오후 5시 46분에 변경된 부분이다.

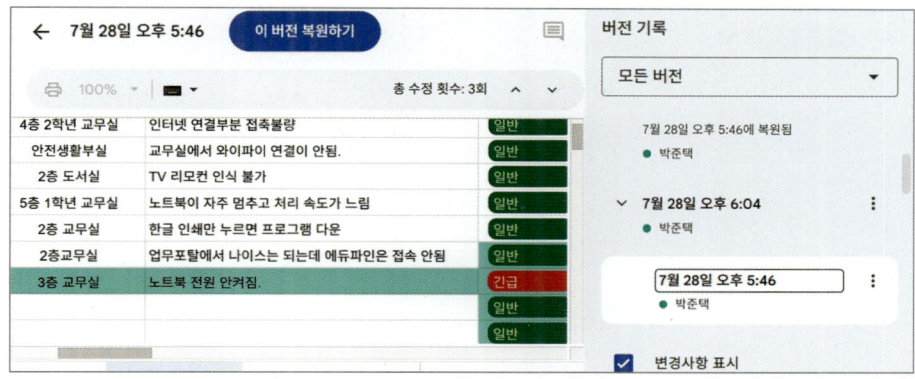

 **TIPS!**
구글 시트에서 버전 기록을 열면 수정한 부분이 작성자별로 서로 다른 색상으로 표시된다. 이를 활용하면 누가 어떤 셀을 변경했는지 한눈에 확인할 수 있어 협업 시 오류 원인 파악이나 변경 내역 검토가 훨씬 간편해진다.

03 중요한 버전일 경우에는 버전 옆의 점 세 개 모양을 누르고 [버전 이름 지정]을 클릭한다.

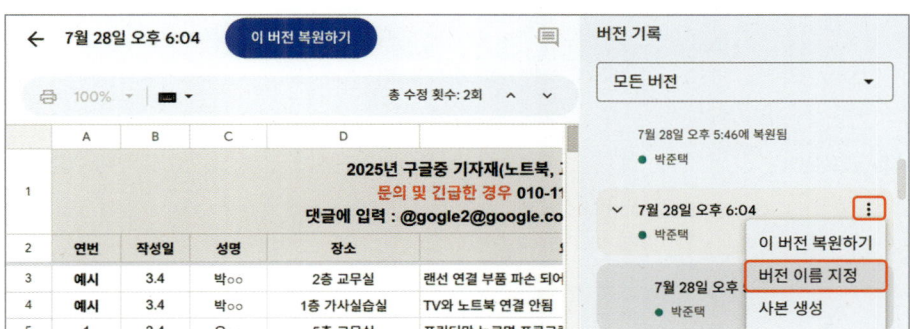

Level UP 확장 · 활용 · AI

버전 기록 기능은 단순한 복원 기능을 넘어 협업의 기여도 분석과 시간에 따른 데이터 변화도 추적할 수 있다.

상황	설명
학생 협업 보고서 작성	누가, 언제, 무엇을 수정했는지 확인할 수 있어 학생별 기여도를 명확히 평가할 수 있다.
과제 수행 현황 분석	버전별로 내용을 비교해 학생의 과제 진행률 변화 과정을 시각적으로 파악할 수 있다.
교사 공동 작업	공동 작업 중 수정 이력을 추적할 수 있어 책임 분담과 협업 관리가 용이하다.

3. 실수 없이 안전하게 협업하기 _ **99**

04 시트를 원하는 시점으로 되돌리려면 복원하고 싶은 버전을 클릭한다. 좌측 상단에 [이 버전 복원하기]가 생성되며, 이를 클릭하면 복원 여부를 묻는 창이 나타난다. [복원]을 누르면 선택한 시점의 버전으로 문서가 복원된다.

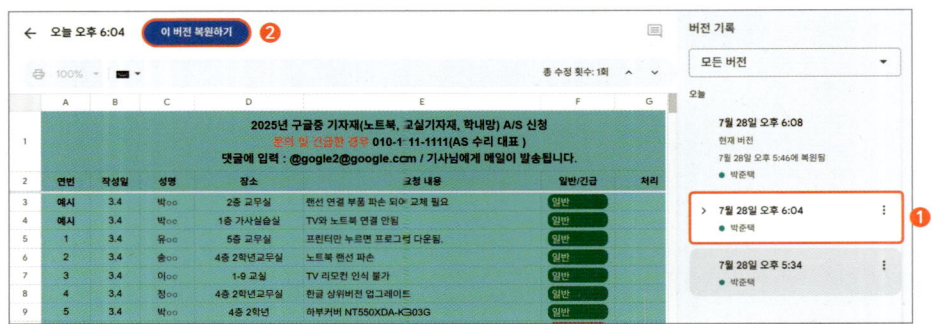

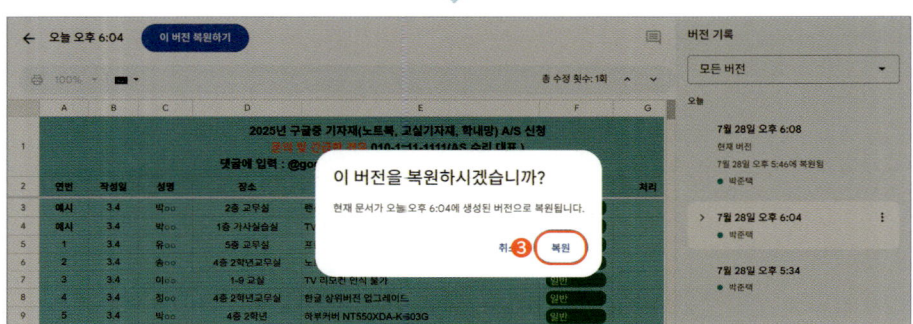

> **이건 꼭 기억하자!**
>
> ✅ 버전 기록은 자동 저장, 수정 추적, 복원이 모두 가능한 강력한 안전장치이다. 중요 시점에는 반드시 버전 이름을 지정하고, 실수나 변경 사항이 생기면 복원 기능을 적극 활용하자.

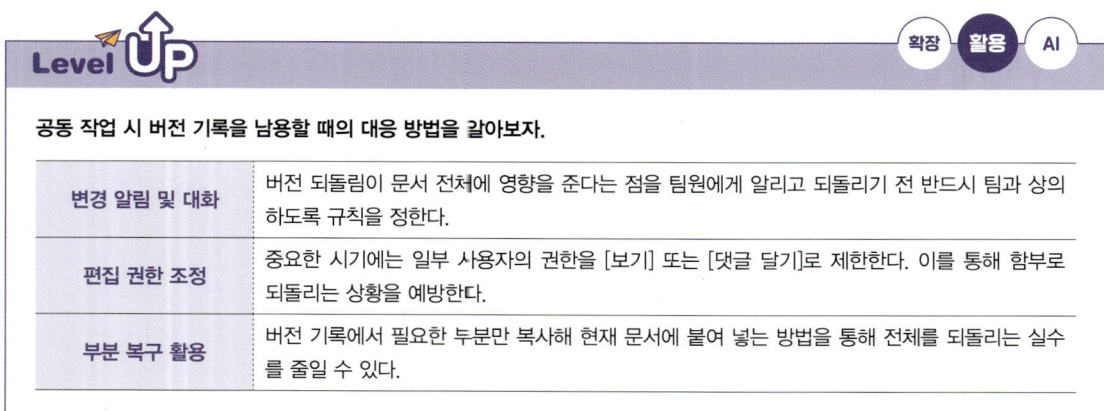

Level UP   확장 · 활용 · AI

공동 작업 시 버전 기록을 남용할 때의 대응 방법을 알아보자.

변경 알림 및 대화	버전 되돌림이 문서 전체에 영향을 준다는 점을 팀원에게 알리고 되돌리기 전 반드시 팀과 상의하도록 규칙을 정한다.
편집 권한 조정	중요한 시기에는 일부 사용자의 권한을 [보기] 또는 [댓글 달기]로 제한한다. 이를 통해 함부로 되돌리는 상황을 예방한다.
부분 복구 활용	버전 기록에서 필요한 부분만 복사해 현재 문서에 붙여 넣는 방법을 통해 전체를 되돌리는 실수를 줄일 수 있다.

3

수행 평가와 성적 관리

Chapter 01   수행 평가 관리하기

Chapter 02   성적 분석하기

✛ 6~7월

6~7월은 학생 수행 평가, 지필평가 자료 등 다양한 기록의 정리가 필요한 시기이다.

구글 스프레드시트를 활용하면 단순한 기록을 넘어 학생의 동기를 올리거나 교사의 업무 효율을 높여주는 형태로 관리할 수 있다. 다양한 사례를 통해 학생 수행 평가와 성적을 스마트하게 관리해 보자.

Chapter 01 수행 평가 관리하기

bit.ly/구글시트성장차트

01 학생의 성장 과정을 한눈에 파악하기

SPARKLINE 함수

저자 직강 영상

업무 상황 김 교사가 맡은 학생들은 7학급으로 총 210명이다. 학생들의 성장 과정을 보기 위해 누적 기록을 시도하는데 관리해야 할 기록은 점점 많아지고 한눈에 들어오지 않는 문제점이 발견된다.
학생의 성장 과정을 직관적으로 한눈에 보고 싶다면 어떻게 해야 할까?

핵심 기능 이해하기

SPARKLINE 함수를 활용하여 범위의 값을 직선 그래프로 표시할 수 있다. 차트와 다르게 행과 열 간의 복사를 통해 많은 양의 데이터에도 간단하게 적용할 수 있어 효율적이다.

함수식	=SPARKLINE(데이터_범위)
의미	데이터_범위를 기반으로 간단한 직선 그래프를 셀 안에 표시한다.

SPARKLINE 함수 실습하기

01 김구글 학생의 국어, 영어, 수학 성적 그래프를 만들어 보자. 김구글 학생의 국어 성적 그래프를 만들려면 C2:E2까지 드래그하여 국어 1~3회 성적 범위를 설정하거나 성적이 표시될 셀에 SPARKLINE 함수식을 적용하여 =SPARKLINE(C2:E2)를 입력한다.

❶ 영역(C2:E2) 설정

	A	B	C	D	E	F	G	H	I	J	K	L
1	학번	이름	국어 1회	국어 2회	국어 3회	영어 1회	영어 2회	영어 3회	수학 1회	수학 2회	수학 3회	국어
2	30101	김구글	92	88	98	95	93	80	88	90	82	=sparkline(C2:E2)
3	30102	이드롭	88	90	70	91	89	84	94	96	70	
4	30103	박태그	85	87	96	89	91	80	92	90	99	
5	30104	최로봇	91	89	97	87	89	94	95	93	74	
6	30105	정검색	89	91	70	93	91	99	87	89	71	
7	30106	강앱스	86	88	94	90	92	75	93	91	78	
8	30107	윤메타	93	91	77	88	90	77	91	93	90	

❷ L2 셀에 함수식 입력

 TIPS!
SPARKLINE 함수에서 범위 설정 시 =SPARKLINE(를 입력한 후 마우스로 해당 범위를 드래그하면 인접해 있는 범위를 모두 선택할 수 있다. 또 Ctrl 을 이용하면 멀리 떨어진 영역들도 분리 선택이 가능하다. 이때 범위 선택을 잘못하면 서로 다른 영역의 그래프가 섞일 수 있으므로 주의해야 한다.

02 수식 입력을 완료하면 L2 셀에 직선 그래프가 값에 따라 표시된다. 이 그래프는 C2:E2의 값이 바뀌면 자동으로 업데이트된다.

	A	B	C	D	E	F	G	H	I	J	K	L
1	학번	이름	국어 1회	국어 2회	국어 3회	영어 1회	영어 2회	영어 3회	수학 1회	수학 2회	수학 3회	국어
2	30101	김구글	92	88	98	95	93	80	88	90	82	
3	30102	이드롭	88	90	70	91	89	84	94	96	70	
4	30103	박태그	85	87	96	89	91	80	92	90	99	
5	30104	최로봇	91	89	97	87	89	94	95	93	74	
6	30105	정검색	89	91	70	93	91	99	87	89	71	
7	30106	강앱스	86	88	94	90	92	75	93	91	78	
8	30107	윤메타	93	91	77	88	90	77	91	93	90	

03 L2 셀의 그래프를 드래그하여 아래로 내리면 수식이 복사되어 해당 범위의 학생들 그래프가 자동으로 형성된다.

	A	B	C	D	E	F	G	H	I	J	K	L
1	학번	이름	국어 1회	국어 2회	국어 3회	영어 1회	영어 2회	영어 3회	수학 1회	수학 2회	수학 3회	국어
2	30101	김구글	92	88	98	95	93	80	88	90	82	
3	30102	이드롭	88	90	70	91	89	84	94	96	70	
4	30103	박태그	85	87	96	89	91	80	92	90	99	
5	30104	최로봇	91	89	97	87	89	94	95	93	74	
6	30105	정검색	89	91	70	93	91	99	87	89	71	
7	30106	강앱스	86	88	94	90	92	75	93	91	78	
8	30107	윤메타	93	91	77	88	90	77	91	93	90	

드래그

> ⚠️ **TIPS!**
> 차트에서 그래프를 적용하려면 각각 표로 만들어야 하지만, SPARKLINE 함수는 드래그하면 수식의 복사와 이동이 가능하므로 편리하게 활용할 수 있다.

Level UP 확장 **활용** AI

SPARKLINE 함수는 차트 옵션에서 막대, 열, 색 등의 그래프 설정이 가능하여 학교 업무에 다양하게 활용할 수 있다.

상황	활용	그래프 형태	SPARKLINE 함수식 예
성적 변화 추적	학생의 중간고사 → 기말고사 → 수행 평가 점수 변화를 한눈에 확인	직선 그래프	=SPARKLINE(C2:E2)
출결 패턴 보기	한 달간 출결 데이터(출석=1, 결석=0)를 시각화하여 이상 여부 확인	막대그래프	=SPARKLINE(B2:AF2, {"charttype", "bar"})
학급 활동 참여도 비교	독서 활동, 봉사 활동, 발표 활동 등 점수를 시각화하여 비교 분석	열 차트	=SPARKLINE(G2:I2, {"charttype", "column"})
학생 상담 기록 정리	상담 전후 태도 점수 또는 감정 상태를 시각화하여 변화 확인	직선 색 그래프	=SPARKLINE(C2:E2, {"color", "blue"})

04 영어 성적인 M2 셀에 =SPARKLINE(F2:H2)를 입력하는 방식으로 영어와 수학 등 모든 셀의 그래프 값을 구할 수 있다.

	A	B	C	D	E	F	G	H	I	J	K	L	M	N
1	학번	이름	국어 1회	국어 2회	국어 3회	영어 1회	영어 2회	영어 3회	수학 1회	수학 2회	수학 3회	국어	영어	수학
2	30101	김구글	92	88	98	95	93	80	88	90	82			
3	30102	이드롬	88	90	70	91	89	84	94	96	70			
4	30103	박태그	85	87	96	89	91	80	92	90	99			
5	30104	최로봇	91	89	97	87	89	94	95	93	74			
6	30105	정검색	89	91	70	93	91	99	87	89	71			
7	30106	강앱스	86	88	94	90	92	75	93	91	78			
8	30107	윤메타	93	91	77	88	90	77	91	93	90			

> ⚠️ **TIPS!**
> 국어 성적의 값이 제대로 적용되는지 확인한 후 다른 과목의 성적에도 값을 드래그해서 활용해야 한다. 여기서는 다른 과목의 성적에 따라 그래프 모양이 변해야 하므로 상대 참조로 수식을 입력해야 한다.
> 예 상대 참조 (A1) 입력 시 → A1 셀을 오른쪽으로 복사하면 B1 셀로 변함
> 예 절대 참조 ($A$1) 입력 시 → $A$1을 어디에 복사해도 항상 A1 셀을 참조함

05 [채우기]와 [서식]을 활용해 원하는 색으로 그래프를 수정할 수 있다. 적용할 셀을 클릭한 후 [채우기]를 누르면 배경색을 바꿀 수 있으며, [서식]을 누르면 그래프의 색을 바꿀 수 있다.

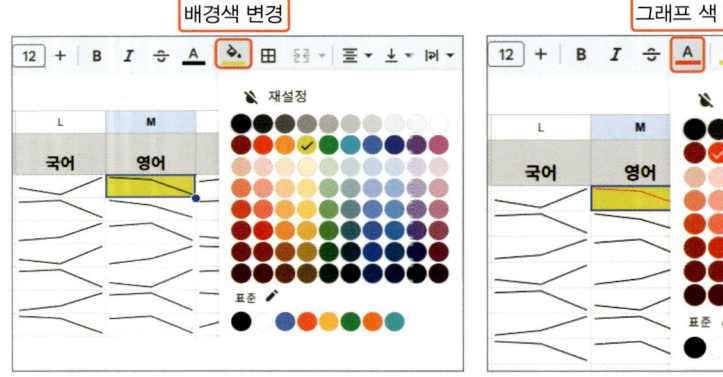

> ⚠️ **TIPS!**
> 그래프 색과 셀 배경색을 조합하여 직관적으로 구성하면 자료를 한눈에 파악하기 쉽다.

📁 **이건 꼭 기억하자!**

 SPARKLINE 함수는 범위가 추가되면 내용이 변경될 수 있으므로 데이터 범위를 확인하고 활용해야 한다. 따라서 그래프 생성 시 데이터를 모두 입력한 후 SPARKLINE 함수식을 넣어야 한다.

Chapter 01 수행 평가 관리하기

02 학생의 동기를 올려주는 수행 평가 상황 파악하기

체크박스, COUNTIF, SPARKLINE 함수

업무 상황 수행 평가나 과제 제출 상태를 확인하기 위해 시트에서 체크박스를 사용하고 있는 김 교사. 간편하게 스마트폰과 연동해 클릭만으로 자료를 집계할 수 있다는 장점이 있지만, **체크박스의 개수와 흐름 파악이 힘들어 고민이다. 어떻게 하면 좋을까?**

💡 핵심 기능 이해하기

체크박스는 클릭만으로 TRUE 또는 FALSE 값을 쉽게 입력할 수 있어 과제 제출 여부나 출석 상태 등을 간편하게 기록할 수 있다.

COUNTIF 함수는 특정 조건을 만족하는 셀의 개수를 자동으로 계산하여 과제 제출 횟수나 체크 여부를 수치로 파악할 수 있다.

함수식	=COUNTIF(범위, 조건)	의미	범위에서 조건에 맞는 셀의 개수를 센다.

함수식	=SPARKLINE(데이터_범위)	의미	데이터_범위를 기반으로 간단한 직선 그래프를 셀 안에 표시한다.

🖱 체크박스, COUNTIF 함수 실습하기

01 김 교사는 1~9차에 걸쳐 글쓰기 과제를 받고 있다. C9 셀에는 1차시에 7명의 학생 중 몇 명이 과제를 제출했는지를 표시하고, L9 셀에는 차시별 제출률을 그래프로 표시하고 싶다. 글쓰기 과제의 학생별 제출 여부와 차시별 제출 개수를 합산해 보자.

	A	B	C	D	E	F	G	H	I	J	K	L
1	학번	이름	1차	2차	3차	4차	5차	6차	7차	8차	9차	
2	30101	김구글	☑	☐	☑	☑	☐	☐	☐	☑	☐	
3	30102	이드롭	☐	☑	☐	☑	☐	☐	☑	☐	☐	
4	30103	박태그	☑	☐	☑	☑	☐	☐	☑	☐	☐	
5	30104	최로봇	☐	☑	☐	☑	☐	☐	☑	☐	☐	
6	30105	정검색	☑	☐	☑	☐	☐	☑	☐	☑	☐	
7	30106	강앱스	☑	☑	☐	☑	☐	☐	☑	☑	☐	
8	30107	윤메타	☑	☑	☐	☐	☐	☐	☑	☐	☐	
9		차시별 제출										

차시별 제출 합산 숫자가 표시될 셀

차시별 제출률 그래프가 표시될 셀

02 글쓰기 과제의 학생별 제출 여부를 체크박스로 표시한다. 체크박스를 클릭했을 때 해당 값이 채워지면 TRUE, 빈칸이면 FALSE로 표시된다.

⚠️ **TIPS!**
체크박스를 실수로 누르면 값이 변화할 수 있으므로 기록 체크가 완료되면 [데이터]-[시트 범위 및 보호]를 통해 값을 보호할 수 있다. 잘못 눌렀는지 확인하고 싶을 땐 [버전 기록]을 활용할 수 있다.

03 글쓰기 과제의 차시별 제출 횟수를 표시해 보자. 1차 과제를 낸 학생들의 수를 계산하려면 C9 셀에 =COUNTIF(C2:C8, "TURE")를 입력한다. TURE로 표시된 값은 6개로 확인할 수 있다.

04 1차 과제 제출 횟수를 확인했다면 C9 셀에서 K9 셀까지 우측으로 드래그하여 수식을 복사한 후 모든 값을 확인한다.

🖱 SPARKLINE 함수 실습하기

01 L9 셀에 차시별 제출률 그래프를 표시해 보자. 차시별 제출 값의 범위(C9:K9)를 적용하여 =SPARKLINE(C9:K9)를 입력한다.

	A	B	C	D	E	F	G	H	I	J	K	L
1	학번	이름	1차	2차	3차	4차	5차	6차	7차	8차	9차	
2	30101	김구글	☑	☐	☑	☑	☐	☐	☐	☑	☐	
3	30102	이드롭	☐	☑	☐	☑	☐	☑	☑	☐	☐	
4	30103	박태그	☑	☑	☑	☑	☑	☑	☐	☐	☑	
5	30104	최로봇	☑	☑	☑	☐	☐	☐	☐	☐	☐	
6	30105	정검색	☑	☑	☑	☐	☑	☐	☐	☐	☐	
7	30106	강앱스	☑	☑	☐	☐	☑	☑	☑	☑	☐	
8	30107	윤메타	☑	☑	☐	☐	☐	☐	☐	☐	☐	
9		차시별 제출	6	6	4	3	3	4	3	2	1	=SPARKLINE(C9:K9)

02 L9 셀에 나타난 그래프를 통해 차시별 제출량의 변화를 한 번에 파악할 수 있다. 여기서는 그래프를 통해 9차시로 갈수록 과제 제출량이 낮아지는 경향을 추론할 수 있다.

	A	B	C	D	E	F	G	H	I	J	K	L
1	학번	이름	1차	2차	3차	4차	5차	6차	7차	8차	9차	
2	30101	김구글	☑	☐	☑	☑	☐	☐	☐	☑	☐	
3	30102	이드롭	☐	☑	☐	☑	☐	☑	☑	☐	☐	
4	30103	박태그	☑	☑	☑	☑	☑	☑	☐	☐	☑	
5	30104	최로봇	☑	☑	☑	☐	☐	☐	☐	☐	☐	
6	30105	정검색	☑	☑	☑	☐	☑	☐	☐	☐	☐	
7	30106	강앱스	☑	☑	☐	☐	☑	☑	☑	☑	☐	
8	30107	윤메타	☑	☑	☐	☐	☐	☐	☐	☐	☐	
9		차시별 제출	6	6	4	3	3	4	3	2	1	〰

📁 이건 꼭 기억하자!

- COUNTIF 함수에서 수식 복사를 위해 드래그할 때 상대 참조가 잘못 설정되면 같은 셀만 반복해서 계산할 수 있으므로 참조 범위를 확인하고 복사 후 결과를 꼭 점검해야 한다.
- SPARKLINE 함수는 숫자만 인식하며 범위 안에 빈칸이나 글자가 있으면 그래프가 제대로 표시되지 않는다.

Level UP 〔확장〕〔활용〕〔AI〕

생성형 AI를 활용하면 더욱 효과적으로 학생들의 과정을 기록할 수 있다.

활용 상황	활용	활용 방식
학생별 피드백 자동 생성하기	제출률을 기준으로 맞춤 피드백을 자동으로 만들어 줌	생성형 AI에 점수를 입력하면 의견이 생성됨
학급 제출 현황 요약 보고서 만들기	전체 제출률, 미제출 비율, 차시별 분석 등 종합 요약	시트를 복사하고 프롬프트 작성 예) 요약 리포트 써 줘.
제출 성실도 순위 매기기	제출 횟수를 기준으로 생성형 AI가 순위와 요약 의견 제공	제출률 상위 3명(김구름, 강여울, 박태근)을 입력하면 의견이 생성됨

1. 수행 평가 관리하기 _ **107**

| Chapter 01 | 수행 평가 관리하기 |

bit.ly/구글시트역량차트

03 학생의 역량을 시각화하기
5각 차트

저자 직강 영상

업무 상황
박 교사는 학생들의 영어 성적을 듣기, 말하기, 읽기, 쓰기, 언어 사용 등 다섯 가지 역량의 수행 평가를 통해 기록하였다. 이 결과를 토대로 학생들의 동기부여를 위해 시각적 자료를 개별적으로 전달하고 싶다. 어떻게 해야 할까?

핵심 기능 이해하기

차트 삽입은 표로 정리된 데이터를 시각적으로 표현하는 기능으로 전체 흐름을 한눈에 파악할 수 있다. 그중 방사형 차트(레이더 차트)는 항목별 점수 분포를 비교할 때 유용하며 과목별 강점, 약점을 직관적으로 확인할 수 있다.

5각 차트 실습하기

01 박 교사는 반별로 학생들의 1~5차까지의 성적을 직관적인 차트로 만들어 경향성을 나타내고 싶다. 시트에 성적과 차트가 들어갈 부분을 예상하고 범위를 지정한다. 예를 들어 A2:F7은 성적이 들어갈 공간, G2:G8은 그래프가 들어갈 공간이다.

	A	B	C	D	E	F	G
1	학번	30101	이름	김구들		성적 공간	5각 차트
2		1차	2차	3차	4차	5차	
3	듣기	80	88	70	77	88	
4	말하기	80	74	88	93	100	그래프 공간
5	읽기	30	35	35	40	35	
6	쓰기	70	75	85	80	99	
7	언어사용	90	97	96	79	80	
8	그래프						
9	평균	70	73.8	74.8	73.8	80.4	
10							

+ ≡ 30101 김구글 ▼ 30102 이드롭 ▼
학생별로 시트 관리

 TIPS!
학생별로 시트를 추가로 복사해서 만들 수 있다. 이때 첫 번째 시트에서 정확한 형태를 잡은 후 나머지 시트를 복사해서 활용하는 것이 효율적이다.

02 듣기, 말하기, 읽기, 쓰기, 언어 사용의 값과 5차까지의 값을 한 번에 차트로 표현하려면 A2:F7로 영역을 선택하고 [메뉴]-[삽입]-[차트]를 선택한다.

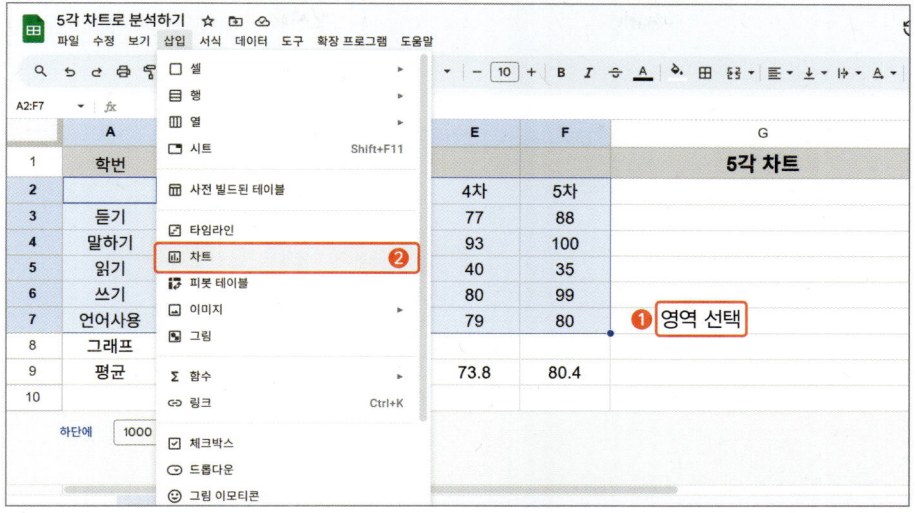

> ⚠ **TIPS!**
> X축과 Y축을 어떤 값으로 잡느냐에 따라 차트의 모양이 달라질 수 있으므로 다양하게 변경해 보면서 좋은 형태를 찾은 후 다른 시트에 복사해 활용하는 것이 효율적이다.

03 [차트]에서 추천하는 다양한 형태의 차트를 활용하거나 목적에 따라 [차트 유형]에서 차트 형태를 선택할 수 있다. 여기서는 [기타]의 방사형 차트를 선택한다.

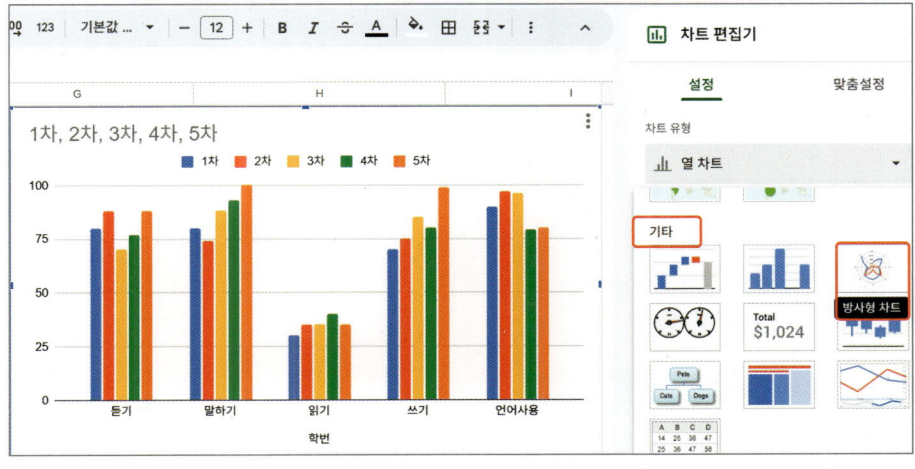

> ⚠ **TIPS!**
> 주어진 형태만 사용하지 않고 학생들의 동기를 높일 수 있는 직관적인 형태를 탐구하여 구성한다.

1. 수행 평가 관리하기 _ **109**

04 방사형 차트를 적용하면 다음과 같이 다섯 가지 역량과 차시별 시험의 내용을 한 번에 볼 수 있다.

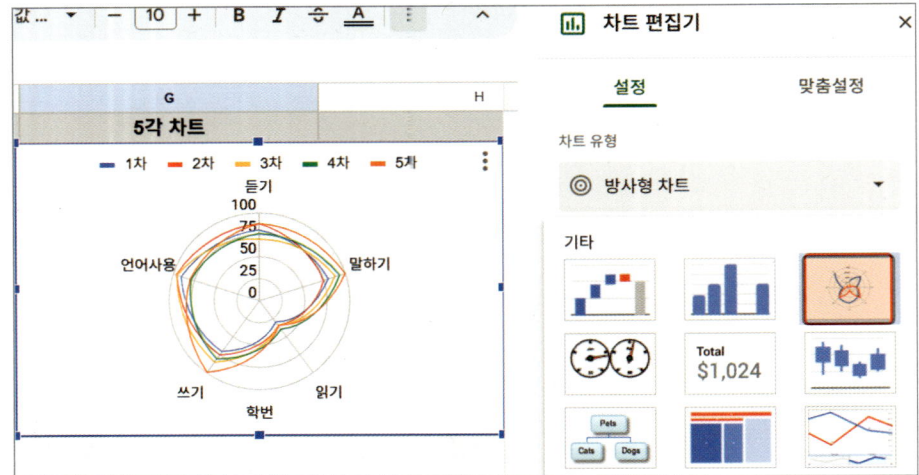

05 다섯 가지 역량의 성적이 차시별 시험에 따라 변화되는 형태를 보기 위해 현재 방사형 차트의 행과 열을 전환하고 상단 제목값과 라벨값을 클릭하면서 설정을 변경한다.

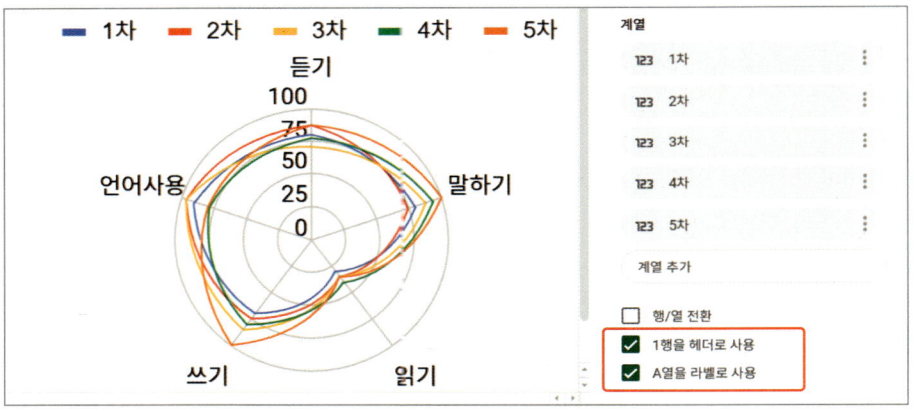

> ⚠️ **TIPS!**
> [맞춤 설정]-[차트 및 축 제목]-[제목 텍스트]를 삭제하면 불필요한 공간을 줄이고 효율적으로 사용할 수 있다.
>
>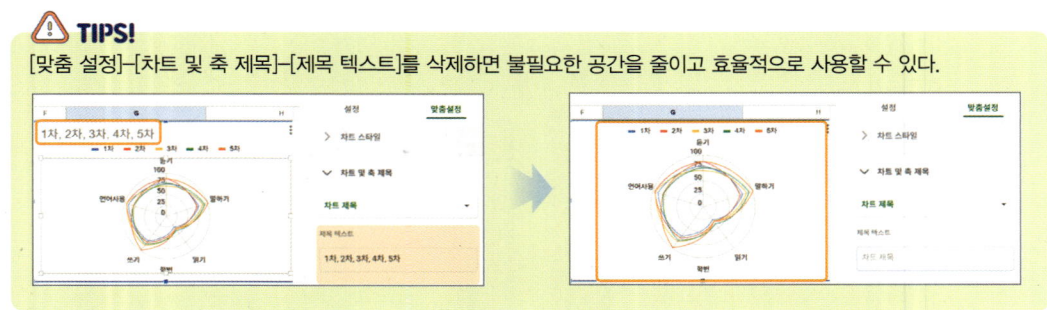

📁 **이건 꼭 기억하자!**

✅ 차트를 만들 때는 데이터 범위를 정확히 선택해야 원하는 비교 결과가 나온다. 항목이 많거나 값 차이가 클수록 방사형 차트는 시각적으로 왜곡될 수 있으므로 해석에 주의해야 한다.

Chapter 02 성적 분석하기

🔗 bit.ly/구글시트환산

01 똑똑하게 환산 점수 처리하기

IF 함수

저자 직강 영상

업무 상황 윤 교사는 평가 계획을 세분화하여 다양한 평가 기준을 마련하고 싶은데 세분화한 평가 기준이 평가 계획의 점수 급간과 맞지 않았다. **환산 점수를 하나씩 계산하려니 데이터가 너무 많고 복잡하다. 쉽게 점수를 환산할 수는 없을까?**

💡 핵심 기능 이해하기

IF 함수는 주어진 조건이 참인지 거짓인지에 따라 서로 다른 결과를 반환하며, 조건을 정확히 설정해야 원하는 계산이나 분류를 효과적으로 수행할 수 있다.

> **함수식** =IF(조건, 참일_때_값, 거짓일_때_값)
> **의미** 조건이 참이면 참일_때_값을, 거짓이면 거짓일_때_값을 반환한다.

🖱 IF 함수 실습하기

01 수행 평가 1과 수행 평가 2의 100점 만점 점수를 환산 점수로 활용하려면 환산 기준을 확인하고 함수식을 작성해야 한다. 수행 평가 1의 환산 기준은 3개, 수행 평가 2의 환산 기준은 5개이다.

	A	B	C	D	E	F
1		평가 1환산기준 5점: 60~79점 10점: 80~89점 15점: 90~100점 (60점 미만은 3점 처리한다.)			평가 2환산기준 10점: 60~69점 15점: 70~79점 20점: 80~89점 25점: 90~95점 30점: 96~100점 (60점 미만은 5점 처리한다.)	
2	학번	이름	수행평가1	평가1 환산	수행평가2	평가2 환산
3	30101	김구글	88		78	
4	30102	이드롭	78		74	
5	30103	박태그	77		88	
6	30104	최로봇	97		90	

>  **TIPS!**
> IF 함수는 정해진 기준뿐만 아니라 그 외의 값들은 어떻게 처리해야 하는지도 고려해야 한다. 따라서 참인 값과 거짓인 값을 정확하게 이해하는 것이 중요하다.

02 수행 평가 1의 환산 점수를 구해보자. 환산 기준(조건)이 3개이므로 IF와 조건에 따른 값을 3번, 그리고 거짓일 경우 산출될 1개의 값을 입력하고 3번 괄호를 닫아야 한다. D3 셀을 선택한 후 =IF(C3>= 90, 15, IF(C3>=80, 10, IF(C3>=60, 5, 3)))을 입력한다.

	A	B	C	D	E	F
1		평가 1환산기준 5점: 60~79점 10점: 80~89점 15점: 90~100점 (60점 미만은 3점 처리한다.)			평가 2환산기준 10점: 60~69점 15점: 70~79점 20점: 80~89점 25점: 90~95점 30점: 96~100점 (60점 미만은 5점 처리한다.)	
2	학번	이름	수행평가1	평가1 환산	수행평가2	평가2 환산
3	30101	김구글	88	10		
4	30102	이드롭	78			
5	30103	박태그	77			
6	30104	최로봇	97			

> ⚠️ **TIPS!**
> - 조건에서 90 이상은 90을 포함하므로 >=로 표현하지만, 90 초과의 경우 90을 포함하지 않으므로 >만 사용한다.
> - IF 함수는 위에서부터 차례대로 조건을 확인하므로 큰 값(예: ≥90)부터 차례대로 내려가며 조건을 작성해야 올바르게 계산된다.
> - 함수식을 입력한 후 여러 점수(예: 59, 60, 80, 90, 100)를 직접 대입해 보면서 예상대로 값이 나오는지 반드시 검증하는 습관이 필요하다.

03 D3 셀에 적용된 값을 D6 셀까지 드래그하면 상대 참조로 같은 조건의 함수식이 자동으로 복사되고 C3, C4, C5, C6 셀의 값에 맞추어 환산 점수가 자동으로 설정된다.

	A	B	C	D	E	F
1		평가 1환산기준 5점: 60~79점 10점: 80~89점 15점: 90~100점 (60점 미만은 3점 처리한다.)			평가 2환산기준 10점: 60~69점 15점: 70~79점 20점: 80~89점 25점: 90~95점 30점: 96~100점 (60점 미만은 5점 처리한다.)	
2	학번	이름	수행평가1	평가1 환산	수행평가2	평가2 환산
3	30101	김구글	88	10		
4	30102	이드롭	78	5		
5	30103	박태그	77	5		
6	30104	최로봇	97	15		

04 이번에는 수행 평가 2의 환산 점수를 구해보자. 환산 기준이 5개이므로 F3 셀을 선택한 후 =IF(E3>=96, 30, IF(E3>=90, 25, IF(E3>=80, 20, IF(E3>=70, 15, IF(E3>=60, 10, 5)))))을 입력한다. F3 셀에 적용된 값을 F6 셀까지 드래그하면 함수식이 자동으로 복사되어 입력된다.

	A	B	C	D	E	F
1		평가 1환산기준 5점: 60~79점 10점: 80~89점 15점: 90~100점 (60점 미만은 3점 처리한다.)			평가 2환산기준 10점: 60~69점 15점: 70~79점 20점: 80~89점 25점: 90~95점 30점: 96~100점 (60점 미만은 5점 처리한다.)	
2	학번	이름	수행평가1	평가1 환산	수행평가2	평가2 환산
3	30101	김구글	88	10	78	15
4	30102	이드롭	78	5	74	15
5	30103	박태그	77	5	88	20
6	30104	최로봇	97	15	90	25

F6 셀 수식: =IF(E6>=96,30,IF(E6>=90,25,IF(E6>=80,20,IF(E6>=70,15,IF(E6>=60,10,5)))))

❶ 수식 입력
❷ 드래그

⚠️ **TIPS!**
조건의 개수가 많아질수록 수식이 복잡해지므로 조건의 개수와 최종 괄호의 개수가 일치하는지 꼭 확인해야 한다.

🤖 생성형 AI와 함께하기

환산 기준을 이미지로 찍어 업로드한 후 자연어로 질문한다.

- **이미지 업로드 방법** [평가 2 환산 기준 이미지 촬영]→[업로드]→[프롬프트 입력]
- **프롬프트 예** 평가 2의 환산 기준을 IF 함수를 활용해 F3 셀에 넣고 싶어.

📂 이건 꼭 기억하자!

✅ IF 함수는 큰 값부터 앞에 입력하고 비교해야 올바른 값이 반환된다. 또 점수 범위가 겹치거나 빠지지 않도록 조건을 명확하게 정의하고 경곗값에 주의해야 한다.

Level UP   확장 활용 AI

환산 점수뿐만 아니라 점수의 범위에 따라 A/B/C 레벨이나 메시지가 반환되도록 수식을 적용할 수 있다.

함수식의 예	결괏값
=IF(점수)=90, "A", IF(점수)=70, "B", "C"))	90점 이상이면 A, 70점 이상이면 B, 70 미만이면 C를 반환한다.
=IF(점수)=90, "Excellent!", IF(점수)=70, "Good job!", "Let's try again!"))	90점 이상이면 Excellent!, 70점 이상이면 Good job!, 70 미만이면 Let's try again!을 반환한다.

2. 성적 분석하기 _ 113

| Chapter 02 | 성적 분석하기 |

🔗 bit.ly/구글시트자동순위

02 자동 업데이트되는 퀴즈 성적표 만들기

LARGE, SMALL 함수

저자 직강 영상

김 교사는 학교 이벤트에 활용하려고 퀴즈 시험 구글 설문지를 만들었다. 이는 자동으로 채점되는 형태로 구글 스프레드시트에 저장되고 있다. 그런데 학생들이 상품을 받는 1~5등까지의 순위를 궁금해하고, 김 교사는 순위를 계속 수정할 시간이 없다.
현재 상위 1~5등까지의 점수를 자동으로 업데이트할 수 없을까?

💡 핵심 기능 이해하기

LARGE 함수는 데이터 범위에서 큰 값부터 순서를 매겨 원하는 순위의 값을 구할 수 있다. 시험 점수, 판매량, 활동 횟수 등에서 상위 n개의 값을 자동으로 계산할 때 유용하게 활용할 수 있다.
SMALL 함수는 가장 낮은 점수를 구할 때 사용되며 LARGE 함수와 동일한 방식으로 활용이 가능하다.

| 함수식 | =LARGE(범위, k) | 의미 | 범위에서 k번째로 큰 값을 반환한다. |

| 함수식 | =SMALL(범위, K) | 의미 | 범위에서 k번째로 작은 값을 반환한다. |

🖱 LARGE 함수 실습하기

01 구글 설문지로 퀴즈를 낼 경우 학생들의 학번, 이름, 점수 등이 구글 스프레드시트에 자동 업데이트된다. 이때 시트 링크를 공유하면서 점수만 보여주려면 학번, 이름 등의 개인 정보를 숨기기 처리해야 한다.

	A	B	C	D	E
1	학번	이름	점수		
2	30101	김구글	90.14	상위 1등	
3	30102	이드롭	90.71	상위 2등	상위 1~5등까지의 점수를
4	30103	박태그	88.86	상위 3등	지속적으로 표시할 영역
5	30104	최로봇	90.43	상위 4등	
6	30105	정검색	90.29	상위 5등	
7	30106	강앱스	89.57		

 TIPS!
숨기기 처리 방법에는 하나의 시트에서 특정 열을 숨기는 방법과 IMPORTRANGE 함수를 활용하여 새로운 시트로 공유하는 방법이 있다.

02 A와 B 열 전체 영역을 드래그한 후 마우스 오른쪽을 클릭하여 [A-B열 숨기기]를 선택한다. 숨기기 처리하면 A와 B 열이 숨겨져 C 열이 가장 좌측으로 이동하는 것을 볼 수 있다.

> **TIPS!**
> A와 B 열을 먼저 숨기기 처리하고 작업을 진행해도 되고, 마지막에 숨기기를 진행해도 된다. 숨기기를 진행하면 시트를 공유해도 개인 정보는 보이지 않는다.

03 상위 1~5등까지의 점수를 지속적으로 표시할 E2 셀에 =LARGE($C$2:$C$100, 1)을 입력한다. 범위 입력 시 설문지에 새로운 값이 계속 생기므로 절대 참조를 통해 행의 범위를 여유 있게 정해야 한다.

> **TIPS!**
> 설문지와 연결된 시트 공유 시 너무 많은 정보가 공유되므로 적절하게 시트를 편집하고 [보기 권한]으로 설정하는 것이 바람직하다.

2. 성적 분석하기 _ **115**

04 5등까지 수식을 넣어 자동으로 업데이트되도록 E3 셀에는 =LARGE($C$2:$C$100, 2)를, E4 셀에는 LARGE($C$2:$C$100, 3) 등을 차례대로 입력한다. 이때 동점자의 경우 분리하지 않기 때문에 같은 점수가 나올 수 있다.

05 입력이 완료된 후 바로 웹에 게시하면 학생들의 개인 정보가 보인다. 따라서 [메뉴]-[파일]-[공유]-[웹에 게시] 창에서 [게시]를 클릭하여 수정이 불가능한 형태로 게시해야 한다.

⚠️ **TIPS!**
[웹에 게시]는 전체 문서나 시트별 게시도 가능하며 웹페이지, PDF 등 원하는 형태를 선택하여 게시할 수 있다.

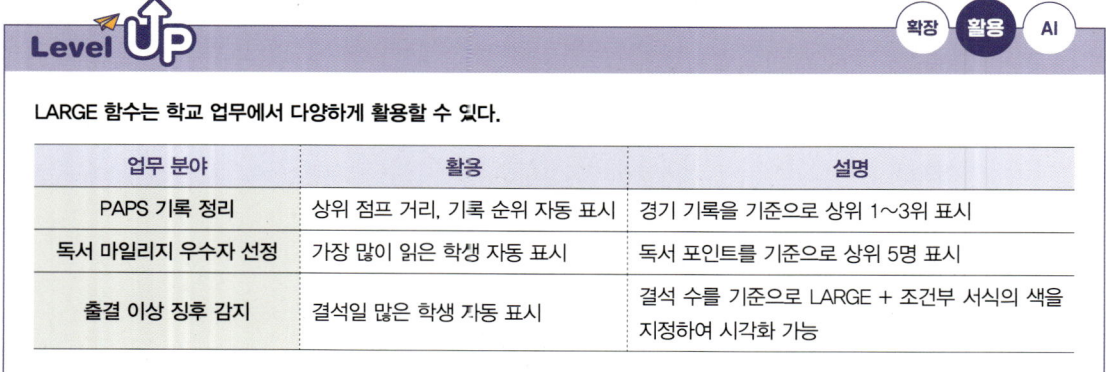

Level UP 확장 활용 AI

LARGE 함수는 학교 업무에서 다양하게 활용할 수 있다.

업무 분야	활용	설명
PAPS 기록 정리	상위 점프 거리, 기록 순위 자동 표시	경기 기록을 기준으로 상위 1~3위 표시
독서 마일리지 우수자 선정	가장 많이 읽은 학생 자동 표시	독서 포인트를 기준으로 상위 5명 표시
출결 이상 징후 감지	결석일 많은 학생 자동 표시	결석 수를 기준으로 LARGE + 조건부 서식의 색을 지정하여 시각화 가능

🔒 SMALL 함수 실습하기

01 SMALL 함수를 활용하여 50m 달리기 기록이 빠른 순으로 높은 순위를 적용해 보자. 가장 빠른 1등 기록을 D2 셀에 표시하려면 =SMALL($C$2:$C$10, 1)을 입력한다. 그러면 C2:C10 범위에서 가장 빠른 윤메타 학생의 기록이 D2 셀에 표시된다.

D2		fx	=SMALL(C2:C10,1)	
	A	B	C	D
1	학번	이름	50m 달리기	1등-5등 기록
2	30101	김구글	9.50	7.65
3	30102	이드롭	8.80	
4	30103	박태그	8.60	
5	30104	최로봇	10.10	
6	30105	정검색	11.00	
7	30106	강앱스	8.75	
8	30107	윤메타	7.65	
9	30108	손웹툴	9.30	
10	30109	양북스	9.10	

> ⚠️ **TIPS!**
> =SMALL(범위, k)에서 k 값이 데이터 개수보다 크면 오류(#NUM!)가 발생하므로 범위 안의 데이터 개수를 반드시 확인해야 한다.

02 범위(C2:C10)는 고정하고 D2 셀의 함수식을 아래로 복사하여 D3 셀에 2등, D4 셀에 3등으로 5등까지 순위를 입력하면 1~5등까지 기록이 가장 빠른 순으로 표시된다.

D6		fx	=SMALL($C$2:$C$10,5)		
	A	B	C	D	
1	학번	이름	50m 달리기	1등-5등 기록	
2	30101	김구글	9.50	7.65	
3	30102	이드롭	8.80	8.6	❶ SMALL($C$2:$C$10, 2)
4	30103	박태그	8.60	8.75	❷ SMALL($C$2:$C$10, 3)
5	30104	최로봇	10.10	8.8	❸ SMALL($C$2:$C$10, 4)
6	30105	정검색	11.00	9.1	❹ SMALL($C$2:$C$10, 5)
7	30106	강앱스	8.75		

> 📌 **이건 꼭 기억하자!**
> ✅ LARGE 함수와 SMALL 함수는 값의 해석에 따라 순위나 위치가 바뀔 수 있으므로 한 번 더 확인하고 기재해야 한다.

Chapter 02 성적 분석하기

bit.ly/구글시트석차

03 전교생 석차 5초 만에 세팅하기
RANK 함수

저자 직강 영상

업무 상황
중간고사 채점을 끝내고 반별 석차를 정리하는 최 교사는 98점이 3명, 95점이 2명 등 동점자가 많아서 고민이다. 수기로 한 명씩 해결하자니 동점자가 중복으로 처리되면서 실수한 적이 있기 때문이다. **더 효율적이고 실수가 없는 방법으로 석차를 낼 수는 없을까?**

💡 핵심 기능 이해하기

RANK 함수는 값의 순위를 계산할 때 사용하는 함수로 점수나 횟수를 기준으로 등수를 구할 수 있다. 동일한 값이 있으면 같은 순위를 부여하고, 그다음 순위는 건너뛰어 표시된다.

함수식	=RANK(값, 데이터 범위, [순서])
의미	데이터 범위에서 지정된 값의 순서(오름차순 또는 내림차순)를 반환한다.

🖱 RANK 함수 실습하기

01 학급에서 학생들의 평균 점수를 기준으로 학급 등수를 구할 때 등수의 기준이 되는 부분을 미리 정하고, 전체 표본을 확인하는 것이 중요하다. 여기서는 김구글 학생을 기준으로 정하고 석차를 구해보자.

	A	B	C	D	E	F	G	H	I	J	K
1	학번	이름	국어	영어	수학	사회	과학	음악	체육	평균	등수
2	30101	김구글	92	88	95	93	88	90	85	90.1	
3	30102	이드롭	88	90	91	89	94	96	87	90.7	
4	30103	박태그	85	87	89	91	92	90	88	88.9	
5	30104	최로봇	91	89	87	89	95	93	89	90.4	
6	30105	정검색	89	91	93	91	87	89	92	90.3	
7	30106	강앱스	86	88	90	92	93	91	87	89.6	
8	30107	윤메타	93	91	88	90	91	93	86	90.3	
9	30108	손웹툴	87	89	92	90	89	91	90	89.7	
10	30109	양북스	90	92	88	90	93	91	88	90.3	
11	30110	조코드	88	86	91	93	87	89	89	89.0	

⚠ **TIPS!**
RANK 함수는 동일한 값에는 동일한 순위를 부여하고, 다음 순위는 건너뛴다.
 공동 2등이 2명일 경우 그다음 순위는 4등

02 김구글 학생의 등수는 평균 점수를 기준으로 구할 수 있으며, K2 셀에 =RANK(J2, $J$2:$J$12, 0)을 입력한다. 이때 범위가 바뀌지 않도록 절대 참조 형태로 입력하고, 오름차순을 활용해 점수가 높을수록 1등으로 표시되도록 설정한다.

	A	B	C	D	E	F	G	H	I	J	K	L
1	학번	이름	국어	영어	수학	사회	과학	음악	체육	평균	등수	국+영+수
2	30101	김구글	92	88	95	93	88	90	85	90.1	=RANK(J2,$J$2:$J$12,0	
3	30102	이드롭	88	90	91	89	94	96	87	90.7		
4	30103	박태그	85	87	89	91	92	90	88	88.9		
5	30104	최로봇	91	89	87	89	95	93	89	90.4		
6	30105	정검색	89	91	93	91	87	89	92	90.3		
7	30106	강앱스	86	88	90	92	93	91	87	89.6		
8	30107	윤메타	93	91	88	90	91	93	86	90.3		
9	30108	손웹툴	87	89	92	90	89	91	90	89.7		
10	30109	양북스	90	92	88	90	93	91	88	89.7		
11	30110	조코드	88	86	91	93	87	89	89	89.0		
12	30111	문런즈	91	93	87	89	92	90	86	89.7		

> ⚠️ **TIPS!**
> RANK 함수에서 [순서]는 0이면 오름차순으로, 1이면 내림차순으로 순위를 부여한다.
> 예) =RANK(J2, $J$2:$J$12, 0) 입력 시 → 점수가 높을수록 1등
>   =RANK(J2, $J$2:$J$12, 1) 입력 시 → 점수가 낮을수록 1등

03 김구글 학생의 등수는 6등이다. 해당 등수가 확인되면 J12 셀까지 값을 드래그하여 전체 11명 학생의 등수를 구할 수 있다. 이때 동점자 처리가 어떻게 되는지 확실하게 확인해야 한다. 여기에서는 3등 동점자가 3명이므로 4등은 없고 바로 6등으로 표시된다.

	A	B	C	D	E	F	G	H	I	J	K
1	학번	이름	국어	영어	수학	사회	과학	음악	체육	평균	등수
2	30101	김구글	92	88	95	93	88	90	85	90.1	6
3	30102	이드롭	88	90	91	89	94	96	87	90.7	1
4	30103	박태그	85	87	89	91	92	90	88	88.9	11
5	30104	최로봇	91	89	87	89	95	93	89	90.4	2
6	30105	정검색	89	91	93	91	87	89	92	90.3	3
7	30106	강앱스	86	88	90	92	93	91	87	89.6	9
8	30107	윤메타	93	91	88	90	91	93	86	90.3	3
9	30108	손웹툴	87	89	92	90	89	91	90	89.7	7
10	30109	양북스	90	92	88	90	93	91	88	90.3	3
11	30110	조코드	88	86	91	93	87	89	89	89.0	10
12	30111	문런즈	91	93	87	89	92	90	86	89.7	7

> ⚠️ **TIPS!**
> 필터를 통해서도 등수는 구할 수 있지만, 동점자 확인이나 등수의 변화 등을 보기 위해서는 RANK 함수가 유의미하게 활용될 수 있다. 특히 대규모 데이터를 다룰 때는 함수가 유용한 경우가 많으므로 연습한 후 각자 환경에 맞게 적용하는 것이 좋다.

04 이드롭 학생의 등수인 K3 셀을 클릭하면 함수식에서 값은 J3 셀로 바뀌지만, 데이터 범위와 순서는 바뀌지 않는다. 왜냐하면 값(기준 점수)은 자동으로 변경하고 데이터 범위(기준이 되는 범위)와 순서(오름차순)는 변경하지 않도록 수식을 작성했기 때문이다.

	A	B	C	D	E	F	G	H	I	J	K
1	학번	이름	국어	영어	수학	사회	과학	음악	체육	평균	등수
2	30101	김구글	92	88	95	93	88	90	85	90.1	6
3	30102	이드롭	88	90	91	89	94	96	87	90.7	1
4	30103	박태그	85	87	89	91	92	90	88	88.9	11
5	30104	최로봇	91	89	87	89	95	93	89	90.4	2
6	30105	정검색	89	91	93	91	87	89	92	90.3	3
7	30106	강앱스	86	88	90	92	93	91	87	89.6	9
8	30107	윤메타	93	91	88	90	91	93	86	90.3	3
9	30108	손웹툴	87	89	92	90	89	91	90	89.7	7

⚠ **TIPS!**
RANK 함수에서 [데이터 범위]를 절대 참조($J$2:$J$12)가 아닌 상대 참조(J2:J12)로 입력하면 [값]마다 [데이터 범위]가 변하여 [순서]를 정확하게 구할 수 없다.
예 이드롭 학생 셀에 함수식 =RANK(J3, J3:J13, 0) 입력 시 → 한 칸씩 아래로 밀려 새로운 [데이터 범위]를 가지게 되고 전체 학생의 등수를 정확하게 구할 수 없다.

05 특정 과목의 등수만 표시하려면 해당 값의 합계나 평균을 구하는 셀을 따로 만들어 다시 등수를 구해야 한다. 즉 L2 셀에 국+영+수 과목의 평균값을 구하는 함수식 =SUM(C2:E2)/3를 입력하고, 이를 값으로 지정한 RANK 함수식 =RANK(L2, $L$2:$L$12, 0)을 M2 셀에 입력하면 된다.

❶ SUM 함수식 입력 ❷ RANK 함수식 입력

📁 **이건 꼭 기억하자!**
✓ RANK 함수에서 동점자는 동일한 순위를 부여한다. 즉 동점자 인원수만큼 건너뛰고 다음 순위를 반환하는데 이를 놓치고 순위를 부여하면 오류가 날 수 있으니 주의해야 한다.
예 100, 90, 90, 80에 순위 부여 시 → 1, 2, 2, 4등으로 반환

4
교육 행정의 스마트 전환

- **Chapter 01** 예약과 관리 효율화하기
- **Chapter 02** 학생 정보 정리하기

+ 8~9월

8~9월은 방학에도 사용하는 특별실 관리와 새로운 학기 시작으로 고입 상담을 위한 준비가 필요한 시기이다.

구글 스프레드시트를 활용해 방학 기간 독서실과 특별실 예약을 스마트하게 관리하고, 2학기 시작과 함께 학생 정보를 효율적으로 정리하자. 또 편리한 디지털 행정을 통해 고입 상담 준비까지 체계적으로 마무리하며 여유로운 학교생활을 만들어 보자.

Chapter 01 예약과 관리 효율화하기

bit.ly/구글시트예약

01 수작업 NO!
스마트한 특별실 예약 관리 비법

매크로

업무상황 특별실 예약을 담당하는 김 교사는 매주 금요일마다 다음 주 예약을 받느라 골치가 아프다. 수기로 처리하다 보니 중복 예약도 발생하고, 지난 예약 기록도 따로 정리해야 한다.
주마다 새로운 예약 현황표가 생성되도록 설정할 수 없을까?

💡 핵심 기능 이해하기

매크로는 반복적인 작업을 기록하여 자동으로 실행해 주는 기능으로 업무를 더 빠르고 효율적으로 처리할 수 있다. 주 단위로 매크로가 자동으로 활성화되는 트리거 기능을 활용하면 더 편리하게 관리할 수 있다.

🖱 매크로 실습하기

01 특별실 예약 현황표를 작성한 후 [메뉴]-[확장 프로그램]-[매크로]-[매크로 기록]을 클릭한다. 하단에 매크로 창이 나타나면 셀 참조 유형을 선택하고 [저장]을 클릭한다. 특별실 예약 현황표는 정확한 영역에서 매크로가 실행되어야 하므로 [절대 참조 사용]을 선택해야 한다.

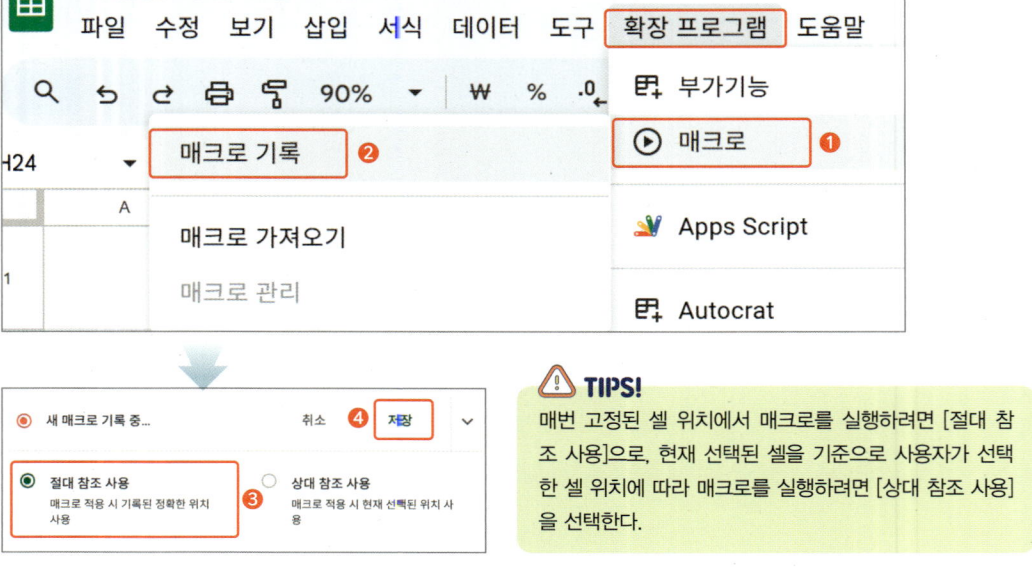

⚠️ **TIPS!**
매번 고정된 셀 위치에서 매크로를 실행하려면 [절대 참조 사용]으로, 현재 선택된 셀을 기준으로 사용자가 선택한 셀 위치에 따라 매크로를 실행하려면 [상대 참조 사용]을 선택한다.

02 주마다 다음 주 예약 현황이 이번 주로 이동되고, 다음 주 예약 현황표는 초기화해야 한다. 다음 주 예약 현황에서 이번 주로 이동해야 할 범위(C19:G26)를 드래그하여 복사(Ctrl+C)한 후 이번 주 예약 현황이 시작하는 C9 셀을 클릭하여 붙여 넣기(Ctrl+V)를 한다.

	A	B	C	D	E	F	G
8	이번주 예약	요일	월	화	수	목	금
9		날짜	26			29	30
10		1교시	김구글		양북스		
11		2교시		정검색		김구글	윤메타
12		3교시	박태그	강앱스			
13		4교시			손웹툴		양북스
14		5교시		최로봇			
15		6교시	조코드		이드롭		손웹툴
16		7교시					박태그
17							
18	다음주 예약	요일	월	화	수	목	금
19		날짜	2	3	4	5	6
20		1교시	박태그			김구글	김구글
21		2교시	최로봇		윤메타		이드롭
22		3교시		정검색	강앱스		
23		4교시	윤메타			박태그	
24		5교시			손웹툴		최로봇
25		6교시	조코드	김구글		양북스	박태그
26		7교시		이드롭		조코드	

❶ 범위 드래그 후 복사하기
❷ 클릭 후 붙여 넣기

03 Ctrl+V를 하면 다음 주 예약 현황이 이번 주 예약 현황으로 복사된 것을 확인할 수 있다. 매크로 진행 사항이 하단 창에 표시된다.

	A	B	C	D	E	F	G
8	이번주 예약	요일	월	화	수	목	금
9		날짜	2	3	4	5	6
10		1교시	박태그			김구글	김구글
11		2교시	최로봇		윤메타		이드롭
12		3교시		정검색	강앱스		
13		4교시	윤메타			박태그	
14		5교시			손웹툴		최로봇
15		6교시	조코드	김구글		양북스	박태그
16		7교시		이드롭		조코드	
17							
18	다음주 예약	요일	월	화	수	목	금
19		날짜	2	3	4	5	6
20		1교시	박태그			김구글	김구글
21		2교시	최로봇		윤메타		이드롭
22		3교시		정검색	강앱스		
23		4교시	윤메타			박태그	
24		5교시			손웹툴		최로봇
25		6교시	조코드	김구글		양북스	박태그

○ 작업 1: 복사하여 붙여넣기   취소   저장   ∨

TIPS!
매크로 실행 후 하단 창에서 작업 내용이 제대로 반영되었는지 확인하는 것이 중요하다. 이 과정을 거치면 매크로를 일관되게 생성하고 오류를 예방할 수 있다.

04 다음 주 예약 현황 범위를 다시 드래그한 후 삭제(Del)를 누르면 다음 주 예약 현황표가 초기화된다. 초기화되면 예약표의 날짜는 새로 입력해야 한다. 작업이 완료되었다면 하단 창에서 [저장]을 클릭하여 매크로 작업을 저장한다.

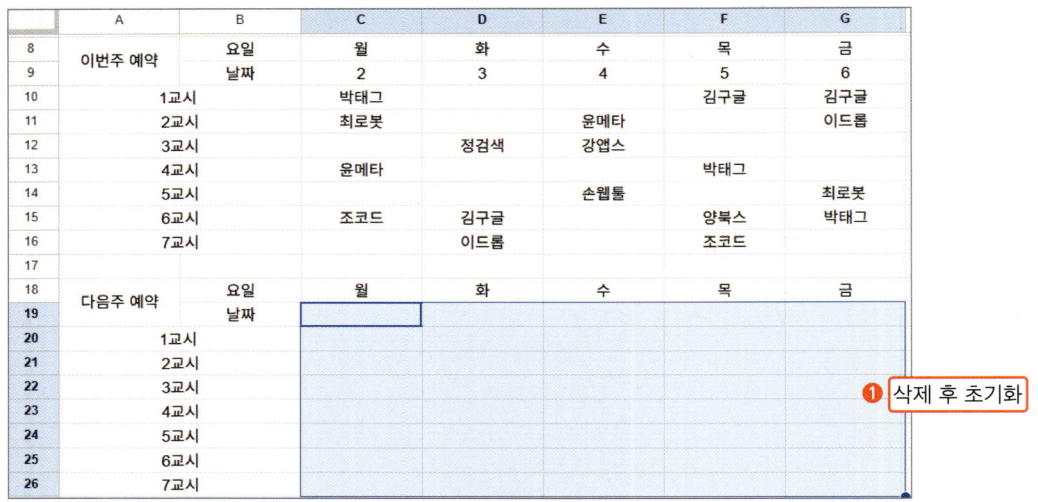

05 생성한 매크로의 이름을 설정하려면 [새 매크로 저장]에서 새로운 이름을 설정하고 [저장]을 클릭한다. [매크로가 저장됨] 창이 뜨면 저장이 완료된 것이다.

> ⚠️ **TIPS!**
> 이름은 여러 매크로를 생성하게 되었을 때 헷갈리지 않도록 직관적으로 설정한다.

124 _ [PART 4] 교육 행정의 스마트 전환

06 정상적으로 작동하는지 확인해 보자. [메뉴]-[확장 프로그램]-[매크로]-[주말 리셋]을 클릭하면 다음 주 내용이 이번 주로 이동하고, 다음 주 내용은 초기화되는 것을 확인할 수 있다.

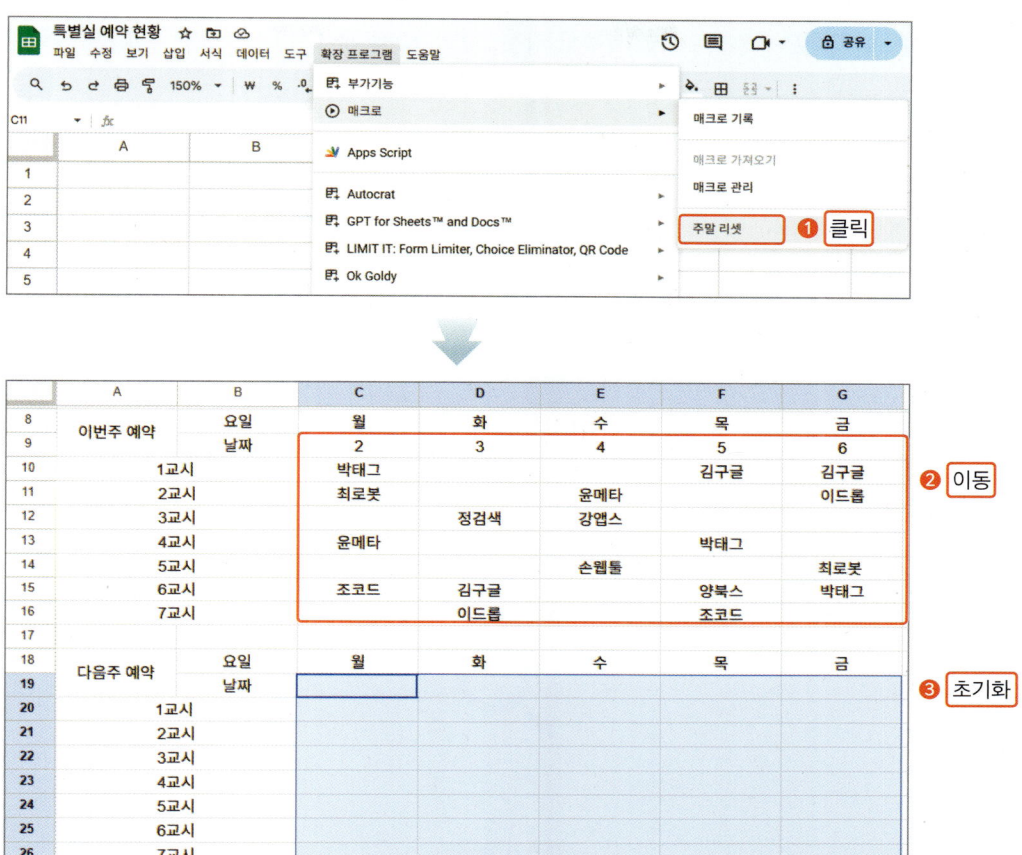

Level UP
확장 · 활용 · AI

매크로를 만들어 처음 실행할 때는 구글 계정에서 권한을 허용해야 한다. [승인 필요] 창에서 [확인]을 누르고 원하는 계정을 선택한 후 [계속]을 클릭한다. 한번 승인하면 이후부터는 바로 실행된다.

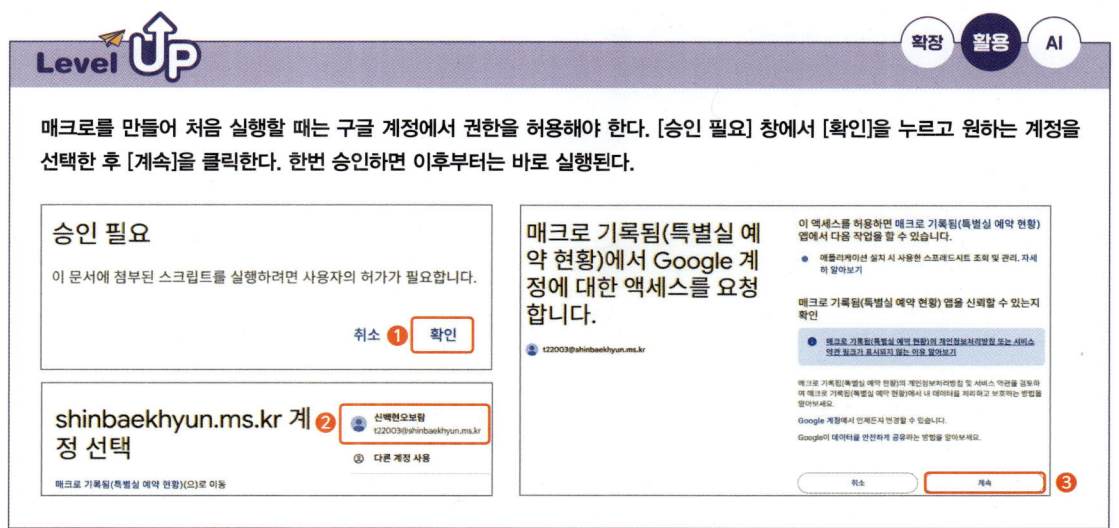

1. 예약과 관리 효율화하기 _ **125**

🖱 트리거 실습하기

01 특정한 시간과 요일에 자동으로 매크로를 활성화하려면 트리거를 생성해야 한다. [메뉴]-[확장 프로그램]-[매크로]-[매크로 관리]-[주말 리셋] 옆의 점 세 개에서 [스크립트 수정]을 클릭한다.

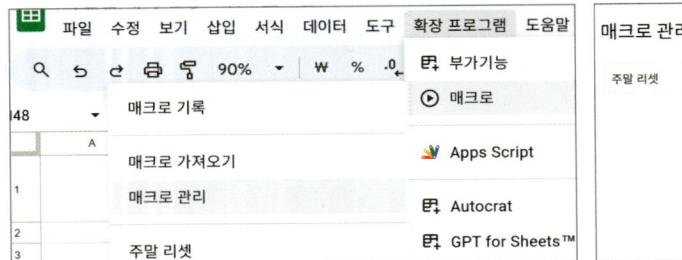
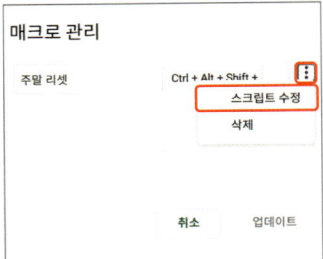

02 트리거를 선택하고 [새 트리거를 만듭니다]를 클릭하여 실행한다. 반복하길 원하는 시간 유형과 요일, 시간 등을 선택하고 [저장]을 누른다.

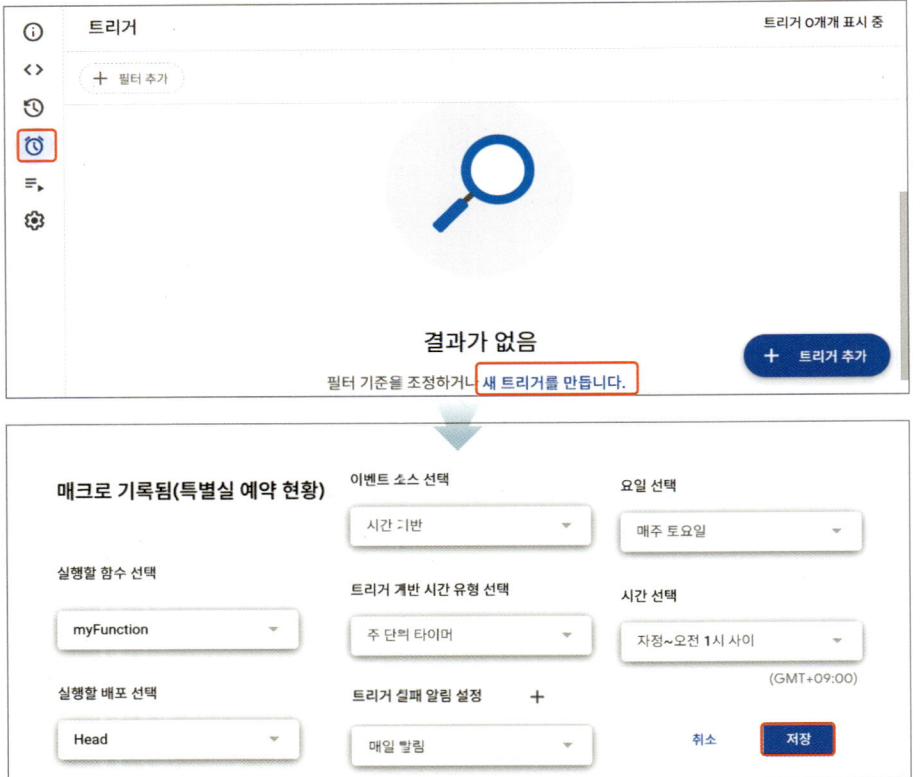

> **📁 이건 꼭 기억하자!**
>
> ✅ 매크로를 기록할 때 특정 시트에서 실행한 작업만 자동화되므로 다른 시트에서 사용하려면 코드 수정이 필요할 수 있다. 특히 시트 이름이 바뀌면 작동하지 않을 수 있으므로 꼭 확인해야 한다.

Chapter 01 예약과 관리 효율화하기

bit.ly/구글시트필터링

02 시험 기간 독서실 예약 관리

FILTER 함수

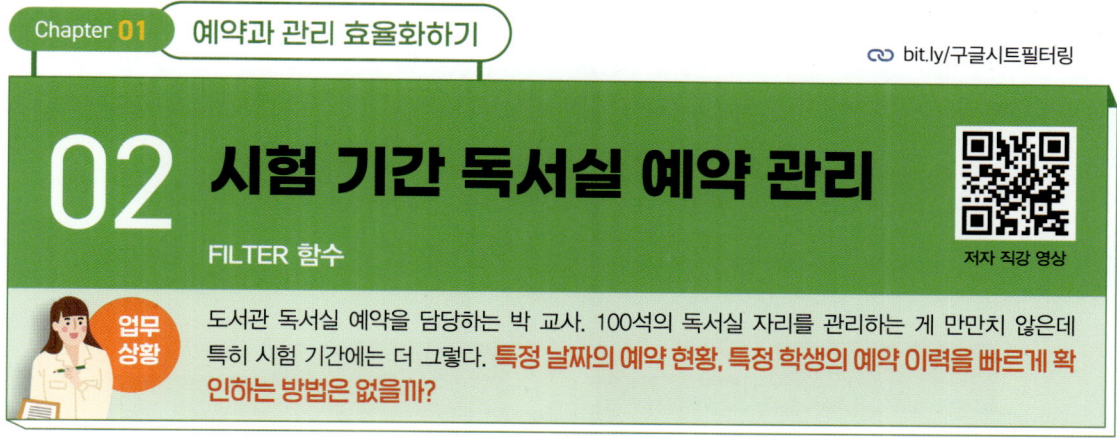

업무 상황 도서관 독서실 예약을 담당하는 박 교사. 100석의 독서실 자리를 관리하는 게 만만치 않은데 특히 시험 기간에는 더 그렇다. **특정 날짜의 예약 현황, 특정 학생의 예약 이력을 빠르게 확인하는 방법은 없을까?**

핵심 기능 이해하기

FILTER 함수는 지정한 조건을 만족하는 데이터만 추출하여 표시하는 기능을 수행한다. 이를 통해 대량의 데이터 중 필요한 정보만 신속하고 효율적으로 조회할 수 있다.

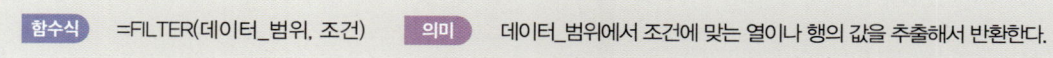

| 함수식 | =FILTER(데이터_범위, 조건) |
| 의미 | 데이터_범위에서 조건에 맞는 열이나 행의 값을 추출해서 반환한다. |

FILTER 함수 실습하기

01 시트에서 예약자 이름을 검색하여 원하는 결과만 추출하려면 독서실 예약 설문지를 만든 후 [응답]-[Sheets에 연결]-[새 스프레드시트 만들기]-[만들기]를 클릭하여 시트와 연동해야 한다.

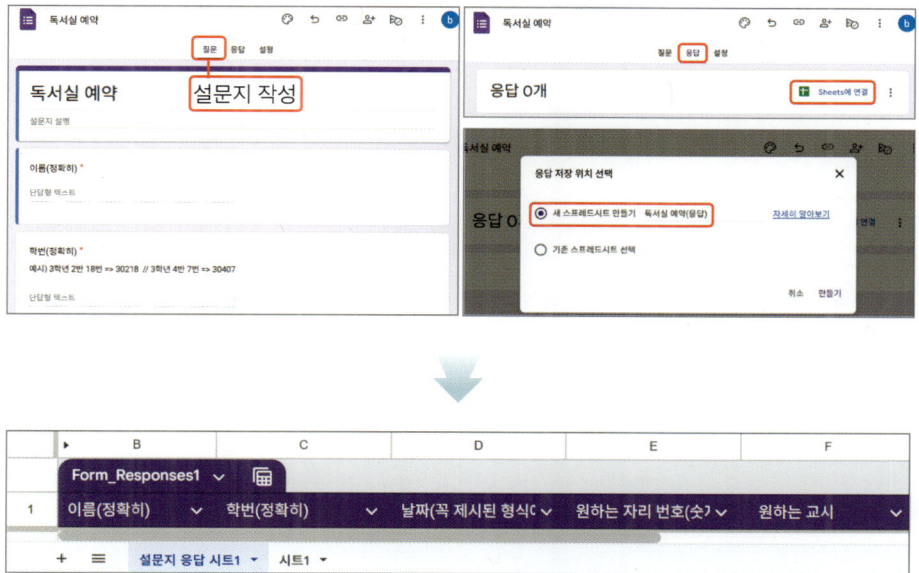

1. 예약과 관리 효율화하기 _ **127**

02 '설문지 응답 시트 1'을 더블클릭하여 '예약자'로 시트 이름을 변경한다. 시트 왼쪽 하단의 더하기 모양을 클릭하여 새로운 시트를 생성하고 시트 이름을 '시트 1'에서 '예약 검색'으로 변경한다.

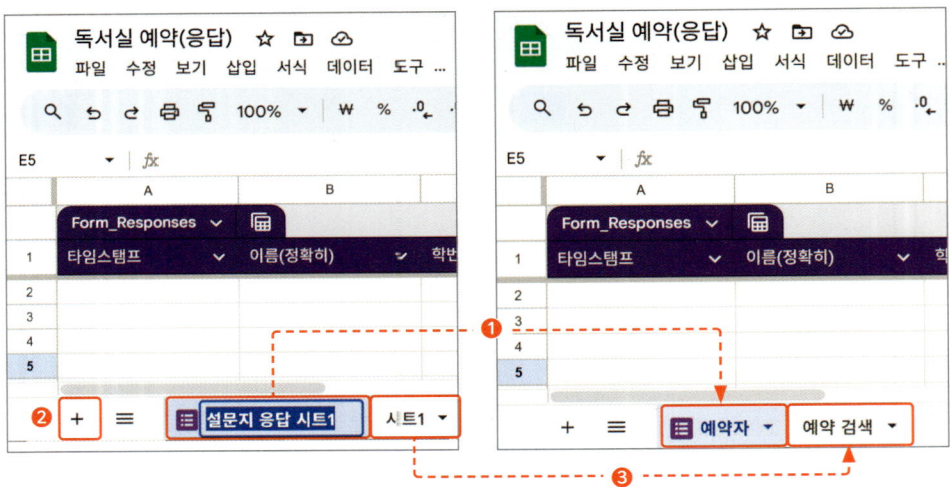

03 '예약 검색' 시트에 이름을 검색할 기본 틀을 만들어 두고 A4 셀을 클릭한 후 =FILTER('예약자'!B2:F, '예약자'!B2:B=D1)을 입력한다.

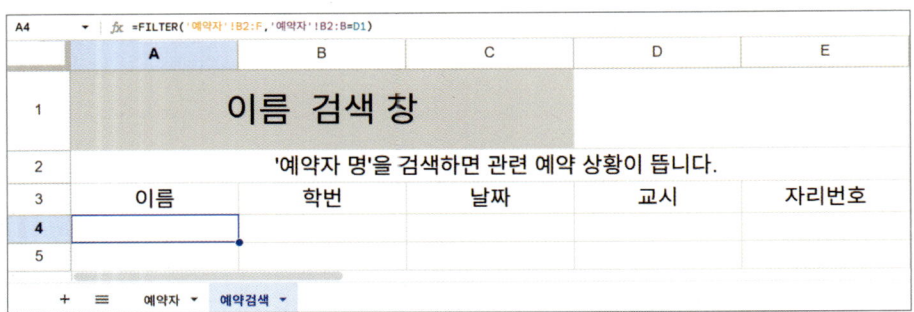

> ⚠️ **TIPS!**
> FILTER 함수식에서 !는 시트 구분자로 '이 시트에서'라는 의미이다.

Level UP 확장 · 활용 · AI

FILTER 함수는 조건을 만족하는 항목이 하나라도 없을 때 오류(일치하는 결과 없음)의 의미로 #N/A가 뜬다. 이를 해결하려면 IFERROR 함수와 함께 사용해야 한다.

 =IFERROR(FILTER('예약자'!B2:F, '예약자'!B2:B=D1), "해당 없음") 함수식을 입력하면 결과 설문지에 없는 이름을 검색하더라도 '해당 없음'이라는 문구가 뜨는 것을 확인할 수 있다.

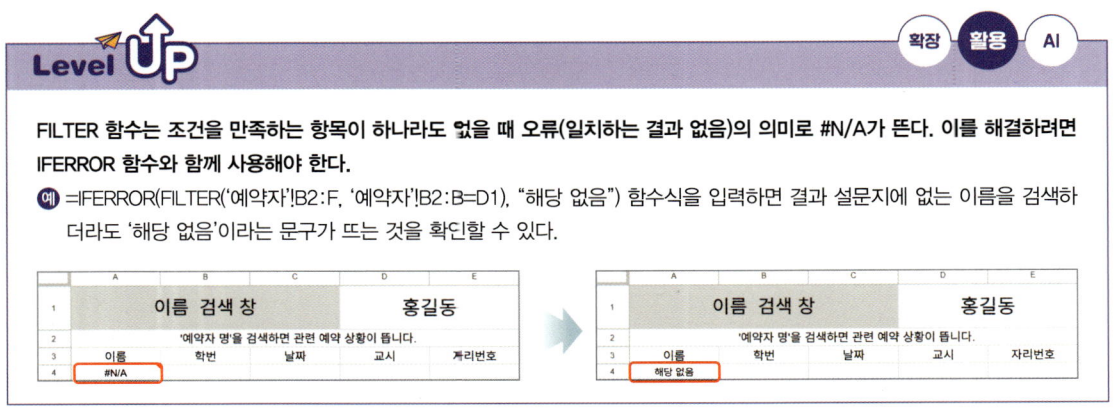

04 함수식을 입력하면 '예약자' 시트에서 B행의 값 중 '예약 검색' 시트의 D1 셀의 값(박태그)과 동일한 데이터를 필터링하고, 그 행의 B2:F 범위에 해당하는 데이터를 추출하는 것을 확인할 수 있다.

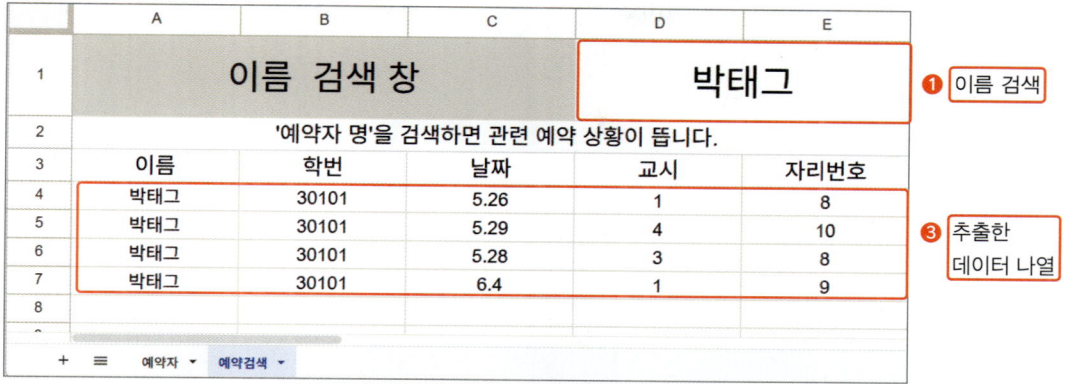

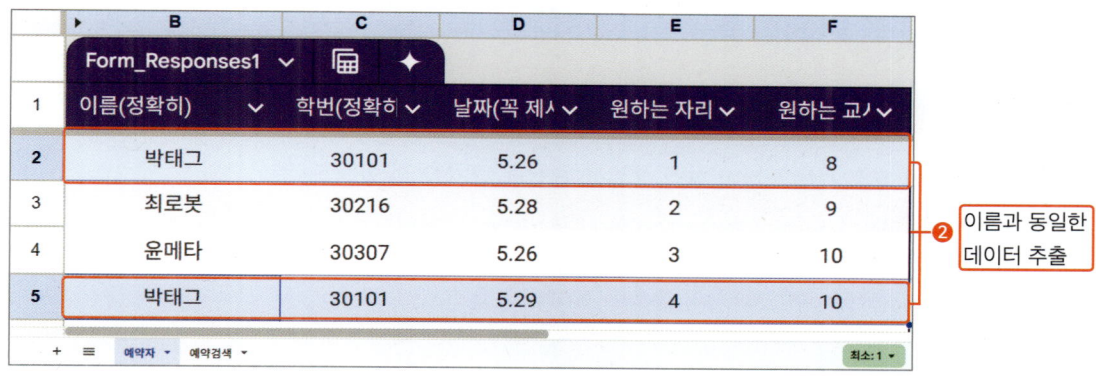

05 2열부터 드래그하여 [데이터]-[시트 및 범위 보호]를 설정하면 학생들이 실수로 지우거나 수정하는 오류를 방지할 수 있다.

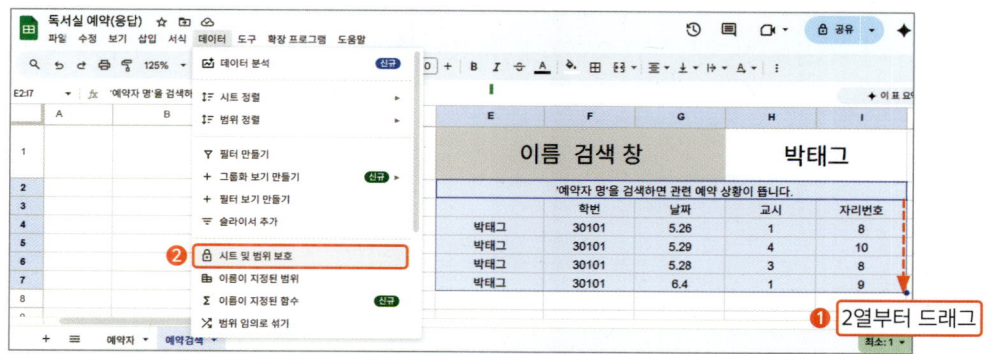

> **이건 꼭 기억하자!**
> ✓ FILTER 함수를 사용하여 다른 시트에서 참조하려면 꼭 해당 시트의 이름을 포함하여 데이터를 필터링해야 한다. 왜냐하면 시트 이름을 포함해야 어디서 가져올지를 정확히 알려줄 수 있기 때문이다.

Chapter 01 | 예약과 관리 효율화하기

bit.ly/구글시트정규식

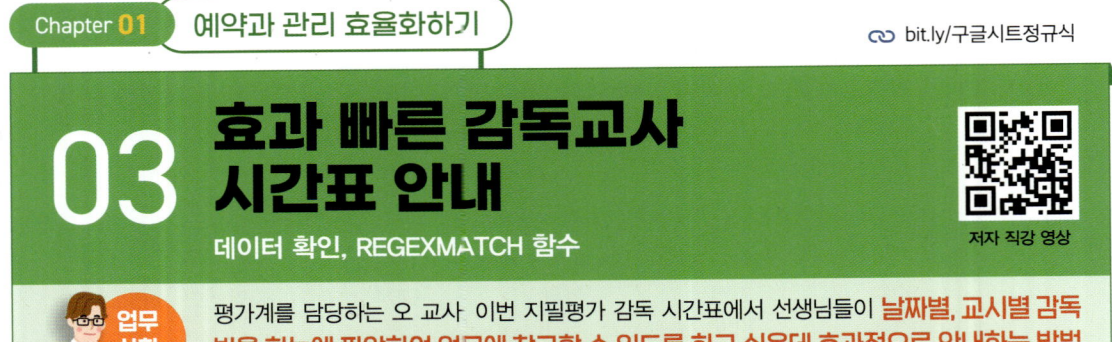

03 효과 빠른 감독교사 시간표 안내

데이터 확인, REGEXMATCH 함수

업무 상황 평가계를 담당하는 오 교사 이번 지필평가 감독 시간표에서 선생님들이 **날짜별, 교시별 감독 반을 한눈에 파악하여 업무에 참고할 수 있도록 하고 싶은데 효과적으로 안내하는 방법**이 없을까?

💡 핵심 기능 이해하기

데이터 확인을 활용하면 정해진 값만 입력하도록 제한할 수 있다. REGEXMATCH 함수는 텍스트 안에 특정 패턴이나 단어가 일치하는지 확인하는 함수로 이를 활용하면 학생 응답에서 특정 키워드가 들어갔는지 자동으로 판별하거나 형식 오류를 손쉽게 감지할 수 있다.

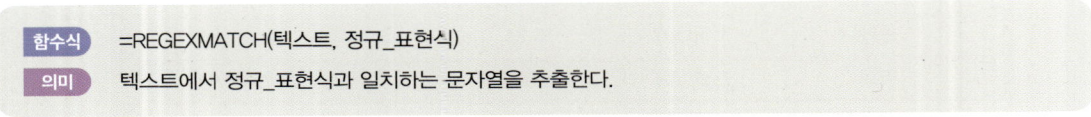

함수식 =REGEXMATCH(텍스트, 정규_표현식)
의미 텍스트에서 정규_표현식과 일치하는 문자열을 추출한다.

🖱️ 데이터 확인 실습하기

01 감독 시간표에 교사 이름을 검색할 I2 셀을 선택하고 마우스 오른쪽을 클릭하여 [셀 작업 더 보기]-[데이터 확인]을 누른다. 화면 오른쪽에 [데이터 확인 규칙] 창이 보이면 [+ 규칙 추가]를 클릭한다.

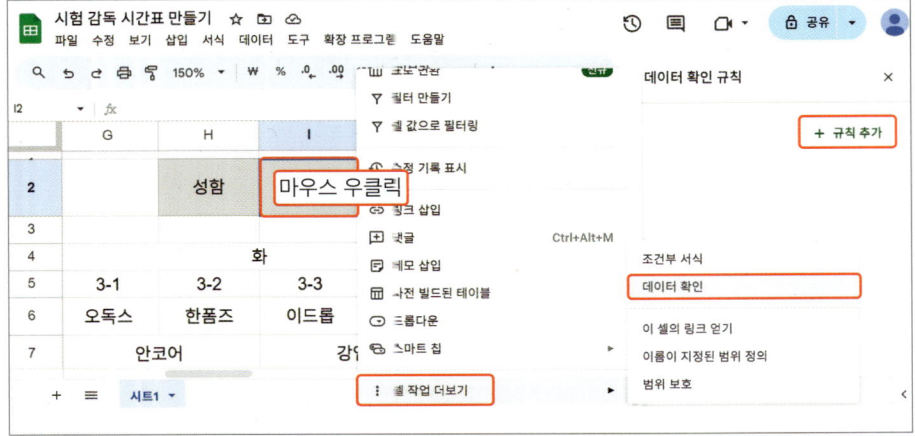

02 [기준]에서 화살표 모양을 클릭하여 [드롭다운(범위)]를 선택한다. ⊞ 모양을 클릭하여 [데이터 범위 선택] 창이 나타나면 마우스로 C6:J11까지 범위를 지정하고 [확인]을 누른다.

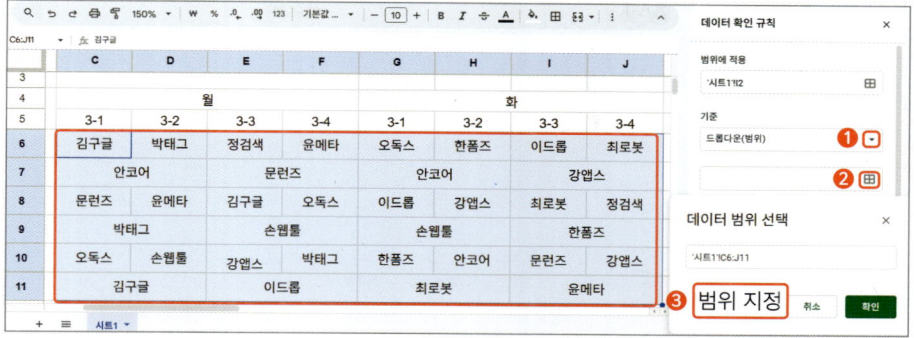

> ⚠️ **TIPS!**
> 교사가 직접 적어서 이름을 검색할 수도 있지만, 오타 방지를 위해 드롭다운 형태로 만드는 것이 좋다.

03 지정한 범위의 교사 이름이 자동으로 나열된 것을 확인한 후 [완료]를 누른다. I2 셀에 생성된 드롭다운 버튼을 누르면 교사 이름을 선택할 수 있게 나열된다.

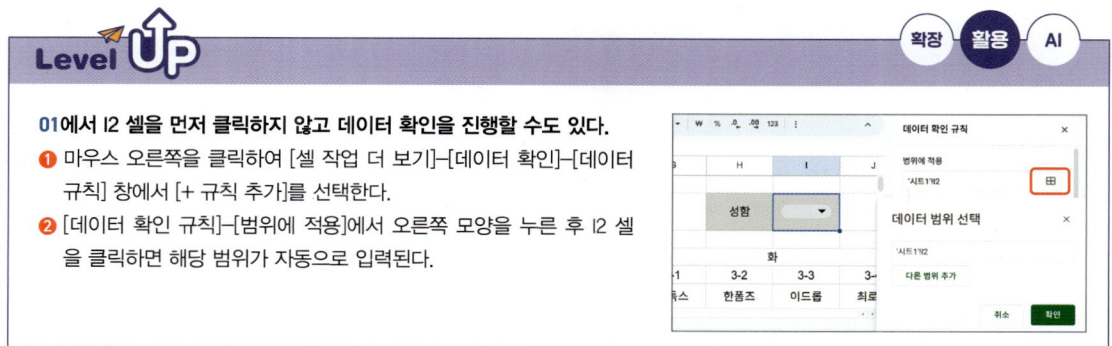

> ⚠️ **TIPS!**
> 드롭다운이 있는 칸을 마우스로 클릭한 후 연필 모양을 누르면 드롭다운을 수정하거나 편집할 수 있다.

Level UP   확장 · 활용 · AI

01에서 I2 셀을 먼저 클릭하지 않고 데이터 확인을 진행할 수도 있다.
❶ 마우스 오른쪽을 클릭하여 [셀 작업 더 보기]-[데이터 확인]-[데이터 규칙] 창에서 [+ 규칙 추가]를 선택한다.
❷ [데이터 확인 규칙]-[범위에 적용]에서 오른쪽 모양을 누른 후 I2 셀을 클릭하면 해당 범위가 자동으로 입력된다.

1. 예약과 관리 효율화하기 _ **131**

🖱 REGEXMATCH 함수 실습하기

01 교사 이름을 누르면 해당 교사의 이틀 칸에만 특정 색이 입혀져 한눈에 감독 시간과 반을 확인할 수 있도록 설정해 보자. 마우스 오른쪽을 클릭하여 [셀 작업 더보기]-[조건부 서식]을 선택한다.

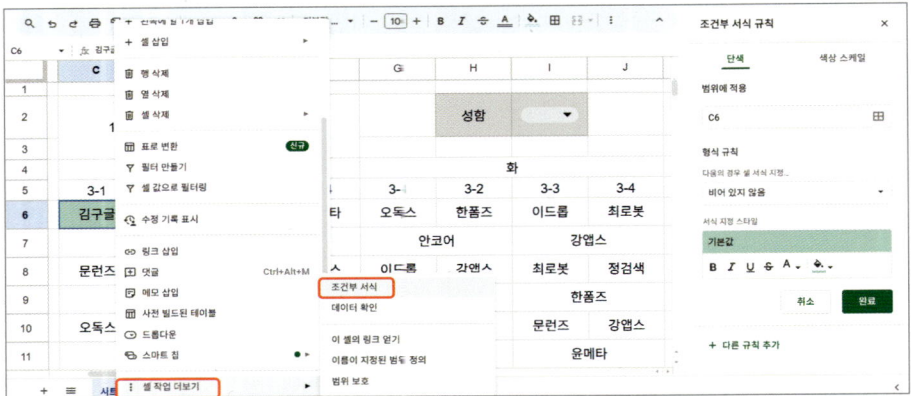

02 [범위에 적용]에서 ⊞ 모양을 누른 후 범위를 드래그하면 해당 범위(C6:J11)가 자동으로 입력된다.

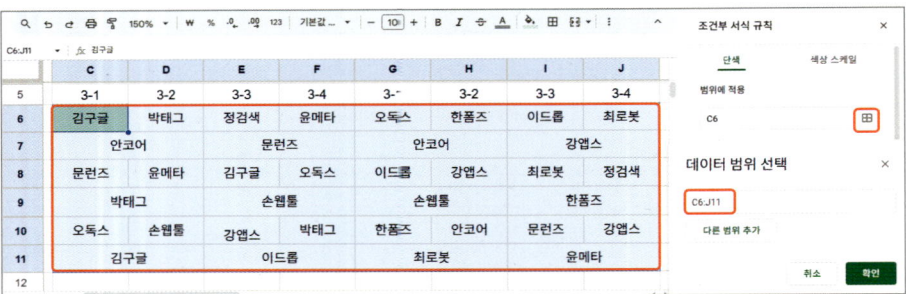

Level UP 확장 활용 AI

드롭다운에 넣을 데이터가 적으면 [드롭다운]을 활용할 수 있다.
I2 셀을 클릭하고 [메뉴]-[삽입]-[드롭다운]-[데이터 확인 규칙]-[옵션1]에 교사 이름을 적고 Enter 를 누르면 [옵션2]로 넘어간다. 명렬표를 모두 만들었으면 [완료]를 클릭한다.

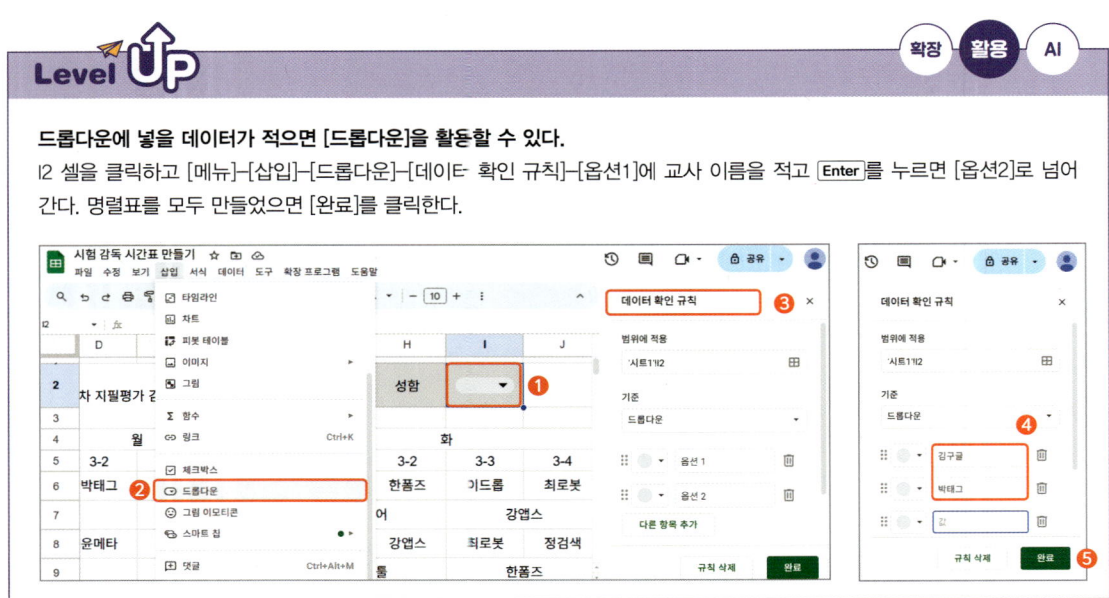

03 [형식 규칙]-[맞춤 수식]을 선택하여 수식 넣는 칸을 생성한다. [값 또는 수식]에 =REGEXMATCH(C6, $I$2)을 입력하고 [서식 지정 스타일]에서 글자 색, 셀에 적용될 색상을 선택한 후 [완료]를 누른다.

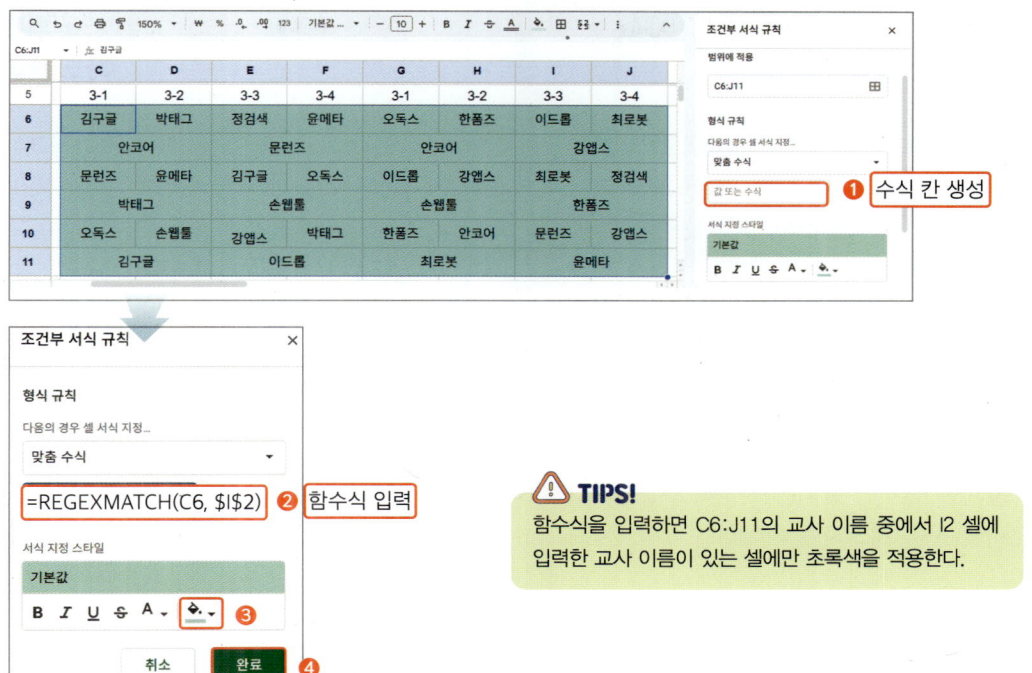

> **TIPS!**
> 함수식을 입력하면 C6:J11의 교사 이름 중에서 I2 셀에 입력한 교사 이름이 있는 셀에만 초록색을 적용한다.

04 드롭다운을 클릭하여 교사 이름을 선택하면 해당 교사의 감독 시간에만 초록색이 칠해지는 것을 확인할 수 있다.

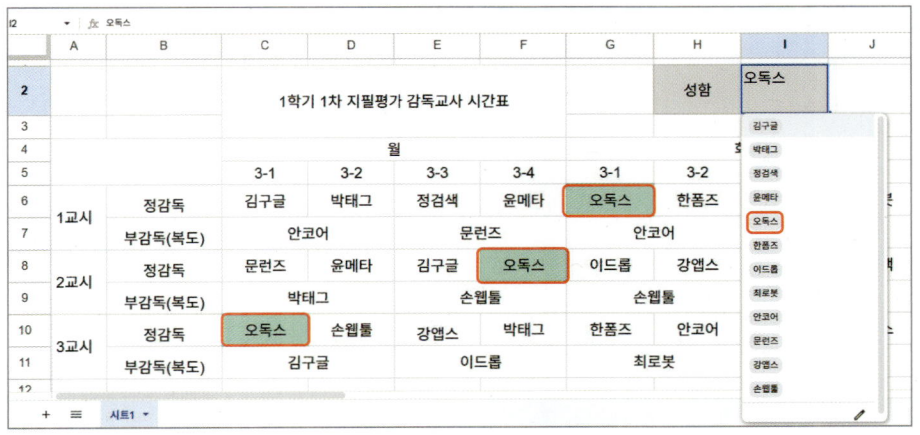

이건 꼭 기억하자!

REGEXMATCH 함수는 대소문자를 구분하여 'apple'과 'Apple'은 일치하지 않는 것으로 판단한다. 또 셀 안의 특정 패턴이나 단어를 찾으므로 '수학' 키워드를 찾을 때 '3교시 수학'도 '수학'을 포함하는 것으로 판단한다.

Chapter 02 학생 정보 정리하기

bit.ly/구글시트열통계

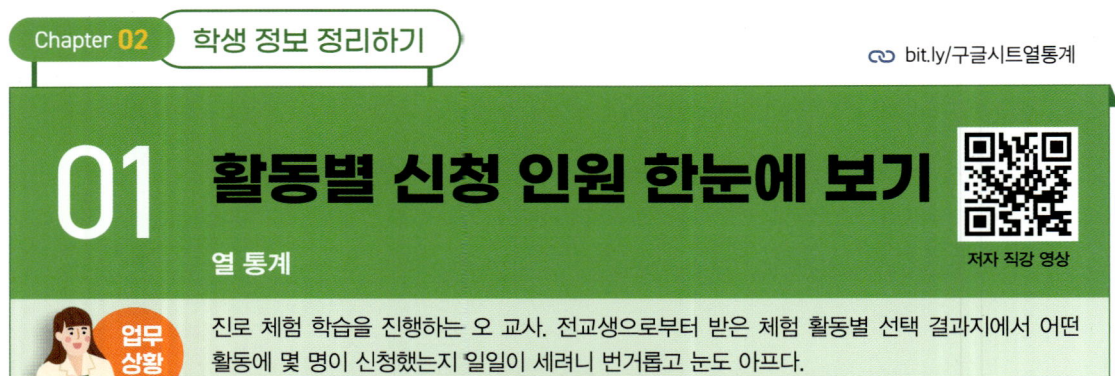

01 활동별 신청 인원 한눈에 보기
열 통계

업무 상황
진로 체험 학습을 진행하는 오 교사. 전교생으로부터 받은 체험 활동별 선택 결과지에서 어떤 활동에 몇 명이 신청했는지 일일이 세려니 번거롭고 눈도 아프다.
진로 체험 활동별 빈도수를 한눈에 파악하는 방법은 없을까?

핵심 기능 이해하기

열 통계는 선택한 열의 숫자, 텍스트, 날짜 데이터에 대해 자동으로 평균, 합계, 최댓값, 최솟값, 빈도수, 비율 등을 계산하여 데이터를 요약 통계로 바로 확인할 수 있다.

열 통계 실습하기

01 C 열 전체를 선택한 후 [메뉴]-[데이터]-[열 통계]를 클릭하면 오른쪽에 C 열에 대한 [열 통계] 창이 나타난다. [열 통계]에서 화살표 모양을 사용하면 옆 열의 데이터 요약 통계를 확인할 수 있다.

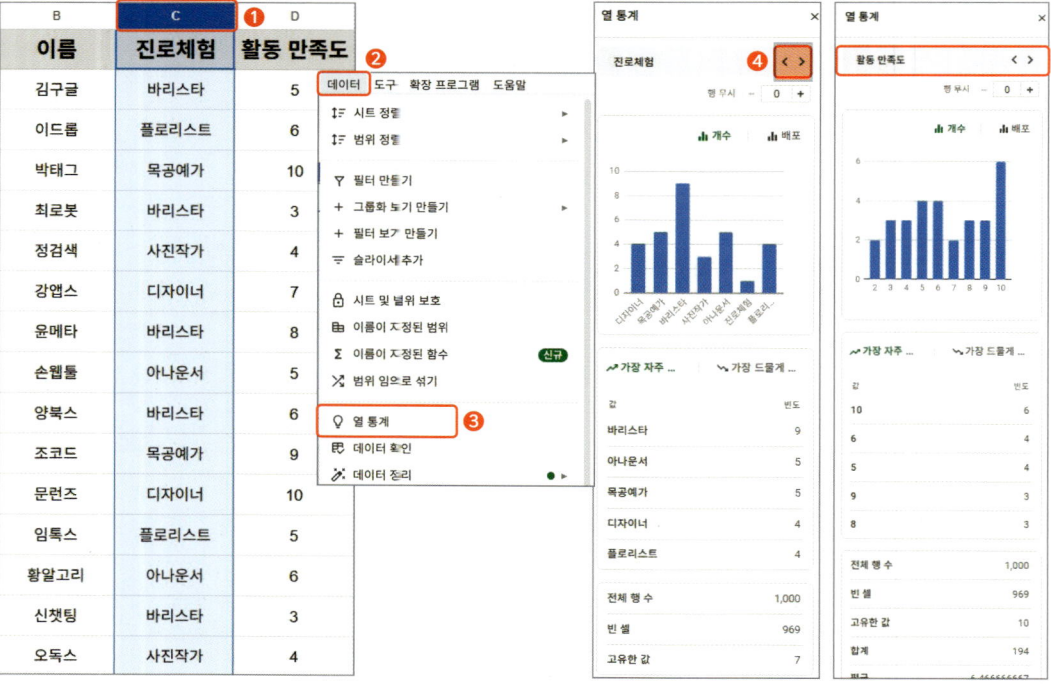

134 _ [PART 4] 교육 행정의 스마트 전환

02 데이터가 C 열처럼 텍스트일 경우 가장 자주 나오는 값, 빈도수, 고유 항목 개수 등을 파악할 수 있고 D 열처럼 숫자일 경우 빈도수, 합계, 평균, 중앙값, 최솟값, 최댓값 등을 파악할 수 있다.

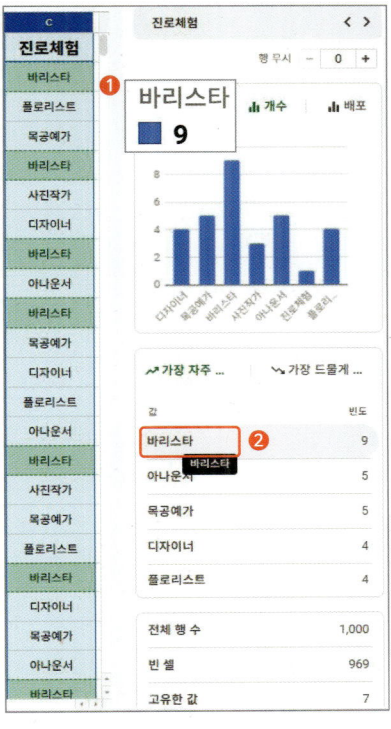

❶ 막대그래프 위에 마우스를 올리면 값 이름과 빈도가 표시된다.
❷ [값]에 마우스를 올리면 해당 데이터에만 색이 채워진다.
❸ 제목 행은 데이터 집계 시 제외해야 하므로 [행 무시]를 수동으로 설정한다.

⚠️ **TIPS!**
열 통계는 열 단위 분석 도구이므로 다수의 열을 비교하거나 중열 분석은 불가능하다. 이럴 땐 데이터 상황에 따라 피벗 테이블이나 QUERY 함수를 활용하여 분석해야 한다.

📋 **이건 꼭 기억하자!**

✅ 열 통계는 데이터가 텍스트인지 숫자인지에 따라 통계 결과가 달라지므로 정확하게 활용하려면 [데이터 서식]을 확인해야 한다. 예를 들어 숫자처럼 보여도 '100'과 같이 따옴표가 있거나 텍스트 서식이면 통계 분석에서 제외되거나 오작동하므로 주의해야 한다.

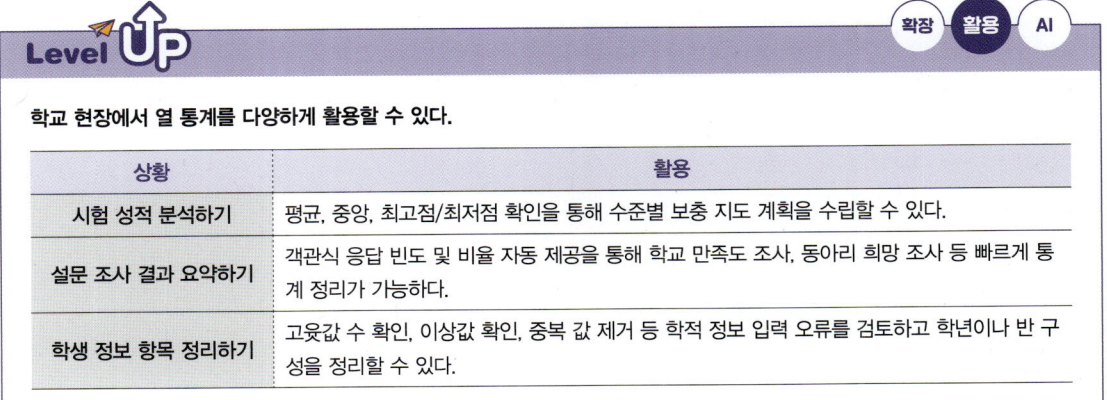

학교 현장에서 열 통계를 다양하게 활용할 수 있다.

상황	활용
시험 성적 분석하기	평균, 중앙, 최고점/최저점 확인을 통해 수준별 보충 지도 계획을 수립할 수 있다.
설문 조사 결과 요약하기	객관식 응답 빈도 및 비율 자동 제공을 통해 학교 만족도 조사, 동아리 희망 조사 등 빠르게 통계 정리가 가능하다.
학생 정보 항목 정리하기	고윳값 수 확인, 이상값 확인, 중복 값 제거 등 학적 정보 입력 오류를 검토하고 학년이나 반 구성을 정리할 수 있다.

| Chapter 02 | 학생 정보 정리하기 |

bit.ly/구글시트중복체크

02 중복 값을 빠르게 찾아 실수 줄이기
조건부 서식

저자 직강 영상

업무 상황 학생들의 선택 과목 선호 조사를 받은 최 교사. 학생들은 구글 설문지에 한 번만 답변해야 하는데, 여러 번 답변한 학생이 있는 것 같다. 일단 중복된 값이 얼마나 있는지 알아야 통계를 낼 수 있을 것 같은데, 어떻게 하면 효율적으로 할 수 있을까?

핵심 기능 이해하기

조건부 서식은 조건 + 서식의 합이다. 즉, 특정 조건에 맞는 셀의 [서식]을 바꿀 수 있다. 여기서 서식은 서체, 글씨 크기, 셀의 색상 등을 의미한다. 조건부 서식에서 [맞춤 수식]을 활용하면 스프레드시트에서 정해준 틀이 아닌 나만의 수식으로 변경할 수 있다.

조건부 서식의 메뉴 이해하기

01 [메뉴]-[서식]-[조건부 서식]을 클릭하면 [조건부 서식 규칙] 메뉴가 형성된다. [조건부 서식 규칙] 메뉴에서는 [범위에 적용], [형식 규칙], [서식 지정 스타일] 등을 활용하여 다양한 조건부 서식 형식을 적용할 수 있다.

Level UP

확장 / 활용 / AI

조건부 서식을 학교 업무에서 다양하게 활용할 수 있다.

업무 분야	활용	활용 방식
수행 평가 점수 분석	일정 점수 이하의 학생을 빨간색으로 표시하여 자동으로 강조함	점수 < 70 조건을 설정해 빨간색으로 표시
중복 응답·신청 감지	동일 학생의 중복 신청을 자동으로 강조함	COUNTIF 함수를 활용하여 2회 이상일 때 빨간색으로 표시
지각·조퇴 이상 감시	지각 횟수가 많은 학생을 자동으로 강조함	>=3 조건을 설정해 노란색으로 경고 표시
건강 설문 이상 응답 탐지	특정 항목(발열, 기침 등) 선택 시 빨간색으로 강조함	"예" 응답 조건을 기준으로 조건부 서식 적용
상담 기록 중복 확인	한 학생의 상담 내용이 같은 날 중복 입력되는 경우 방지	학생 이름과 날짜를 함께 조건으로 설정해 색상 표시
성적 입력 오류 방지	동일 과목에 동일 학생의 성적이 2회 이상 기록되는 문제 방지	과목과 학생을 함께 비교하여 중복 시 경고 색상 적용

02 조건부 서식의 메뉴를 이해해야 앞으로 있을 다양한 실습에 효과적으로 활용할 수 있다.

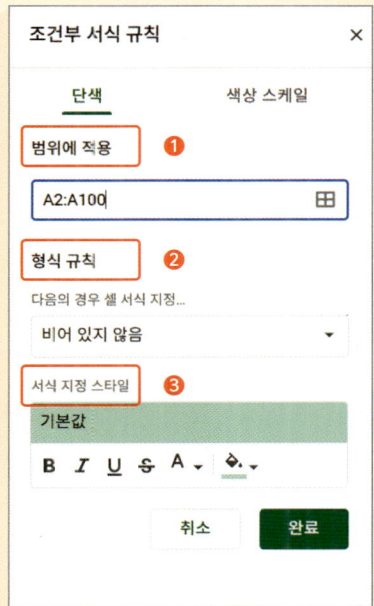

❶ [범위에 적용] 조건부 서식을 적용할 범위를 설정한다. 오른쪽 ⊞ 모양을 클릭하면 직접 마우스로 범위를 지정하거나 다른 범위를 추가할 수 있다.

❷ [형식 규칙] [비어 있음], [비어 있지 않음], [텍스트에 포함], [텍스트에 포함되지 않음], [같음] 등 정해진 규칙이 있는 경우에 활용된다.

❸ [서식 지정 스타일] 조건에 맞는 셀을 어떤 서식으로 바꿀 것인가를 결정한다.

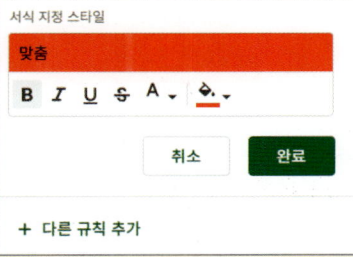

조건부 서식 실습하기

01 학생들의 선택 과목 선호도를 조사한 시트에서 조건부 서식을 활용하여 중복으로 신청한 학생을 직관적으로 파악해 보자. 학번의 중복된 형태를 알 수 있도록 A2:A100으로 범위를 정한다.

	A	B	C	D
1	학번	이름	시간대	수업명
2	30101	김구글	1교시	논술반
3	30101	김구글	1교시	논술반
4	30107	윤메타	3교시	영어독해
5	30115	오독스	1교시	과학탐구
6	30126	유테크	1교시	미술감상
7	30117	남캠프	3교시	영어독해
8	30124	홍메일	2교시	영어회화
9	30103	박태그	3교시	과학실험
10	30129	배클래스	4교시	코딩심화
11	30102	이드롭	2교시	수학기초
12	30110	조코드	1교시	수학심화
13	30120	서웹캠	1교시	코딩기초

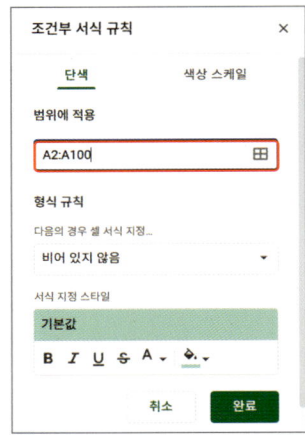

⚠️ **TIPS!**
범위는 한 열만 설정해야 수식을 간단하게 할 수 있으며, 조건부 서식 사용 전에 범위를 지정해 놓으면 따로 범위를 지정할 필요가 없다.

02 [형식 규칙]-[맞춤 수식]을 선택하여 수식 넣는 칸을 생성한다.

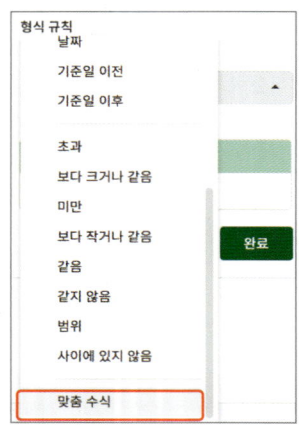 

생성형 AI와 함께하기

특정 수식을 모두 외울 필요 없이 조건을 넣어 생성형 AI에서 수식을 배울 수 있다.

프롬프트 예 A2:A100 열에 있는 중복 학번을 구글 스프레드시트 조건부 서식, 맞춤 수식을 활용해서 찾아내고 싶어!

03 중복 값을 찾는 수식을 입력한다. A2 값이 데이터 범위에서 하나 이상일 경우 서식 스타일을 변경하도록 COUNTIF 함수식을 활용하여 =COUNTIF(A:A, A2)>1을 입력한다. 입력한 수식에 따라 중복된 값이 나오면 빨간색으로 셀의 배경색이 바뀌도록 설정한다.

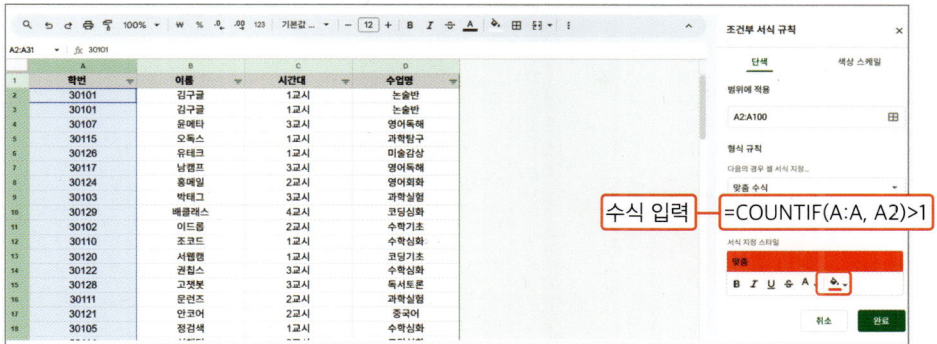

> ⚠ **TIPS!**
> 조건부 서식에서 A2 셀은 실제로 적용되는 각 셀의 위치에 따라 자동으로 A3, A4 셀 등으로 바뀐다. 이는 상대 참조 방식으로 범위 전체에 서식을 적용하면 각 셀이 가지고 있는 값을 기준으로 조건을 판단한다. 즉, 하나의 수식만 넣어도 전체 범위에 반복 적용되는 것이다.

04 30101 학번의 김구글 학생이 논술반 수업을 중복해서 신청한 것을 확인할 수 있다.

	A	B	C	D
1	학번	이름	시간대	수업명
2	30101	김구글	1교시	논술반
3	30101	김구글	1교시	논술반
4	30107	윤메타	3교시	영어독해
5	30115	오독스	1교시	과학탐구
6	30126	유테크	1교시	미술감상

> ⚠ **TIPS!**
> 범위 적용, 맞춤 수식, 서식 스타일을 통해 방대한 양의 데이터에서도 중복된 값을 빠르게 찾을 수 있다.

Level UP

COUNTIFS 함수는 두 개 이상의 조건을 동시에 비교할 수 있어 COUNTIF 함수보다 더 정밀한 중복 감지에 적합하다. 예를 들어, 이름과 신청 항목이 모두 같은 경우에만 중복으로 표시하려면 다음과 같이 작성한다.
- 예 =COUNTIFS(A:A, A2, B:B, B2)>1를 입력하면 이름만 같거나 항목만 같은 경우를 제외하고 정확히 같은 응답만 색으로 강조할 수 있음

05 색상이 변한 중복 데이터값만 필터로 모아서 확인해 보자. A, B, C, D 열이 특정 조건에 따라 함께 움직일 수 있도록 전체 영역을 드래그한 후 필터 모양을 선택한다.

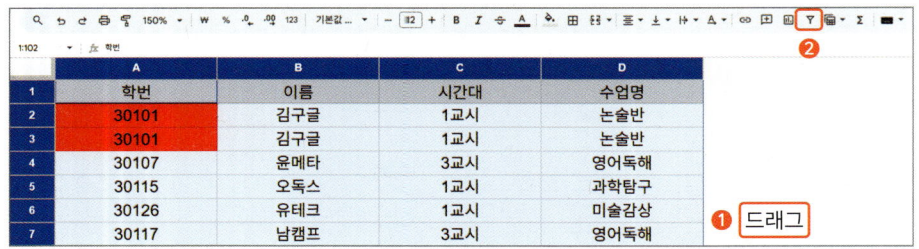

> ⚠️ **TIPS!**
> 값이 방대하고 많을 때 필터 기능을 활용하면 중복 값을 한 번에 모아서 볼 수 있어 효율적이다.

06 셀 배경색이 같은 정보를 취합해서 보려면 [색상별 필터링]-[채우기 색상]-[빨간색]으로 클릭한다.

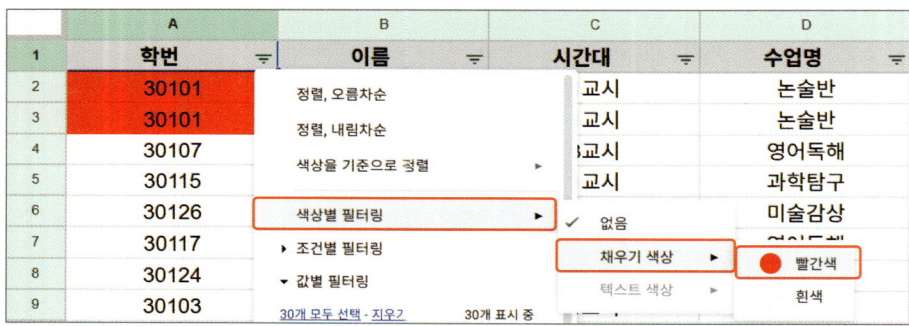

> ⚠️ **TIPS!**
> 조건부 서식은 설문 응답을 추가하거나 수정해도 자동으로 중복을 표시할 수 있다.

📁 **이건 꼭 기억하자!**

✅ 조건부 서식은 선택한 범위의 첫 셀을 기준으로 작성해야 한다. 예를 들어 A2:A100에 적용한다면 A2 셀을 기준으로 =COUNTIF(A:A, A2)>1와 같이 사용해야 하며 A1 셀처럼 다른 셀을 참조하면 제대로 작동하지 않는다.

140 _ [PART 4] 교육 행정의 스마트 전환

Chapter 02 학생 정보 정리하기

03 스마트하게 고입 상담 준비하기
피봇 테이블

bit.ly/구글시트피봇

저자 직강 영상

업무 상황 작년 고등학교 입시 결과를 바탕으로 상담을 준비 중인 김 교사. 희망 고등학교별 배정 순위나 성별에 따른 선호 경향 등 다양한 데이터를 한눈에 보기 쉽게 정리하고 싶다.
고입 상담을 더 효율적으로 진행하는 방법은 없을까?

💡 핵심 기능 이해하기

피봇 테이블은 대량의 데이터에서 특정 기준에 따라 데이터를 분류, 집계, 요약, 비교할 수 있도록 도와주는 표 형식의 도구이다.

🖱 피봇 테이블 구성 항목 이해하기

01 피봇 테이블은 행, 열, 값은 데이터의 분류 기준이 되고, 행과 열을 어떻게 배치하느냐에 따라 같은 데이터를 다양한 시각으로 분석할 수 있어 피봇 테이블의 구성 요소별 의미를 이해하는 것이 중요하다. '진로 체험 활동' 시트를 통해 피봇 테이블의 구성 항목을 이해해 보자.

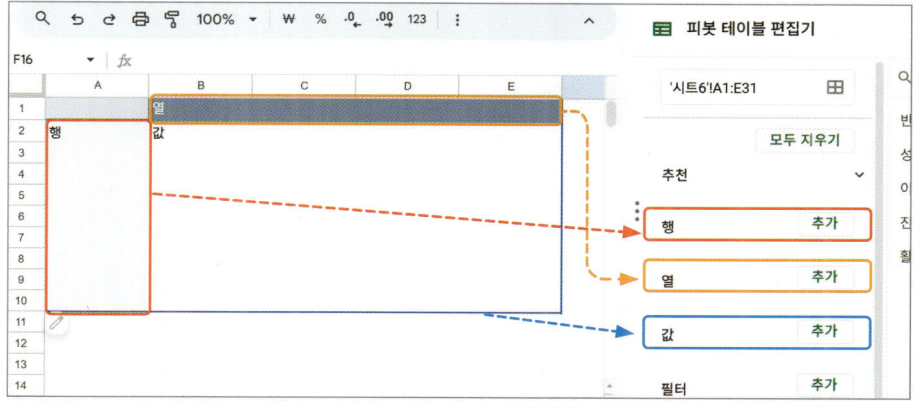

구성 요소	의미
행	분류 기준을 세로 방향으로 나열하는 영역으로 데이터를 나누는 본 기준에 해당한다.
열	보조 분류 기준으로 행에서 지정한 기준 이외에 추가로 비교하고 싶은 항목이 있을 때 사용하는 비교 분류 기준이다.
값	데이터를 요약하는 실제 숫자(합계, 개수, 평균 등)를 보여주는 영역으로 가장 핵심적인 분석 결과가 나오는 부분이다.

02 피봇 테이블의 [값]에 있는 [요약 기준]을 무엇으로 설정하느냐에 따라 데이터 정렬 내용이 달라진다.

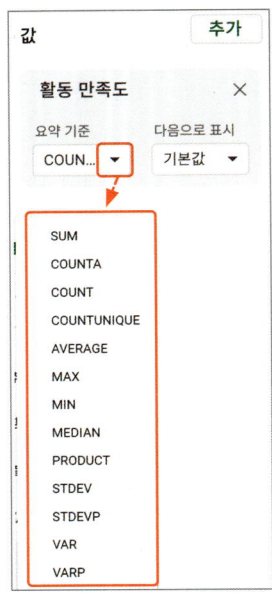

요약 기준	의미	계산 대상	활용 상황	결괏값의 예
SUM	숫자의 총합	숫자만	점수 합계, 출석 일수 합, 금액 총합	98+87+75 = 260
COUNTA	비어 있지 않은 셀 개수	숫자, 텍스트 등 모든 값	인원수, 응답 수, 항목 수	'민수', '수진', 80 = 3
COUNT	숫자가 들어 있는 셀 개수	숫자만	시험 응시 인원, 숫자 데이터 수	80, 90, 100 = 3
COUNTUNIQUE	중복 없이 고유한 값 개수	숫자, 텍스트 모두 가능	서로 다른 항목, 이름, 응답 수 세기	90, 90, 100 = 2
AVERAGE	숫자의 평균	숫자만	평균 점수, 평균 비용, 평균 횟수	(80+90+100)/3 = 90

➡ 성별 진로 체험에 따른 진로 체험 선택 학생 수를 구할 수 있다.

➡ 반별 진로 체험에 따른 진로 체험 선택 학생 수를 구할 수 있다.

➡ 반별로 성별에 따른 활동 만족도 학생 수를 구할 수 있다.

03 '진로 체험 활동' 시트에서 반, 성별, 이름, 진로 체험, 활동 만족도 중 어떤 자료를 기준으로 잡느냐에 따라 다양한 정리가 가능하다. 즉 행과 열의 기준에 따라 다양한 값을 구할 수 있는 것이다.

	A	B	C	D	E
1	반	성별	이름	진로체험	활동 만족도
2	1	여	김구글	바리스타	1
3	2	여	이드롭	바리스타	3
4	3	남	박태그	목공예가	2
5	2	여	최로봇	바리스타	2
6	1	남	정검색	목공예가	1
7	3	여	강앱스	디자이너	2
8	2	남	윤메타	목공예가	1
9	2	남	손웹툴	목공예가	2
10	3	여	양북스	바리스타	3

순서	행 기준	열 기준	값
❶	성별	진로 체험	진로 체험 선택 학생 수
❷	반	진로 체험	진로 체험 선택 학생 수
❸	반	성별	활동 만족도 선택 학생 수
❹	진로 체험	활동 만족도	활동 만족도 선택 학생 수
❺	진로 체험	없음	활동 만족도 선택 학생 수
❻	반	성별, 진로 체험	활동 만족도 선택 학생 수

❹

↓

진로 체험에 따른 활동 만족도 점수별 학생 수를 구할 수 있다.

❺

↓

진로 체험별 활동 만족도를 선택한 학생 수를 구할 수 있다.

❻

↓

반별로 성별에 따라 선택한 진로 체험별 활동 만족도 학생 수를 구할 수 있다.

🖱 피봇 테이블 실습하기

01 고입 상담 자료를 만들려면 피봇 테이블에 적용할 데이터를 드래그하여 지정한 후 [메뉴]-[삽입]-[피봇 테이블]을 누른다. [피봇 테이블 만들기] 창에서 [새 시트]를 선택하고 [만들기]를 클릭한다.

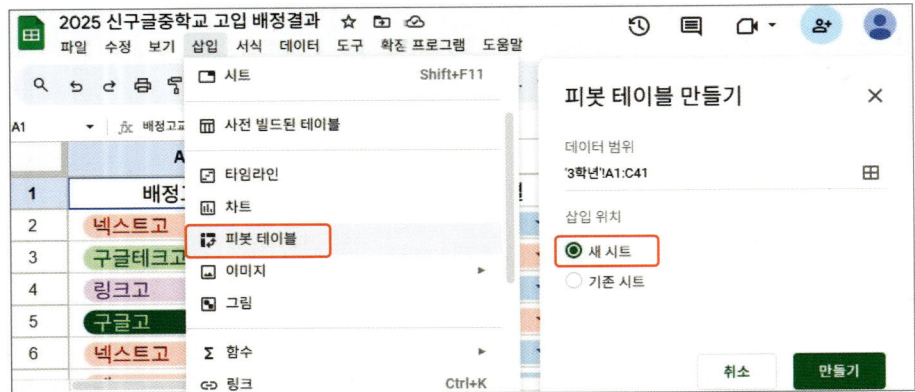

> ⚠ **TIPS!**
> [기존 시트]에는 배정 고교와 배정 순위 자료가 있으므로 [새 시트]에 테이블을 만든다.

02 '피봇 테이블 1' 시트의 오른쪽에 [피봇 테이블 편집기]가 만들어진다.

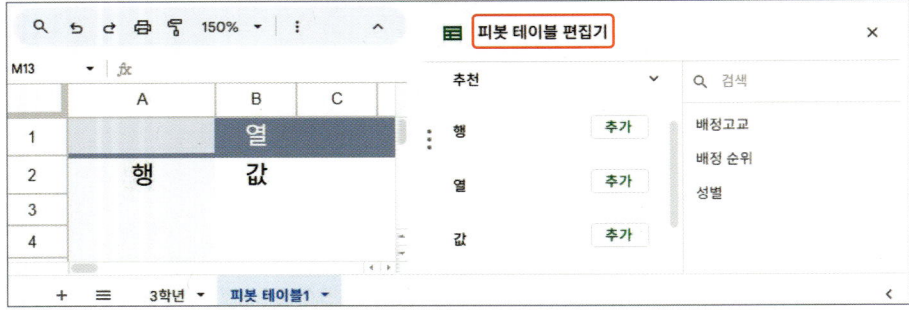

03 [행]-[추가]-[배정 고교]를 클릭하여 행에 데이터를 넣으면 '3학년' 시트의 지정 범위에서 배정 고교 이름이 나열된다.

04 [열]-[추가]-[배정 순위]를 클릭하여 열의 배정 순위를 넣으면 '3학년' 시트에서 지정한 배정 순위 범위인 1~4지망과 총계 항목이 나열된다.

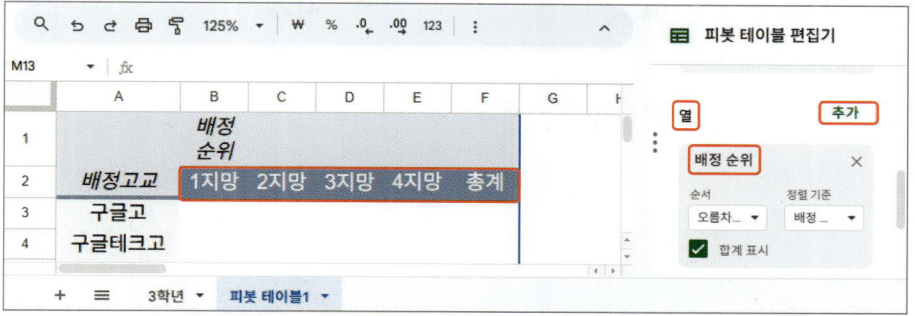

05 배정 고교별 지망 순위에 따른 합격자 수를 확인해 보자. [값]-[추가]-[배정 고교]를 클릭하면 '3학년' 시트에서 배정 고교별 지망 순위에 따른 합격자 수를 각각 세어 나열하고 총계도 확인할 수 있다.

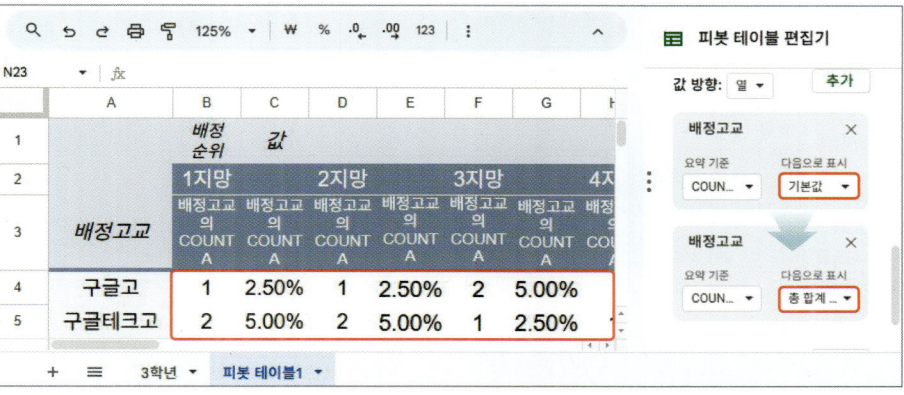

06 [값]-[추가]-[배정 고교]를 클릭한 후 [기본값] 대신 [총합계 중 %]를 선택하면 배정 고교별 합격한 학생의 비율을 확인할 수 있다.

07 성별에 따른 희망 고등학교 선호 경향을 확인해 보자. 피봇 테이블 근처로 마우스를 가져가 왼쪽 아래에 생성된 연필 모양의 수정 문구를 누른다. 오른쪽에 피봇 테이블 편집기가 생성되면 기존 행, 열, 값에 지정된 내용은 X를 눌러 지운다.

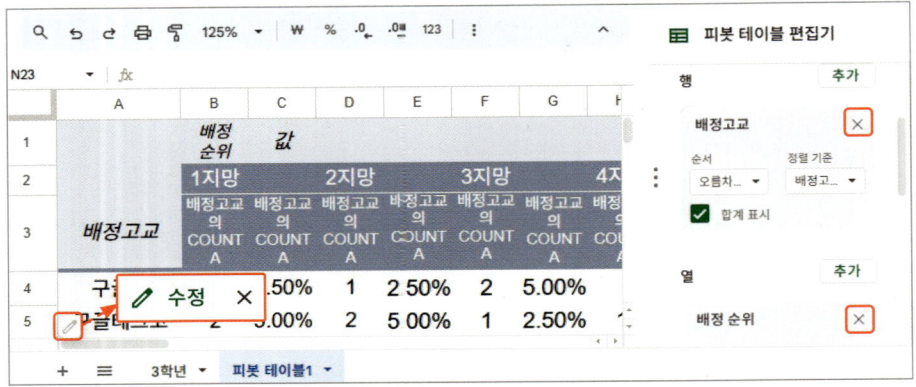

08 [행]은 배정 고교, [열]은 성별, [값]은 배정 순위로 설정하면 성별에 따른 학교별 최종 합격 학생 수가 나열된다. 이를 통해 성별에 따른 학교 선호도를 비교·분석할 수 있다.

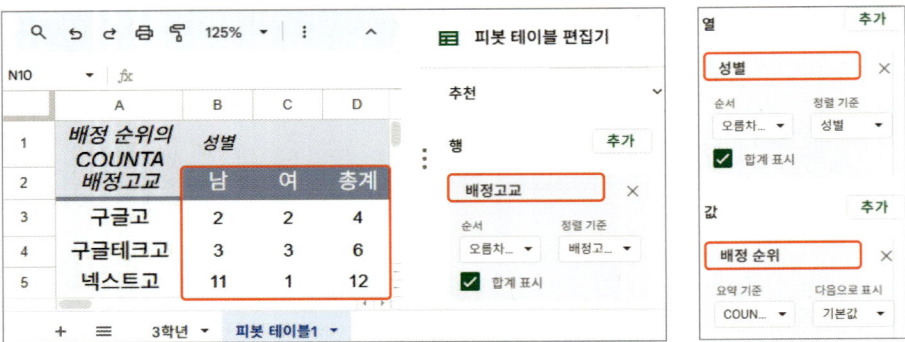

09 이때 배정 고교별, 성별에 따라 몇 번째 지망에 해당 학교에 합격하였는지 확인하려면 [행]과 [값]의 설정은 유지하고 [열]-[추가]-배정 순위]를 클릭한다.

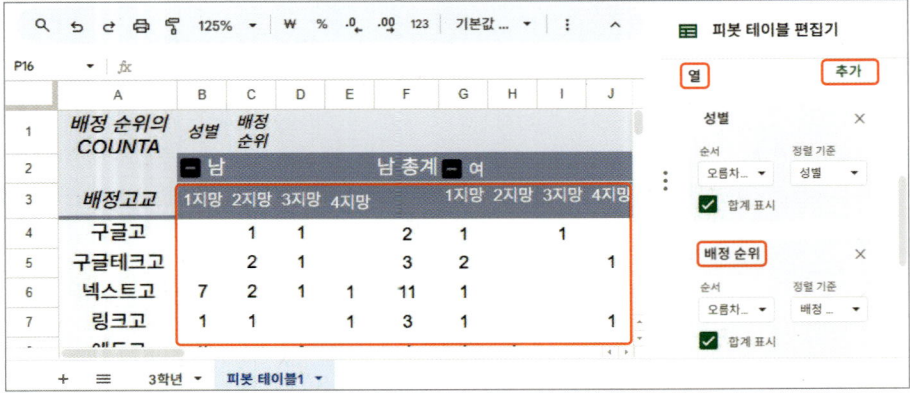

🖱 표를 그래프로 시각화하기

01 상담 시 학생이 데이터를 한눈에 파악하도록 그래프로 시각화해 보자. 시각화할 데이터의 범위를 드래그하여 지정한 후 [메뉴]-[삽입]-[차트]를 클릭한다.

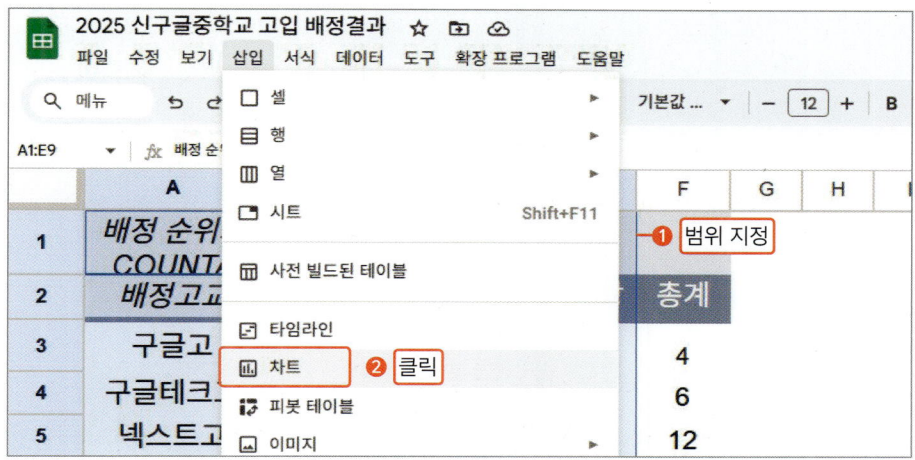

02 클릭과 동시에 데이터 유형을 고려하여 자동으로 차트를 생성하며 보여준다. 차트 유형은 데이터 구조에 맞게 선택하여 활용할 수 있다.

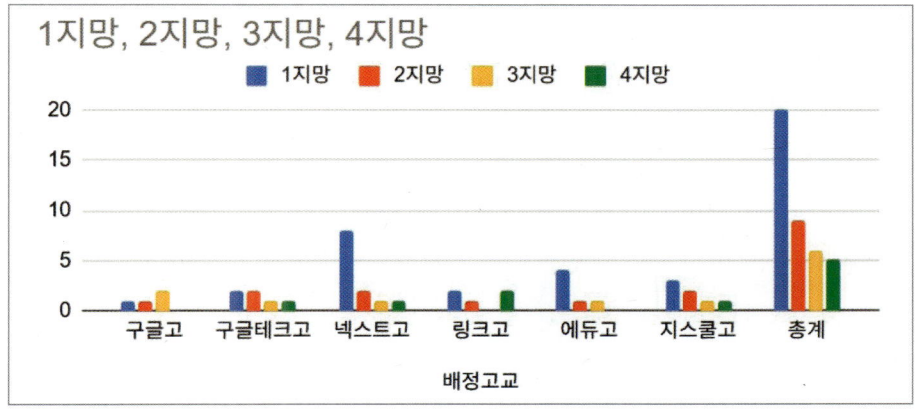

> ⚠ **TIPS!**
> ① **막대형/세로 막대형** 비교할 대상(학교별 지원자 수 등)이 여러 개인 경우
> ② **원형 차트** 전체 대비 비율(성별, 계열별 비율 등)을 나타낼 때
> ③ **선형 차트** 시간 흐름에 따른 변화(연도별 지원 경향 등)를 볼 때

📁 **이건 꼭 기억하자!**
✅ 피벗 테이블 사용 시 열마다 하나의 항목만 표시하고 열 제목은 첫 번째 행에 명확하게 입력해야 한다. 또 피벗 테이블 작동에 오류가 생길 수 있으므로 중간에 합계나 병합한 셀이 있는지 확인해야 한다.

Chapter 02 학생 정보 정리하기

bit.ly/구글시트슬라이서

저자 직강 영상

04 방대한 정보 한눈에 파악하기

슬라이서

업무 상황

창체 동아리 담당자인 최 교사. 학교 전체 학생 동아리 통합 데이터를 선생님들과 공유하고 싶은데 데이터가 너무 방대하다. **데이터를 처리할 때 선생님들이 손쉽게 데이터를 필터링할 수 있도록 안내하고 싶은데, 좋은 방법이 없을까?**

💡 핵심 기능 이해하기

슬라이서는 버튼 하나로 원하는 조건을 필터링하여 실시간 데이터 분석을 도와준다. 원하는 조건을 선택하면 데이터 결괏값이 자동으로 출력되며 여러 사용자가 각자 원하는 조건으로 쉽게 데이터를 추출할 수 있다.

🖱 슬라이서 실습하기

01 '동아리' 시트에서 필요한 조건에 따라 데이터를 추출해 보자. 원하는 범위를 마우스로 드래그하여 지정하고 [데이터]-[슬라이서 추가]를 클릭한다. 버튼 모양의 슬라이서가 생기고 오른쪽 [슬라이서] 창에서 필터링할 열이 자동으로 설정된다.

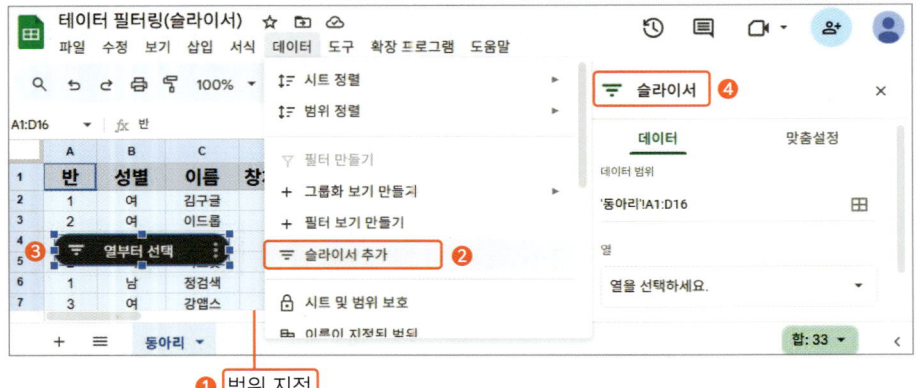

> ⚠️ **TIPS!**
> 필터도 필요한 조건에 맞게 데이터를 추출할 수 있지만, [메뉴]에서 설정한 후 필터 모양을 눌러 원하는 값만 표시할 수 있다. 또 슬라이서는 다른 사람도 쉽게 필터링 상태를 바꿀 수 있으나, 필터는 내 화면에서만 적용되어 공유할 수 없다.

148 _ [PART 4] 교육 행정의 스마트 전환

02 여자 데이터만 추출하려면 [열]-[성별]-[전체]-[값별 필터링]에서 [남]의 체크 표시를 삭제한 후 [확인]을 클릭한다.

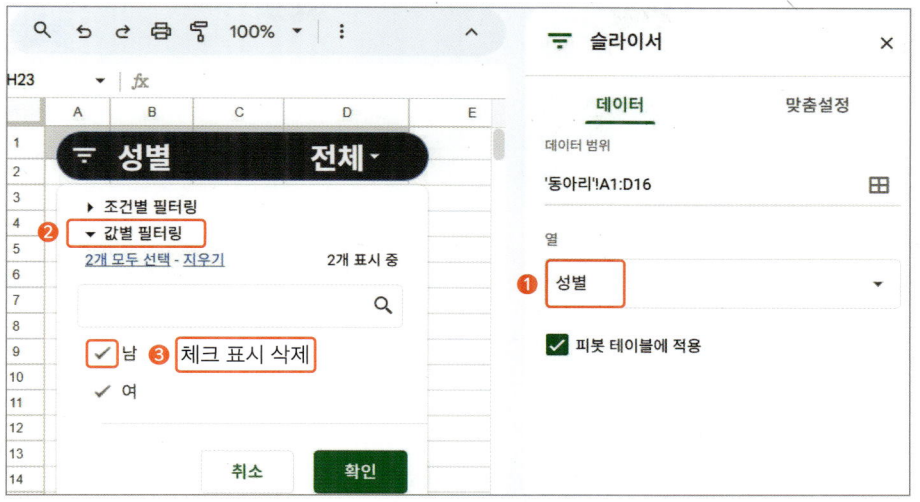

> ⚠️ **TIPS!**
> 슬라이서 버튼에서 점 세 개 모양을 누르고 [슬라이서 수정]-[맞춤 설정]을 클릭하면 슬라이서 버튼의 색과 서체 등을 변경할 수 있다.

03 슬라이서를 추가하여 중복 필터링을 적용해 보자. 여자 중에서 과학 실험 동아리를 선택한 데이터만 확인하려면 [열]-[창체 동아리]-[전체]-[값별 필터링]-[과학 실험]에서 체크로 표시한 후 [확인]을 클릭한다.

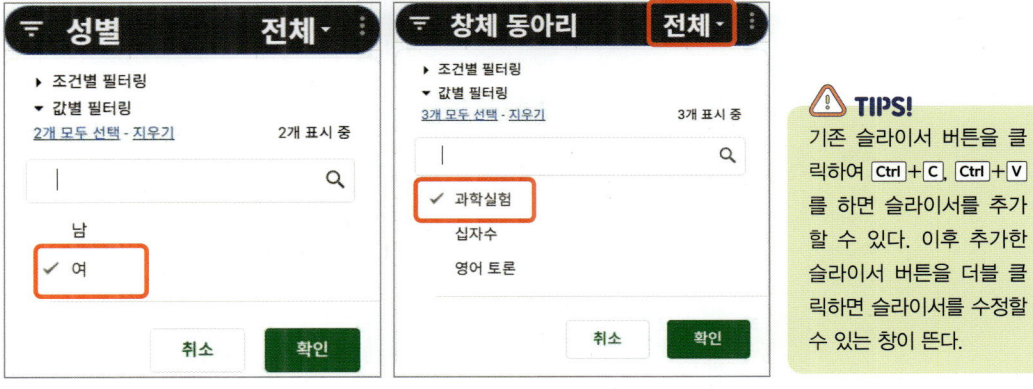

> ⚠️ **TIPS!**
> 기존 슬라이서 버튼을 클릭하여 Ctrl+C, Ctrl+V를 하면 슬라이서를 추가할 수 있다. 이후 추가한 슬라이서 버튼을 더블 클릭하면 슬라이서를 수정할 수 있는 창이 뜬다.

📁 **이건 꼭 기억하자!**
✅ 슬라이서는 연결된 데이터 범위 내에서만 필터링이 가능하므로 원본 데이터 범위를 정확하게 지정해야 한다.

Chapter 02 학생 정보 정리하기

bit.ly/구글시트자동함수

05 무한 스크롤 그만! 수식 한 줄로 수작업 끝내기
ARRAYFORMULA 함수

저자 직강 영상

업무 상황

100명이 넘는 학생들의 국어, 영어, 수학 수행 평가별 점수 합산을 위해 무한 드래그로 수많은 셀에 함수를 채워 넣으며 지쳐가고 있는 오 교사. **값이 채워지면 원하는 함수가 자동으로 적용되고 원본 데이터를 반별 시트로 한 번에 불러오는 방법은 없을까?**

핵심 기능 이해하기

ARRAYFORMULA 함수는 배열 함수로 하나의 수식으로 여러 셀에 대해 자동으로 계산을 적용할 수 있다. 수식을 아래로 복사하지 않아도 자동 계산되며 범위 전체를 한 번에 처리하는 것도 가능하다.

| 함수식 | =ARRAYFORMULA(수식) | 의미 | 제시된 하나의 수식을 여러 셀에 자동 계산한다. |

ARRAYFORMULA 함수 실습하기

01 학생들의 국어, 영어, 수학 점수의 합계를 ARRAYFORMULA 함수를 활용하여 한 번에 계산해 보자. 함수식이 들어가야 할 E2 셀을 클릭하고 =ARRAYFORMULA(B2:B+C2:C+D2:D)를 입력한다. 이때 제목 항목인 B1, C1, D1 셀은 배열에 포함되면 안 되므로 B2:B로 작성해야 한다.

	A	B	C	D	E	F
1	이름	국	영	수	합계	평균
2	강앱스	86	88	56		수식 입력
3	구쉐어	78	56	97		
4	백클릭	99	89	94		
5	손웹툴	82	54	56		
6	김구글	75	89	68		
7	권칩스	65	66	49		
8	박테그	88	75	58		
9	남캠프	100	48	93		
10	문런즈	100	96	81		

fx =ARRAYFORMULA(B2:B+C2:C+D2:D)

TIPS!
ARRAYFORMULA 함수를 작성할 때 값이 있는 전체 열 범위로 지정하면 새로운 데이터를 추가해도 자동 반영되어 함수를 복사할 필요가 없다.

02 지정한 범위에 함수식이 한 번에 적용되어 학생들의 합계가 계산된 것을 확인할 수 있다. 그러나 데이터가 없는 빈칸에도 함수식이 적용되어 숫자(0)로 표시되었다.

	A	B	C	D	E
	E2 ▾ fx =ARRAYFORMULA(B2:B+C2:C+D2:D)				
1	이름	국	영	수	합계
2	강앱스	86	88	56	230
3	구쉐어	78	56	97	231
4	백클릭	99	89	94	282
5	손웹툴	82	54	56	192
6	김구글	75	89	68	232
7	권칩스	65	66	49	180
8	박테그	88	75	58	221
9	남캠프	100	48	93	241
10	문런즈	100	96	81	277
11	노칩스	72	92	67	231
12	박테그	86	88	56	230
13	홍메일	78	56	97	231
14					0

> ⚠️ **TIPS!**
> 함수식 입력 시 범위(B2:B+C2:C+D2:D)를 입력하고 Ctrl + Shift + Enter 를 누르면 자동으로 ARRAYFORMULA가 작성되어 간단하게 활용할 수 있다.

03 함수식이 적용되어 빈칸에 숫자 0으로 표시된 것을 공백으로 처리하려면 IF 함수를 활용하면 된다. 함수식이 들어갈 셀을 클릭하고 =ARRAYFORMULA(IF(B2:B=" ", " ", B2:B+C2:C+D2:D))를 입력하면 공백으로 처리되는 것을 확인할 수 있다.

C	D	E
영	수	합계
48	93	241
96	81	277
92	67	231
88	56	230
56	97	231
		0
		0
		0

→

C	D	E
영	수	합계
48	93	241
96	81	277
92	67	231
88	56	230
56	97	231

> ⚠️ **TIPS!**
> ARRAYFORMULA 함수와 IF 함수 조건을 병행하면 빈 셀까지 계산하여 지저분하게 보이던 데이터를 빈칸으로 깔끔하게 정리할 수 있다.

04 학생들의 국어, 영어, 수학 점수의 평균을 한 번에 계산해 보자. 함수식이 들어가야 할 F2 셀을 클릭하고 =ARRAYFORMULA((B2:B+C2:C+D2:D)/3)를 입력하면 지정한 범위에 함수식이 한 번에 적용되어 학생들의 평균이 계산된 것을 확인할 수 있다.

	A	B	C	D	E	F	G
1	이름	국	영	수	합계	평균	
2	강앱스	86	88	56	230	=ARRAYFORMULA((B2:B+C2:C+D2:D)/3)	
3	구쉐어	78	56	97	231	77	
4	백클릭	99	89	94	282	94	❶ 수식 입력
5	손웹툴	82	54	56	192	64	
6	김구글	75	89	68	232	77	
7	권칩스	65	66	49	180	60	
8	박테그	88	75	58	221	74	
9	남캠프	100	48	93	241	80	
10	문런즈	100	96	81	277	92	
11	노칩스	72	92	67	231	77	
12	박테그	86	88	56	230	77	
13	홍메일	78	56	97	231	77	❷ 수식이 한 번에 적용

> ⚠️ **TIPS!**
> ARRAYFORMULA 함수는 병합된 셀 범위가 있으면 병합된 셀과 충돌하여 오류가 발생하므로 병합된 셀 여부를 확인하고 수식을 작성해야 한다.

📁 **이건 꼭 기억하자!**

✅ ARRAYFORMULA 함수에서 A:A처럼 상위 제목까지 포함하여 전체 열을 범위로 지정하면 이상한 결과가 나올 수 있으므로 보통 A2:A처럼 2행부터 지정해야 한다.

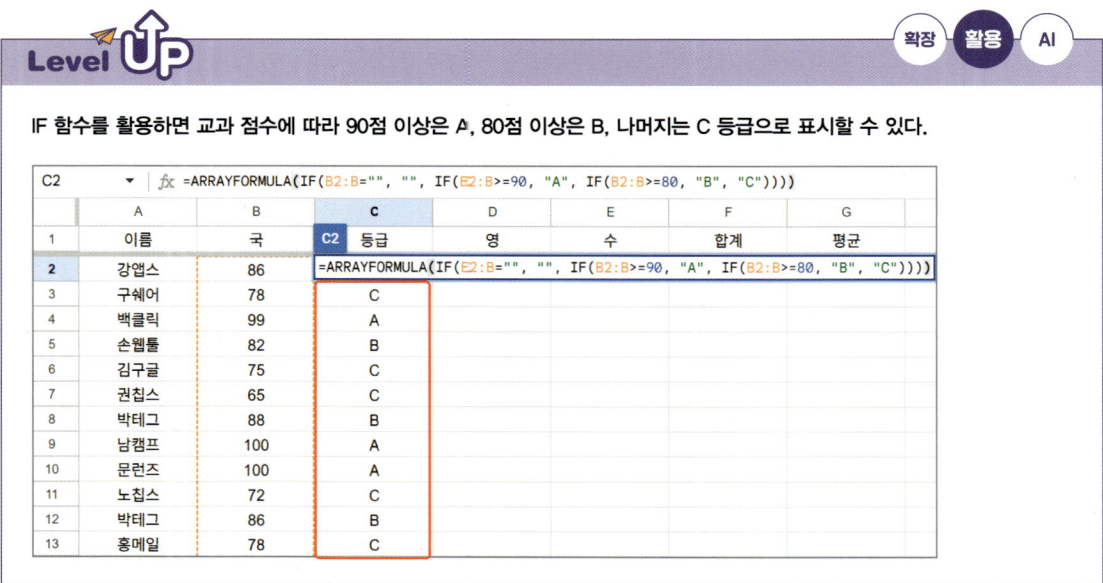

Level UP 확장 활용 AI

IF 함수를 활용하면 교과 점수에 따라 90점 이상은 A, 80점 이상은 B, 나머지는 C 등급으로 표시할 수 있다.

	A	B	C	D	E	F	G
1	이름	국	등급	영	수	합계	평균
2	강앱스	86	=ARRAYFORMULA(IF(B2:B="", "", IF(B2:B>=90, "A", IF(B2:B>=80, "B", "C"))))				
3	구쉐어	78	C				
4	백클릭	99	A				
5	손웹툴	82	B				
6	김구글	75	C				
7	권칩스	65	C				
8	박테그	88	B				
9	남캠프	100	A				
10	문런즈	100	A				
11	노칩스	72	C				
12	박테그	86	B				
13	홍메일	78	C				

5
학습 데이터 관리

- Chapter 01 다중 시트 데이터 통합하기
- Chapter 02 학급, 성적 데이터 관리하기
- Chapter 03 학습 기록을 생활기록부로 작성하기

+10~11월

10~11월은 성적 처리와 생활기록부 작성을 위한 자료를 정리하는 등 대량 데이터를 목적에 맞게 가공하거나 재가공하는 일이 많은 시기이다.

지금까지 만들어 온 여러 스프레드시트의 데이터를 목적에 따라 통합, 분리, 재가공하는 방법을 알아보고, 스마트하게 학년 마무리를 준비해 보자.

Chapter 01 다중 시트 데이터 통합하기

bit.ly/구글시트결합

01 흩어져 있는 데이터 원하는 곳으로 모으기

중괄호({ })

업무 상황
정보부장인 편 교사는 1~8반 명렬표를 각각의 시트로 만들었다. **1~8반 학생 명단 중에서 1~3반의 학생 정보만 따로 모아서 가로나 세로로 결합하여 정리**하고 싶은데 쉽게 결합하는 방법은 없을까?

핵심 기능 이해하기

중괄호({ })를 활용하면 특정 범위의 여러 데이터를 조합해서 가져올 수 있다. 여러 영역의 데이터를 쉼표(,)로 나열하면 가로로, 세미콜론(;)으로 나열하면 세로로 데이터를 결합해서 활용할 수 있다.

중괄호 실습하기

01 1학년 전체의 명렬표 시트에서 각 학급의 정보를 모아서 하나의 시트에 가로로 나열하는 방법과 세로로 결합하는 방법을 실습을 통해 알아보자.

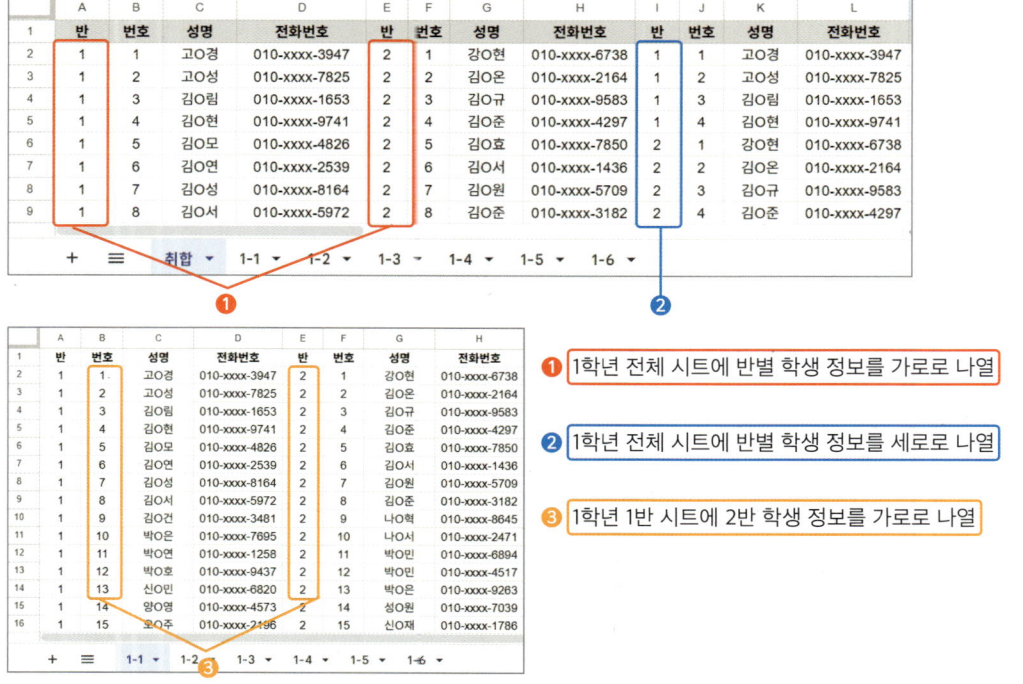

❶ 1학년 전체 시트에 반별 학생 정보를 가로로 나열
❷ 1학년 전체 시트에 반별 학생 정보를 세로로 나열
❸ 1학년 1반 시트에 2반 학생 정보를 가로로 나열

[PART 5] 학습 데이터 관리

02 1~3반에서 10명의 학생 정보를 불러와 가로로 나열해 보자. 각 반의 1~10번 학생 정보가 있는 범위를 중괄호({ }) 안에 쉼표(,)로 나열한다. A2 셀에 ={'1-1'!A2:D11, '1-2'!A2:D11, '1-3'!A2:D11}을 입력하면 1반은 A~D 열에, 2반은 E~H 열에, 3반은 I~L 열에 데이터가 반환된다.

	A	B	C	D	E	F	G	H	I	J	K	L
1	반	번호	성명	전화번호	반	번호	성명	전화번호	반	번호	성명	전화번호
2	1	1	고O경	010-xxxx-3947	2	1	강O현	010-xxxx-6738	3	1	강O우	010-xxxx-4394
3	1	2	고O성	010-xxxx-7825	2	2	김O온	010-xxxx-2164	3	2	김O연	010-xxxx-9567
4	1	3	김O림	010-xxxx-1653	2	3	김O규	010-xxxx-9583	3	3	김O우	010-xxxx-1230
5	1	4	김O현	010-xxxx-9741	2	4	김O준	010-xxxx-4297	3	4	김O준	010-xxxx-8745
6	1	5	김O모	010-xxxx-4826	2	5	김O효	010-xxxx-7850	3	5	김O현	010-xxxx-5918
7	1	6	김O연	010-xxxx-2539	2	6	김O서	010-xxxx-1436	3	6	김O영	010-xxxx-3561
8	1	7	김O성	010-xxxx-8164	2	7	김O원	010-xxxx-5709	3	7	김O영	010-xxxx-7284
9	1	8	김O서	010-xxxx-5972	2	8	김O준	010-xxxx-3182	3	8	박O하	010-xxxx-4807
10	1	9	김O건	010-xxxx-3481	2	9	나O현	010-xxxx-8645	3	9	박O영	010-xxxx-2439

> ⚠️ **TIPS!**
> 다른 시트의 특정 셀 데이터를 가져올 때는 등호(=)를 사용하여 **=탭 이름!참조할 셀 주소**를 입력한다.

03 1~3반에서 1~3번 학생 데이터를 세로로 결합해 보자. 각 반의 1~3번 학생 데이터가 들어간 영역을 세미콜론(;)으로 나열한다. A2 셀에 입력했던 수식에서 쉼표(,)를 세미콜론(;)으로 바꾸면 1~3반의 데이터가 A~D 열에 세로로 반환된다.

	A	B	C	D	E
1	**A2**	번호	성명	전화번호	
2	={'1-1'!A2:D4;'1-2'!A2:D4;'1-3'!A2:D4}				
3	1	2	고O성	010-xxxx-7825	
4	1	3	김O림	010-xxxx-1653	
5	2	1	강O현	010-xxxx-6738	
6	2	2	김O온	010-xxxx-2164	
7	2	3	김O규	010-xxxx-9583	
8	3	1	강O우	010-xxxx-4394	
9	3	2	김O연	010-xxxx-9567	
10	3	3	김O우	010-xxxx-1230	

→

	A	B	C	D
1	반	번호	성명	전화번호
2	1	1	고O경	010-xxxx-3947
3	1	2	고O성	010-xxxx-7825
4	1	3	김O림	010-xxxx-1653
5	2	1	강O현	010-xxxx-6738
6	2	2	김O온	010-xxxx-2164
7	2	3	김O규	010-xxxx-9583
8	3	1	강O우	010-xxxx-4394
9	3	2	김O연	010-xxxx-9567
10	3	3	김O우	010-xxxx-1230

❶ 1반의 A2:D4 데이터 ❷ 2반의 A2:D4 데이터 ❸ 3반의 A2:D4 데이터

> 📁 **이건 꼭 기억하자!**
> ✅ **=탭 이름!참조할 셀 주소** 입력 시 등호(=)는 하나의 셀 데이터만 가져올 뿐 범위 전체를 가져오지 못하므로 배열 정보를 불러오려면 중괄호({ }) 안에 범위를 제시해야 한다.

Chapter 01 다중 시트 데이터 통합하기

02 여러 학급의 시트를 하나로 모아 관리하기
IMPORTRANGE 함수

bit.ly/구글시트불러오기

저자 직강 영상

업무 상황
학년부장 민 교사는 각 반의 출결, 상담 기록 스프레드시트를 자주 모니터링하고 싶지만, 10개 학급 시트를 다 살펴보는 데 시간이 오래 걸리고 너무 번거롭다.
모든 학급 데이터를 하나로 모으고 실시간으로 수정하는 방법은 없을까?

핵심 기능 이해하기

IMPORTRANGE 함수를 활용하면 다른 URL(시트의 고유 주소)을 가진 시트의 데이터를 불러올 수 있다. 시트의 사본 생성과 달리 IMPORTRANGE 함수로 불러온 데이터는 원본 데이터와 실시간 연동되어 원본 시트에서 변경된 내용도 반영된다.

| 함수식 | =IMPORTRANGE(스프레드시트 URL, 범위) | 의미 | 지정한 스프레드시트에서 범위를 가져온다. |

IMPORTRANGE 함수 실습하기

01 10개 학급의 출결, 상담 기록이 담긴 시트를 IMPORTRANGE 함수로 불러와 취합하려면 ❶ 시트 주소(URL), ❷ 시트 탭의 이름, ❸ 데이터를 가져올 영역 등 원본 시트의 정보를 확인해야 한다.

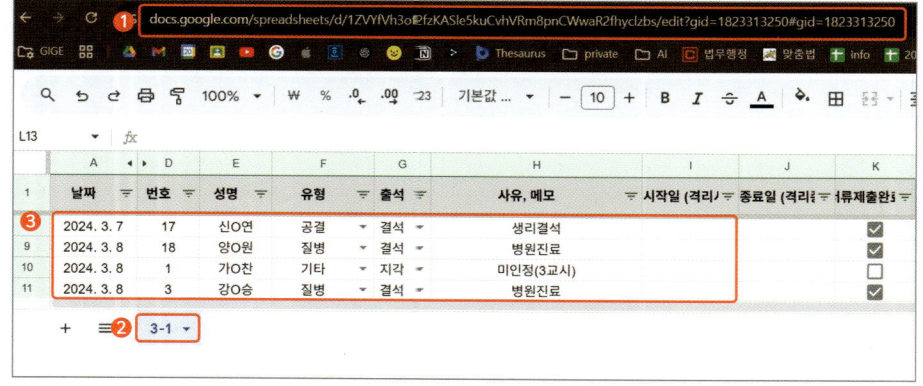

⚠️ **TIPS!**
10개 학급의 출결, 상담 기록이 담긴 시트를 IMPORTRANGE 함수로 불러와 취합하면 각 반 담임교사가 학급 원본 시트의 내용을 추가하거나 수정해도 취합한 시트에 실시간으로 반영된다.

02 10개 학급의 데이터를 불러올 새로운 시트를 열고 A1 셀에 =IMPORTRANGE("원본 시트 URL", "시트 탭 이름!영역")을 입력한다. 데이터 영역을 지정할 때 A1:H처럼 H 열의 행을 지정하지 않아야 원본 데이터의 행이 추가되어도 내용을 계속 불러올 수 있다.

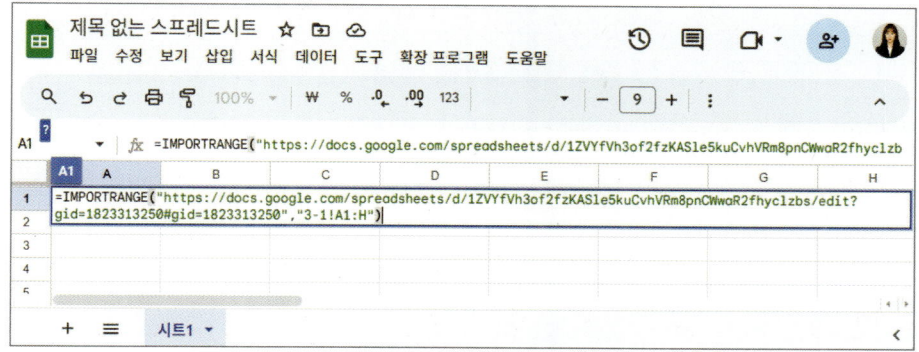

> ⚠️ **TIPS!**
> 크롬 브라우저 주소창에 SHEET.NEW를 입력하면 새 시트를 열 수 있다.

03 새로운 시트 탭을 열어서 2반, 3반…10반까지 IMPORTRANGE 함수식을 사용해 데이터를 가져오면 하나의 시트에 10개 학급의 내용을 취합할 수 있다.

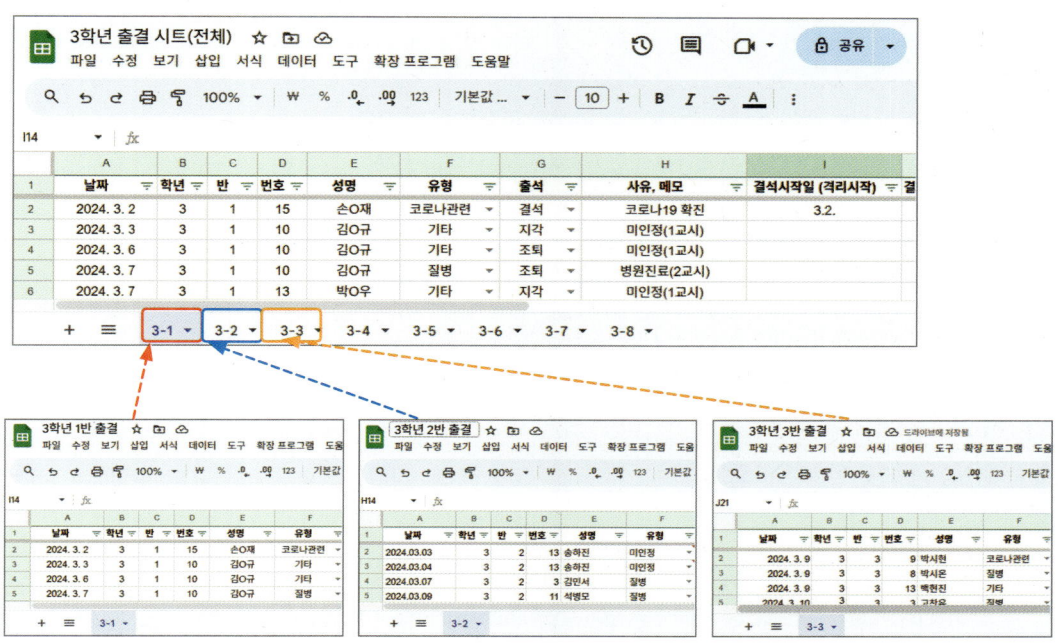

> ⚠️ **TIPS!**
> 처음 IMPORTRANGE 함수를 실행하면 에러(#REF!)가 발생한다. 에러가 발생한 A1 셀에 마우스 오버(마우스 커서를 가져다 대기)한 후 [엑세스 허용]을 클릭하면 해결할 수 있다.

1. 다중 시트 데이터 통합하기 _ **157**

🖱 원본 시트의 서식 복사 실습하기

01 IMPORTRANGE 함수는 원본 시트의 서식을 제외한 데이터만 불러올 수 있다. 원본의 서식까지 가져오려면 원본 시트에서 전체를 선택(Ctrl+A)한 후 복사(Ctrl+C)한다.

02 IMPORTRANGE 함수를 적용한 시트의 A1 셀에서 [메뉴]-[수정]-[선택하여 붙여 넣기]-[서식만]을 선택하면 원본의 서식까지 가져올 수 있다.

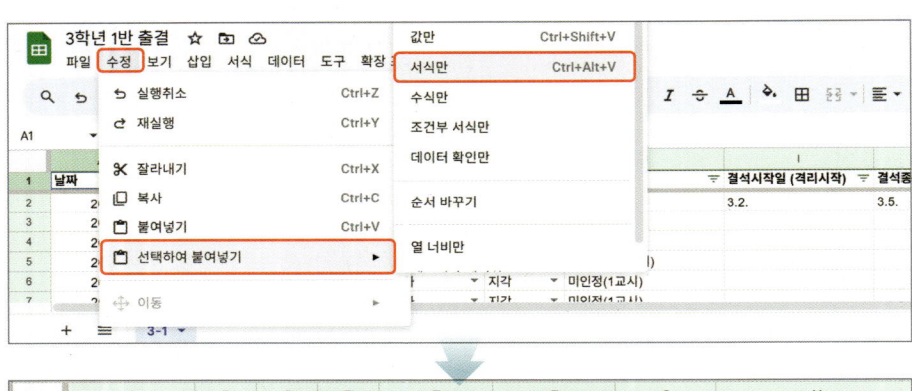

> ⚠️ **TIPS!**
> [서식만] 기능은 서체, 글자 색, 셀 색은 반영되지만, 열의 간격은 변하지 않는다. 열의 너비까지 원본 시트와 동일하게 복사하려면 [메뉴]-[수정]-[선택하여 붙여 넣기]-[열 너비만]을 선택하여 적용해야 한다.

📁 **이건 꼭 기억하자!**

✅ IMPORTRANGE 함수로 데이터를 불러오기 위해서는 원본 시트에 대하여 최소 [보기] 이상의 권한이 필요하다.

Chapter 01 다중 시트 데이터 통합하기

03 최소 성취 수준 보장 지도 대상자 선정하기
QUERY 함수

bit.ly/구글시트선별
저자 직강 영상

업무 상황
최소 성취 수준 보장 지도 업무 담당자인 홍 교사는 1학년 전체 학생의 학기 말 국어, 영어, 수학, 사회, 과학 성적 데이터를 모아 과목별로 다른 기준에 맞추어 대상자를 선발해야 한다. **과목별 오름차순 정렬로 한 과목씩 확인하는 것보다 한 번에 원하는 데이터만 선별하여 보고 싶은데 방법이 없을까?**

💡 핵심 기능 이해하기

QUERY 함수는 특정 범위의 데이터에서 여러 조건에 맞는 데이터만 추출해서 반환해 주는 함수로 기본 구문으로는 SELECT와 WHERE가 있다. 범위와 조건, 정렬 순서 등의 다양한 구문을 활용하면 계산, 그룹화 등에도 활용할 수 있다.

함수식	=QUERY(데이터 범위, QUERY 구문, 헤더)
의미	데이터 범위에서 QUERY 구문에 맞는 데이터를 헤더가 1이면 머리말 표시, 0이면 머리말을 제외하여 추출한다.

🖱 QUERY 함수 실습하기

01 QUERY 함수를 활용하면 수백 건의 성적 데이터 중에서 특정 조건을 충족하는 데이터만을 추출할 수 있다. QUERY 함수를 활용하여 '1학년 국어 데이터' 시트에서 성적이 60점 이하인 학생만 추출하여 학급 순으로 정렬하는 조건을 적용해 필요한 데이터만 추출해 보자.

1학년 전체 학생 국어 성적 → 국어 성적 60점 이하 학생만 추출하여 학급 순으로 정렬

반	번호	성명	국어		반	번호	성명	국어
1	1	고O경	58.20		1	1	고O경	58.20
1	28	표O훈	71.60		1	3	김O림	44.10
3	27	최O성	67.50		1	4	김O현	43.80
4	24	정O철	76.9		1	8	김O서	52.60
2	16	안O민	22.50		1	9	김O건	23.40
2	23	장O라	47.10		1	10	박O은	56.70
3	9	박O연	38.00		1	11	박O연	28.60
1	7	김O성	71.90		1	14	양Oههه	52.00
1	18	원O현	40.90		1	17	용O늘	37.40
2	17	양O민	66.00		1	18	원O현	40.90
3	22	정O민	57.90		1	20	이O영	55.50

02 국어 성적이 60점 이하인 학생의 성적만 추출해 보자. G1 셀에 QUERY 함수의 범위, 조건, 헤더 인수를 적용하여 수식을 입력한다.

03 함수식을 입력하면 A:D 범위에서 D 열(국어)의 값이 60 이하인 모든 열의 데이터를 선택한 후 머리말을 표시해서 정렬한다.

04 국어 성적이 60점 이하인 학생 데이터에서 반(A 열)과 번호(B 열)를 기준으로 오름차순으로 정렬해 보자. G1 셀에 =QUERY(A:D, "SELECT * WHERE D<=60 ORDER BY A, B", 1)을 입력하면 반별, 번호순으로 정리되는 것을 확인할 수 있다.

 TIPS!
ORDER BY 구문은 오름차순 정렬, ORDER BY A DESC 구문은 내림차순으로 정렬할 수 있다.

05 국어 성적 50점 이하 학생의 성적을 반(A 열)은 오름차순으로, 국어 성적(D 열)은 내림차순으로 정렬해 보자. 새로운 시트를 열고, A1 셀에 수식을 입력한다.

```
=QUERY('국어'!A:L,"SELECT A, B, C, D WHERE D<50 ORDER BY A, D DESC",1)
```

06 함수식을 입력하면 '국어' 시트의 A:L 범위에서 D 열(국어)의 값이 50점 미만인 모든 열의 데이터를 가져온 후 A 열은 오름차순으로, D 열은 내림차순으로 머리말을 표시해서 정렬한다.

	A (오름차순 정렬)	B 번호	C 성명	D 국어
2	1	9	김O건	23.40
3	2	21	이O원	49.10
4	2	12	박O민	45.60
5	2	18	윤O희	30.10
6	2	16	안O민	22.50
7	3	9	박O연	38.00

1, 2, 3반 학급 내에서 내림차순 정렬

07 국어, 수학 점수가 모두 50점 미만인 학생을 대상으로 방과 후 수업 대상자를 추출해 보자. 새로운 시트를 열고 A1 셀에 수식을 입력하면 전체 '데이터' 시트의 A:L 범위에서 국어 점수가 50점 미만이면서 수학 점수도 50점 미만인 학생의 데이터를 반은 오름차순으로, 국어 점수는 내림차순으로 정렬한다.

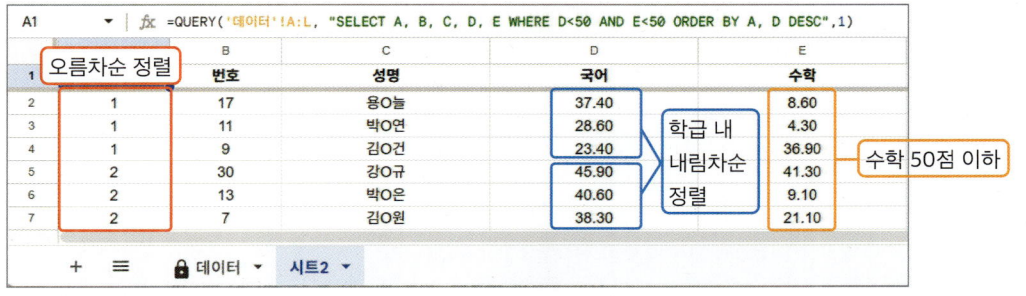

```
=QUERY('데이터'!A:L, "SELECT A, B, C, D, E WHERE D<50 AND E<50 ORDER BY A, D DESC",1)
```

	A (오름차순 정렬)	B 번호	C 성명	D 국어	E 수학
2	1	17	용O늘	37.40	8.60
3	1	11	박O연	28.60	4.30
4	1	9	김O건	23.40	36.90
5	2	30	강O규	45.90	41.30
6	2	13	박O은	40.60	9.10
7	2	7	김O원	38.30	21.10

학급 내 내림차순 정렬 / 수학 50점 이하

> **이건 꼭 기억하자!**
> ✓ QUERY 함수는 대소문자를 구분하지 않으며 QUERY 구문 작성 시 띄어쓰기, 괄호, 따옴표 등의 위치에 주의해야 한다.

Chapter 02 학급, 성적 데이터 관리하기

bit.ly/구글시트집계조건

01 진로 선택 수업별 신청 인원 파악하기
COUNTIFS 함수

저자 직강 영상

업무 상황
학년말이 다가오면서 진로 고사 봉 교사는 전교생을 대상으로 진로 선택 수업 신청을 받아 특별 강사를 초청하려 한다.
각 진로 선택 수업의 학년별 신청 인원을 간편하게 파악하는 방법이 있을까?

💡 핵심 기능 이해하기

COUNTIFS 함수는 여러 조건에 모두 맞는 셀의 개수를 세어주며 COUNTIF와 달리 한 개 이상의 조건에 맞는 셀의 개수를 셀 수 있다.

함수식	=COUNTIFS(범위 1, 조건 1, 범위 2, 조건 2)
의미	범위에서 여러 조건을 만족하는 셀의 개수를 계산한다.

🖱 COUNTIFS 함수 실습하기

01 I2 셀에 =COUNTIFS(F:F, H2)를 입력하면 진로 선택 수업이 입력된 F:F 범위 중에서 H2 셀(게임 개발)의 값과 같은 데이터의 개수를 세어서 반환한다.

02 게임 개발 수업 신청자 중에서 1학년 학생 수만 파악해 보자. J2 셀에 =COUNTIFS(F:F, H2, A:A, 1)을 입력하면 게임 개발 수업을 선택한 학생 중에서 1학년의 인원수를 반환한다.

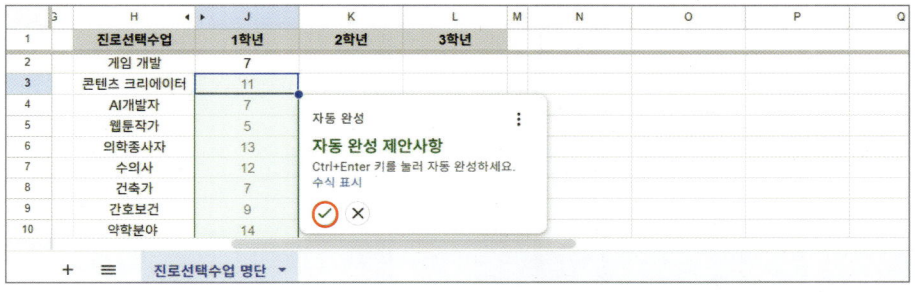

 **TIPS!**
2, 3학년의 신청 인원을 구하려면 두 번째 [범위]의 [조건]을 달리하면 된다. 2학년 신청 인원은 =COUNTIFS(F:F, H2, A:A, 2)를, 3학년 신청 인원은 =COUNTIFS(F:F, H2, A:A, 3)을 입력한다.

03 함수식을 입력한 후 Enter 를 누르면 [자동 완성 제안 사항]이 뜬다. 체크 표시를 눌러 자동 완성 제한 사항을 수락하면 1학년 학생들의 진로 선택 수업 신청 인원수가 모두 구해진다.

 **TIPS!**
[자동 완성 제안 사항] 창이 뜨지 않는다면 셀 오른쪽 하단에서 마우스를 끝까지 드래그한다.

📁 **이건 꼭 기억하자!**

✅ COUNTIFS 함수에서 데이터 [범위]와 [조건]을 여러 개 제시하면 제시한 [조건]들을 모두 충족하는 데이터를 세어준다. 즉, AND 조건이라고 생각하면 된다.

| Chapter 02 | 학급, 성적 데이터 관리하기 |

bit.ly/구글시트누계

02 학생 활동 실적 누계 정리하기

SUMIFS 함수

저자 직강 영상

업무 상황
창의적 체험 활동 담당인 나 교사는 봉사나 독서 실적을 1년간 누적 기록해 왔다.
연말에 활동 실적을 정리해서 우수 학급을 시상하려고 하는데, 학급별로 활동별 실적을 손쉽게 계산하는 방법은 없을까?

핵심 기능 이해하기

SUMIFS 함수는 여러 조건에 모두 맞는 셀의 값을 합산하며 SUMIF 함수와 달리 여러 조건에 맞는 셀의 값만 더해준다.

함수식 =SUMIFS(합계 범위, 조건 범위 1, 조건 1, 조건 범위 2, 조건 2)
의미 조건 범위 1에 맞는 조건 1의 값과 조건 범위 2에 맞는 조건 2의 값을 모두 합산하여 반환한다.

SUMIFS 함수 실습하기

01 1반 학생들의 봉사 활동 포인트를 합산해 보자. K2 셀에 =SUMIFS(H:H, B:B, 1, G:G, "봉사활동")을 입력하면 B 열(학급)의 값이 1(1반)이면서 G 열(활동)의 값이 봉사 활동에 해당하는 H 열(포인트)의 값을 모두 합산한다.

02 1반 학생들이 3월에 획득한 포인트의 합을 구하려면 범위와 조건을 3개로 설정하여 SUMIFS 함수식을 입력한다.

❶ B 열(학급)의 값이 1반에서 ❷ F 열(일시)의 값이 2025-03-01 이상이면서 ❸ 2025-03-31 이하에 획득한 H 열(포인트)을 합산하여 반환한다.

03 활동별로 월별 포인트 합계를 구할 때도 범위와 조건을 3개로 설정하여 SUMIFS 함수식을 입력한다.

> ⚠️ **TIPS!**
> [범위 1], [조건 1]에 활동명을, [범위 2], [조건 2]에 시작 일시를, [범위 3], [조건 3]에 완료 일시를 변경하여 적용하면 활동별로 월별 포인트 합계를 얻을 수 있다.

📁 **이건 꼭 기억하자!**

✅ SUMIFS 함수는 합을 구할 [범위]를 먼저 제시한 후 여러 [범위]와 [조건]을 차례대로 나열할 수 있다. 이때 다수의 [조건]은 모두 AND이므로 모든 [조건]에 부합하는 데이터의 합만 반환된다.

| Chapter 02 | 학급, 성적 데이터 관리하기 |

bit.ly/구글시트추출

03 성적, 선택 과목에 따라 내년도 학급 구성 기초 작업하기
FILTER 함수

저자 직강 영상

업무 상황
교육과정부 이 교사는 학생들의 선택 과목 희망 신청을 받았다. 내년도 학급 배정 시 균등하게 학급을 구성하기 위해 학생들의 선택 과목 신청 인원이나 성비, 성적 등 고려할 사항들이 많다. **필요한 조건에 맞는 데이터만 쉽게 추출하는 방법이 있을까?**

💡 핵심 기능 이해하기

FILTER 함수를 활용하면 조건에 맞는 데이터 범위만 선택적으로 추출할 수 있다. 수백, 수천 개의 데이터 중 원하는 조건에 맞는 값만 바로 확인할 수 있어 데이터 분석 시간을 크게 단축할 수 있다.

| 함수식 | =FILTER(범위, 조건) |
| 의미 | 범위에서 조건에 맞는 데이터만 반환한다. |

🖱 FILTER 함수 실습하기

01 수학 점수가 80점 이상인 학생 데이터만 확인하려면 L2 셀에 =FILTER(A:G, G:G>=80)을 입력한다.

	A	B	C	D	E	F	G	H	K	L	M	N
1	학년	학급	번호	성명	성별	1학기 국어 점수	1학기 수학 점수	1학기 영어 점수		학년	학급	번호
2	1	1	1	최O진	여	30.7	12.8	7.4				
3	1	1	2	오O현	남	7.3	12.6	=FILTER(A:G, G:G>=80)				
4	1	1	3	조O수	남	33.6	13.4	23.9				

신청내역 ▼

⬇

L	M	N	O	P	Q	R
학년	학급	번호	성명	성별	1학기 국어 점수	1학기 수학 점수
1	1	4	정O지	여	49.7	87
1	1	12	권O주	남	64.6	85.9
1	1	14	조O민	남	52	98
1	2	5	오O은	남	37.4	87.9
1	2	21	홍O하	남	81	88.6

⚠ **TIPS!**
A:G 영역 전체가 아니라 특정 영역만 추출하고 싶다면 데이터 범위를 중괄호({ }) 안의 쉼표로 나열한다.
🟠 예 '신청 내역' 시트에서 성명(D 열)과 수학 점수(G 열)만 추출하려면 {D:D, G:G}로 범위를 지정하면 된다.

02 수학 점수가 80점 이상인 여학생의 데이터를 확인하려면 조건을 모두 충족하는 AND를 별표(*)로 지정하여 FILTER 함수식을 입력한다.

	A	B	C	D	E	F	G	H	K	L	M	N	O
1	학년	학급	번호	성명	성별	1학기 국어 점수	1학기 수학 점수	1학기 영어 점수					
2								=FILTER(A:J, (E:E="여") * (G:G>=80))					
3	1	1	1	최O진	남	30.7	12.8	7.4					
4	1	1	2	오O현	남	7.3	12.6	21.8					
5	1	1	3	조O수	남	33.6	13.4	23.9					
6	1	1	4	오O준	남	22.8	13.1	19.3					
7	1	1	5	송O민	여	28.4	13.6	15					
8	1	1	6	홍O예	남	25.1	18.6	35.4					
9	1	1	7	오O우	여	18.4	0	17.9					
10	1	1	8	장O태	여	28.1	17.5	32.9					

	L	M	N	O	P	R
1						
2	학년	학급	번호	성명	성별	1학기 수학 점수
3	1	2	4	정O지	여	87
4	1	2	23	이O영	여	86.1
5	1	3	11	조O준	여	83.4
6	1	4	12	황O원	여	88.8
7	1	4	22	조O원	여	81.9
8	1	4	28	송O준	여	90.7
9	1	5	4	오O현	여	80.7
10	1	5	15	김O영	여	83.5

⚠️ **TIPS!**
여러 [조건]을 나열할 때 각각의 [조건]들을 괄호(( ))로 묶으면 연산자 우선순위를 명확히 하고 오류를 방지할 수 있다.

03 남학생이거나 수학 점수가 80점 이상인 데이터를 확인하려면 하나의 조건을 충족하는 OR을 더하기(+)로 지정하여 FILTER 함수식을 입력한다.

	A	B	C	D	E	F	G	H	K	L	M	O
1	학년	학급	번호	성명	성별	1학기 국어 점수	1학기 수학 점수	1학기 영어 점수				
2								=FILTER(A:J, (E:E="남") + (G:G>=80))				
3	1	1	1	최O진	남	30.7	12.8	7.4				
4	1	1	2	오O현	남	7.3	12.6	21.8				
5	1	1	3	조O수	남	33.6	13.4	23.9				
6	1	1	4	오O준	남	22.8	13.1	19.3				
7	1	1	5	송O민	여	28.4	13.6	15				
8	1	1	6	홍O예	남	25.1	18.6	35.4				
9	1	1	7	오O우	여	18.4	0	17.9				
10	1	1	8	장O태	여	28.1	17.5	32.9				

	L	M	N	O	P	Q	R
1							
2	학년	학급	번호	성명	성별	1학기 국어	1학기 수학
3	1	1	2	오O현	남	7.3	12.6
4	1	1	3	조O수	남	33.6	13.4
5	1	1	4	오O준	남	22.8	13.1
6	1	1	4	정O지	여	49.7	87
7	1	1	6	홍O예	남	25.1	18.6
8	1	1	11	이O하	남	18.7	4.1
9	1	1	12	권O주	남	64.6	85.9
10	1	1	13	조O수	남	49.1	73.8
11	1	1	14	조O민	남	52	98

⚠️ **TIPS!**
한 가지 이상의 [조건]을 AND로 제시할 때는 조건을 별표(*)로, OR으로 제시할 때는 더하기(+)로 나열한다.

04 여학생 중에서 수학 점수가 80점 이상이거나 생명과학 과목을 선택한 데이터를 확인하려면 AND와 OR을 함께 활용하여 FILTER 함수식을 입력하면 된다.

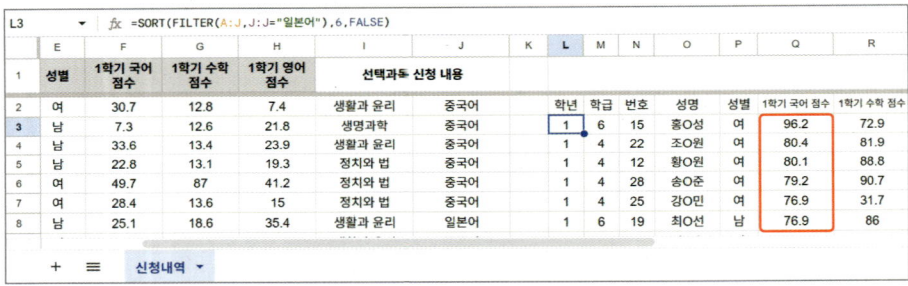

05 일본어를 선택한 학생 데이터를 추출한 후 1학기 국어 점수가 높은 순으로 정렬해 보자. FILTER 함수와 SORT 함수를 함께 활용하여 =SORT(FILTER(A:J, J:J="일본어"), 6, FALSE을 입력하면 FILTER 함수로 불러온 데이터(일본어)에서 6번째 열(1학기 국어 점수)의 값을 내림차순으로 정렬한다.

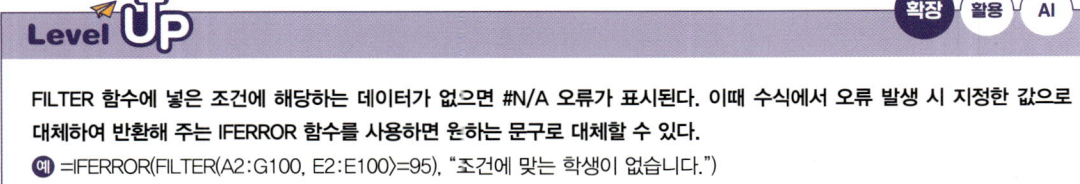

⚠️ **TIPS!**
SORT 함수식은 **=SORT(범위, 열 번호, 정렬 순서)**이며, [정렬 순서]는 내림차순일 경우 FALSE, 오름차순일 경우 TRUE로 입력한다.

📁 **이건 꼭 기억하자!**

✅ FILTER 함수는 제목 영역이 조건에 맞지 않으면 결과를 반환하지 않으므로 첫 행은 가져오려는 데이터를 설명할 제목을 직접 입력한 후 두 번째 행에 FILTER 함수를 입력해야 한다.

Level UP 　　　　　　　　　　　　　　　　　　　　　　　　　확장　활용　AI

FILTER 함수에 넣은 조건에 해당하는 데이터가 없으면 #N/A 오류가 표시된다. 이때 수식에서 오류 발생 시 지정한 값으로 대체하여 반환해 주는 IFERROR 함수를 사용하면 원하는 문구로 대체할 수 있다.
예 =IFERROR(FILTER(A2:G100, E2:E100)=95), "조건에 맞는 학생이 없습니다.")

Chapter 03 학습 기록을 생활기록부로 작성하기

🔗 bit.ly/구글시트치환

01 시트 속 실수, 한 번에 바로잡기
찾기 및 바꾸기

저자 직강 영상

업무 상황 생활기록부를 작성하던 민 교사는 문장 오류를 발견했지만, 이를 하나하나 수정하기엔 시간이 너무 오래 걸렸다.
잘못된 문장을 빠르게 찾아 한 번에 수정하는 방법은 없을까?

🔑 핵심 기능 이해하기

찾기 및 바꾸기는 문서나 시트에서 특정 단어나 값을 찾아 원하는 값으로 일괄 변경하거나 특정 범위만 변경할 수 있다. 반복적으로 잘못 입력된 내용을 빠르게 수정할 수 있어 매우 유용하다. 학교 현장에서는 생활기록부에서 두 칸으로 띄어 쓴 부분을 한 칸으로 수정하거나 잘못 입력된 날짜와 활동명 등을 고치는 데 유용하게 활용할 수 있다.

🖱 찾기 및 바꾸기 일괄 변경 실습하기

01 `Ctrl`+`H`를 누르면 [찾기 및 바꾸기] 창이 열린다. [메뉴]-[수정]-[찾기 및 바꾸기]를 클릭해도 [찾기 및 바꾸기] 창을 열 수 있다.

> ⚠ **TIPS!**
> 텍스트를 단순히 찾기만 하려면 `Ctrl`+`F`를 눌러 검색할 수 있다.

02 '교과계열탐색검사'를 '진로표준화검사'로 바꾸어 보자. 먼저 [찾기]에 '교과계열탐색검사', [바꾸기]에 '진로표준화검사'를 입력한 후 [검색] 옵션에서 [이 시트]를 선택하고, [모두 바꾸기]를 클릭한다.

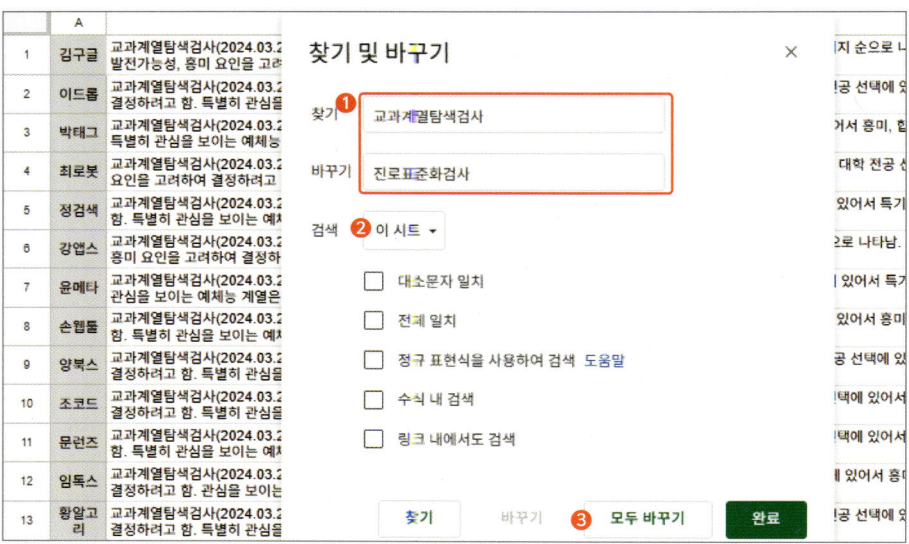

03 '교과계열탐색검사'가 '진로표준화검사'로 수정된 것을 확인할 수 있다.

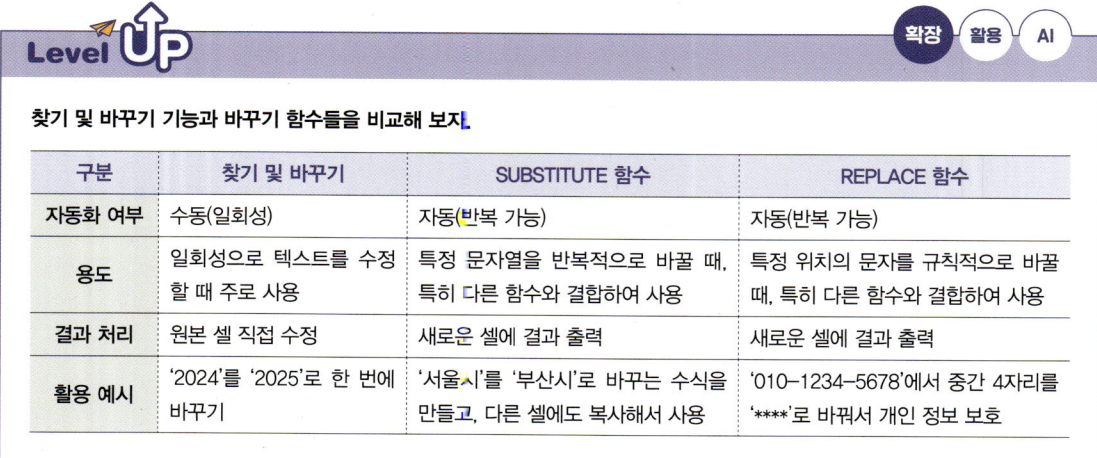

Level UP   확장 활용 AI

찾기 및 바꾸기 기능과 바꾸기 함수들을 비교해 보자.

구분	찾기 및 바꾸기	SUBSTITUTE 함수	REPLACE 함수
자동화 여부	수동(일회성)	자동(반복 가능)	자동(반복 가능)
용도	일회성으로 텍스트를 수정할 때 주로 사용	특정 문자열을 반복적으로 바꿀 때, 특히 다른 함수와 결합하여 사용	특정 위치의 문자를 규칙적으로 바꿀 때, 특히 다른 함수와 결합하여 사용
결과 처리	원본 셀 직접 수정	새로운 셀에 결과 출력	새로운 셀에 결과 출력
활용 예시	'2024'를 '2025'로 한 번에 바꾸기	'서울시'를 '부산시'로 바꾸는 수식을 만들고, 다른 셀에도 복사해서 사용	'010-1234-5678'에서 중간 4자리를 '****'로 바꿔서 개인 정보 보호

찾기 및 바꾸기 특정 범위 실습하기

01 특정 범위만 바꾸려면 먼저 해당 범위를 드래그한 후 Ctrl+H를 눌러 [찾기 및 바꾸기] 창을 연다. [검색] 옵션에 선택한 범위가 자동으로 지정되며 [찾기]에 '2024. 03. 26.', [바꾸기]에 '2024. 03. 29.'를 입력하고 [모두 바꾸기]를 클릭한다.

02 찾기 및 바꾸기 기능이 지정한 범위인 김구글, 이드롭 학생의 생기부에서만 실행되었음을 확인할 수 있다.

이건 꼭 기억하자!

- 찾기 및 바꾸기를 실행하기 전에 반드시 수정 범위를 꼼꼼히 확인하고 특정 시트만 수정할 것인지, 전체 시트를 대상으로 바꿀 것인지 명확히 결정한 후 작업을 진행해야 한다.

Chapter 03 학습 기록을 생활기록부로 작성하기

🔗 bit.ly/구글시트병합

02 두 개 이상의 내용을 하나의 셀로 합치기
CONCATENATE, TEXTJOIN 함수

저자 직강 영상

업무 상황: 최 교사는 진로 진학 상담 신청을 한 학생들의 명렬표를 받아 출석부를 만들고자 한다. 하지만 받은 자료는 학번 이름이 여러 셀에 나누어져 있고, 제공할 출석부에는 학번 이름이 한 셀에 들어가야 한다. **전교생을 모두 하려니 반복 작업이 너무 많은데 쉽게 해결할 수 없을까?**

 핵심 기능 이해하기

CONCATENATE 함수는 두 개 이상의 열 텍스트를 하나로 합칠 수 있어 보고하는 양식에 따라 편리하게 활용할 수 있다. TEXTJOIN 함수는 빈 셀을 만들지 않아도 빈 셀 생략 여부를 설정할 수 있고 구분자나 생략 옵션을 토대로 더욱 다양하게 활용할 수 있다.

함수식	=CONCATENATE(텍스트 1, 텍스트 2 …)
의미	여러 텍스트 값을 연결하여 하나의 문자열로 만든다.

함수식	=TEXTJOIN(구분자, 생략_옵션, 텍스트 1, 텍스트 2, …)
의미	여러 텍스트를 지정한 구분자로 구분한 후 공백 포함 여부(TRUE/FLASE)를 선택하여 하나의 문자열로 만든다.

🖱 CONCATENATE 함수 실습하기

01 A 열에는 학년, B 열에는 반, C 열에는 번호, E 열에는 이름이 입력되어 있다. 4개로 나뉘어진 셀의 내용을 각각 학번과 학번+이름으르 합쳐서 D 열과 F 열에 넣어보자.

	A	B	C	D	E	F
1	학년	반	번호	학번	이름	학번+이름
2	3	01	01		김구글	
3	3	02	02		이드롭	
4	3	03	03		박태그	
5	3	04	04		최로봇	
6	3	05	05		정검색	

 TIPS!
CONCATENATE 함수를 쓰지 않아도 간단한 연결은 연결 연산자(&)로 대체가 가능하다.
예) A1=홍, B1=길동일 때 함수식 =CONCATENATE(A1, B1) 또는 =A1 & B1을 입력해도 홍길동으로 반환된다.

02 학번으로 합치려면 D2 셀에 함수식 =CONCATENATE(A2:C2)를 입력한다.

	A	B	C	D	E	F
1	학년	반	번호	학번	이름	학번+이름
2	3	01	01	=CONCATENATE(A2:C2)	김구글	
3	3	02	02		이드롭	
4	3	03	03		박태그	
5	3	04	04		최로봇	
6	3	05	05		정검색	

03 입력한 수식의 값이 D2 셀에 제대로 반환되는지 확인한 후 Enter 를 누르면 AI에 의해 하단의 셀들도 자동으로 수식이 입력된다.

	A	B	C	D	E	F
1	학년	반	번호	학번	이름	학번+이름
2	3	01	01	30101	김구글	
3	3	02	02	30202	이드롭	
4	3	03	03	30303		
5	3	04	04	30404		
6	3	05	05	30505		
7						

자동 완성
자동 완성 제안사항
Ctrl+Enter 키를 눌러 자동 완성하세요.
수식 표시

> ⚠️ **TIPS!**
> 자동 완성 제안이 나오지 않는다면 D2 셀을 드래그해 원하는 부분까지 CONCATENATE 함수식을 적용할 수 있다.

04 학번과 이름으로 합치려면 F2 셀에 =CONCATENATE(D2:E2)를 입력한다.

F2 fx =CONCATENATE(D2:E2)

	A	B	C	D	E	F
1	학년	반	번호	학번	이름	학번+이름
2	3	01	01	30101	김구글	30101김구글
3	3	02	02	30202	이드롭	
4	3	03	03	30303	박태그	
5	3	04	04	30404	최로봇	
6	3	05	05	30505	정검색	

05 학번과 이름 사이에 공백을 넣으려면 D와 E 열 사이에 비어 있는 열을 삽입한 후 빈 열에 Space 를 눌러 여백을 추가한 후 함수식을 입력한다.

	A	B	C	D	E	F	G
1	학년	반	번호	학번		이름	학번+이름
2	3	01	01	30101		김구글	30101 김구글
3	3	02	02	30202		이드롭	
4	3	03	03	30303		박태그	
5	3	04	04	30404		최로봇	
6	3	05	05	30505		정검색	

06 공백을 아래로 드래그하여 3열에 모두 적용한다. 보이지 않지만 열마다 Space 를 누른 여백이 적용되어 있다.

	A	B	C	D	E	F	G
1	학년	반	번호	학번		이름	학번+이름
2	3	01	01	30101		김구글	30101 김구글
3	3	02	02	30202		이드롭	
4	3	03	03	30303		박태그	
5	3	04	04	30404		최로봇	
6	3	05	05	30505		정검색	

드래그

07 G2 셀을 하단으로 드래그하여 나머지 수식을 모두 적용하면 학번과 이름 사이에 띄어쓰기가 적용된 것을 확인할 수 있다.

	A	B	C	D	E	F	G
1	학년	반	번호	학번		이름	학번+이름
2	3	01	01	30101		김구글	30101 김구글
3	3	02	02	30202		이드롭	30202 이드롭
4	3	03	03	30303		박태그	30303 박태그
5	3	04	04	30404		최로봇	30404 최로봇
6	3	05	05	30505		정검색	30505 정검색

드래그

 **생성형 AI와 함께하기**

함수를 쓰지 않고 화면 캡처로 원하는 형태의 출석부로 정리할 수 있다.

프롬프트 예) 지금 보이는 화면의 출석부를 30101 김구글, 형태로 전부 정리해 줘.

TEXTJOIN 함수 실습하기

01 D 열의 학번과 F 열의 이름 사이에 빈칸을 넣고 G 열에 학번+이름 형태를 적용하려면 TEXTJOIN 함수와 " "구분자를 활용하여 함수식을 입력한다.

	A	B	C	D	E	F	G
1	학년	반	번호	학번		이름	학번+이름
2	3	01	01	30101		김구글	=TEXTJOIN(" ",TRUE,D2:F2)
3	3	02	02	30202		이드롭	
4	3	03	03	30303		박태그	
5	3	04	04	30404		최로봇	
6	3	05	05	30505		정검색	

02 함수식을 입력하면 학번과 이름 사이가 구분자로 인해 한 칸 띄어쓰기가 적용되었으며 TRUE 생략_옵션을 통해 E 열의 빈 값은 생략되어 G2 셀에 반환된 것을 확인할 수 있다.

	A	B	C	D	E	F	G
1	학년	반	번호	학번		이름	학번+이름
2	3	01	01	30101		김구글	30101 김구글
3	3	02	02	30202		이드롭	
4	3	03	03	30303		박태그	
5	3	04	04	30404		최로봇	
6	3	05	05	30505		정검색	

03 함수식에서 생략_옵션을 FALSE로 설정하면 빈 셀을 생략하지 않고 공백으로 인식한다. G3 셀은 생략_옵션을 실행하지 않아 E 열의 빈 셀을 여백으로 인식하여 학번과 이름 사이의 여백이 더 많아졌다.

G3 | fx | =TEXTJOIN(" ",FALSE,D3:F3)

	A	B	C	D	E	F	G
1	학년	반	번호	학번		이름	학번+이름
2	3	01	01	30101		김구글	30101 김구글
3	3	02	02	30202		이드롭	30202 이드롭
4	3	03	03	30303		박태그	
5	3	04	04	30404		최로봇	
6	3	05	05	30505		정검색	

⚠️ **TIPS!**
[생략_옵션]에서 TRUE로 설정하면 빈 셀을 생략하고 FALSE로 설정하면 빈 셀도 연결되어 반환하므로 설정 시 꼭 확인해야 한다.

📁 **이건 꼭 기억하자!**

✓ CONCAETNATE와 TEXTJOIN 함수는 2개 이상의 문자열을 합칠 때 사용하며, 차이점은 TEXTJOIN 함수는 문자열을 구분자와 함께 연결한다는 것이다.

3. 학습 기록을 생활기록부로 작성하기 _ **175**

| Chapter 03 | 학습 기록을 생활기록부로 작성하기 |

03 붙어있는 글자 똑똑하게 갈라놓기

텍스트를 열로 분할

bit.ly/구글시트분할

저자 직강 영상

업무 상황
생기부 자료를 정리하는데 이름과 학번, 생년월일이 한 셀에 쉼표로 묶여 입력된 것을 발견하였다. 필요한 정보를 따로따로 정리하려면 일일이 잘라 붙여야 하는데, 너무 비효율적이다.
쉼표나 띄어쓰기를 기준으로 셀 내용을 자동으로 나누는 방법은 없을까?

핵심 기능 이해하기

텍스트를 열로 분할은 하나의 셀에 입력된 텍스트를 쉼표, 공백, 탭, 사용자 정의 기호 등을 기준으로 여러 열로 나눌 수 있다. 학급 명단이나 건강 조사 시트처럼 정형화되지 않은 데이터를 정리할 때 유용하며, 데이터를 빠르고 깔끔하게 정리할 수 있어 업무 효율을 높일 수 있다.

텍스트를 열로 분할 실습하기

01 학번과 이름이 함께 적혀 있는 데이터를 각각 다른 셀로 분리해 보자. 분리할 텍스트 영역을 범위로 지정한 후 [데이터]-[텍스트를 열로 분할]을 클릭한다.

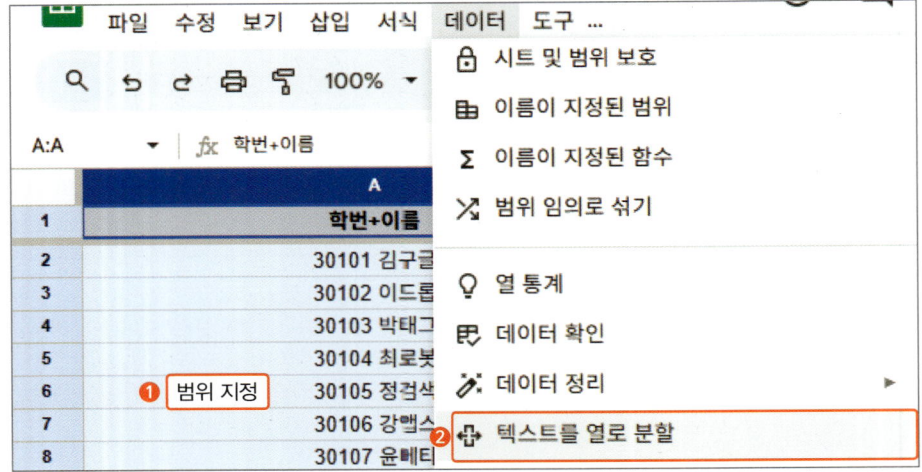

⚠️ **TIPS!**
[텍스트를 열로 분할]을 실행하면 원본 데이터가 변경될 수 있으므로 중요한 데이터는 미리 다른 열에 복사해 두는 것이 좋다.

02 A 열에 합쳐져 있던 학번과 이름이 A 열에는 학번, B 열에는 이름으로 분할되었다. 이때 분할 기준이 되는 [구분선]의 기본 설정은 [자동 감지]이며 필요에 따라 [쉼표(,)], [세미콜론(;)], [마침표(.)], [공백], [맞춤] 등 원하는 구분 기호를 직접 선택하여 기준을 지정할 수 있다.

	A	B
1	학번+이름	
2	30101	김구글
3	30102	이드롭
4	30103	박태그
5	30104	최로봇
6	30105	정검색
7	30106	강앱스
8	30107	윤메타
9	30108	손웹툴
10	30109	양북스
11	30110	조코드
12	30111	임톡스
13	30112	알고리
14	30113	챗팅

구분선: 자동 감지

⚠️ **TIPS!**
텍스트를 분할하면 오른쪽 셀에 결과가 채워지므로 기존 데이터가 덮어씌워지지 않도록 사전에 빈 열을 확보해야 한다.

03 [구분선]의 [맞춤] 설정을 활용하여 생기부 문장을 수정해 보자. 학생들의 생기부 문장에서 '~순으로 나타남.'을 기준으로 텍스트를 분할하려면 찾기 및 바꾸기 기능(Ctrl + H)을 사용하여 해당 구절 뒤에 구분 기호인 @를 삽입한다.

3. 학습 기록을 생활기록부로 작성하기 _ **177**

04 열 분할을 실행할 텍스트가 있는 전치 열 범위를 지정한 후 [메뉴]-[데이터]-[텍스트를 열로 분할]을 클릭한다. [구분선]에서 [자동 감지 ▼]를 클릭하고 [맞춤]을 선택한다.

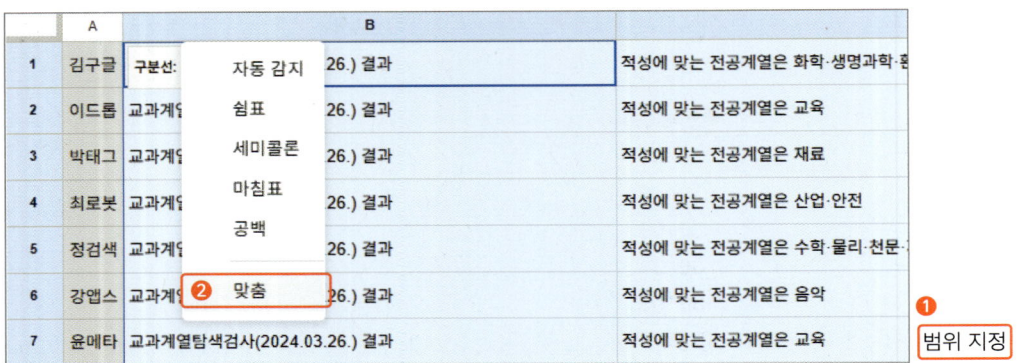

05 맞춤 구분선에 @를 입력하면 해당 기호를 기준으로 열이 분리된 것을 확인할 수 있다. 이때 열 분할 시 지정한 구분 기호(@)는 분할과 함께 자동으로 삭제되어 결과에는 포함되지 않는다.

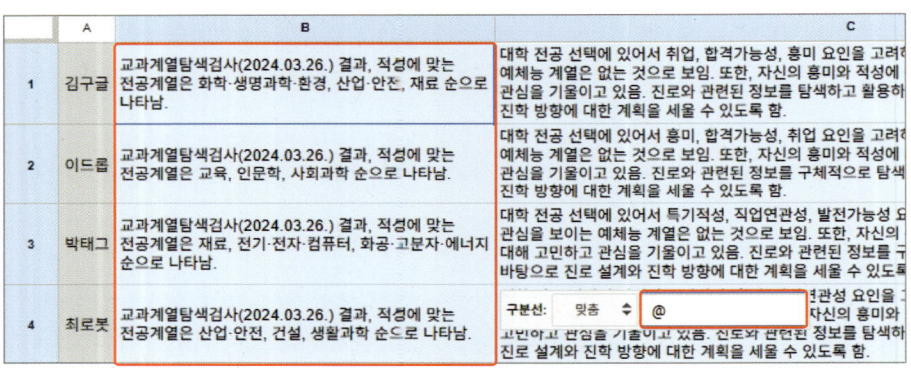

> **이건 꼭 기억하자!**
>
> ✓ [맞춤] 구분자 기능은 특정 문장, 기호, 텍스트를 기준으로 열을 나누고 싶을 때 사용하면 매우 유용하며, 구분 기호는 자동으로 사라지므로 결과를 더 깔끔하게 정리할 수 있다.

Level UP 확장 활용 AI

[텍스트를 열로 분할] 외에 SPLIT 함수를 활용하여 텍스트 열 분리를 할 수도 있다.

예) =SPLIT(셀주소, 구분자) 함수식을 활용하여 =SPLIT("A1, "/")을 입력하면 다음과 같이 분리된다.

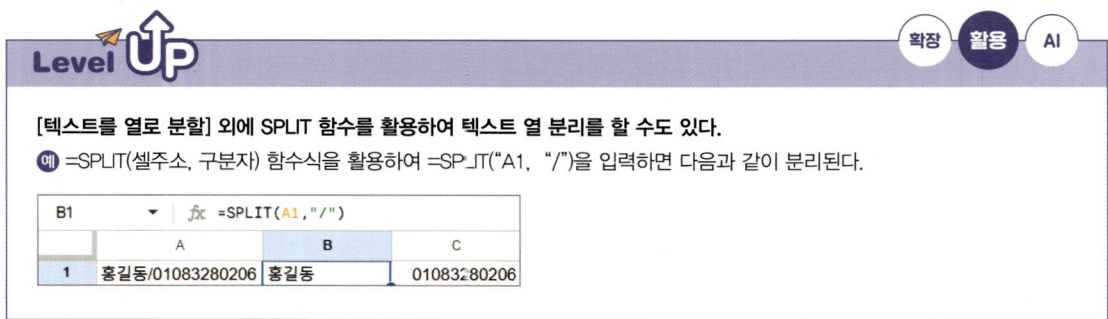

6
학사 마무리와
새 학년 준비

- Chapter 01　자료 이동 및 변환하기
- Chapter 02　학사 일정 자동화하기
- Chapter 03　사정안 속 데이터 자동 집계하기

+12~2월

12~2월은 행정 업무를 마무리하고 데이터를 기반으로 새 학년을 설계하는 시기이다.

학기 말 주요 업무를 자동화 도구로 빠르게 정리하고, 다음 학년을 위한 데이터 기반 준비까지 스마트하게 끝내 보자.

Chapter 01 | 자료 이동 및 변환하기

🔗 bit.ly/구글시트조회

01 학번 입력만으로 과목별 성적 자동 완성하기

XLOOKUP 함수

저자 직강 영상

업무 상황 신학기 준비를 하며 고입 진로 상담을 계획 중인 박 교사. 작년 학생들의 성적 중 영어 성적만 추려서 보고 싶은데 우리 반에 해당하는 학생들의 성적을 일일이 찾아서 옮기려면 시간이 너무 오래 걸린다. **간단하게 실수 없이 효율적으로 데이터를 옮길 방법은 없을까?**

💡 핵심 기능 이해하기

XLOOKUP 함수를 활용하면 찾고 싶은 값을 특정 범위에서 검색한 후 그와 일치하는 위치에 있는 다른 데이터를 쉽게 가져올 수 있다.

| 함수식 | =XLOOKUP(검색_키, 조회_범위, 결과_범위, [누락_값]) |
| 의미 | 검색_키를 조회_범위에서 찾은 후 그 값을 결과_범위에서 찾고, 없으면 [누락_값]으로 변환한다. |

🖱 XLOOKUP 함수 실습하기

01 XLOOKUP 함수를 활용하여 전년도 영어 성적을 가져오려면 '25년' 시트의 C2 셀에 =XLOOKUP(을 입력한다.

> ⚠ **TIPS!**
> XLOOKUP 함수에서 값을 입력할 때 다음의 사항을 주의해야 한다.
> ① [검색_키]가 텍스트일 경우 공백 여부 확인 예 "홍길동"과 "홍 길동"은 서로 다르게 인식된다.
> ② [검색_키]와 [조회_범위]의 데이터 형식이 같은지 확인 예 숫자처럼 보여도 형식이 텍스트라면 값을 찾을 수 없다.
> ③ 대소문자를 구분하지 않음 예 "Hong"과 "hong"은 동일하게 처리된다.

02 찾고자 하는 값인 검색_키 B2 셀을 클릭한다. 수식을 아래로 복사할 때 B 열은 고정하고, 행만 바꾸기 위해 $B2로 바꾸고 쉼표(,)를 입력한다.

> ⚠️ **TIPS!**
> XLOOKUP 함수는 처음 일치하는 값 하나만 찾아준다. 예를 들어 '김민지'가 둘 이상 있을 때 첫 번째 '김민지'의 정보만 불러오므로 학번처럼 중복되지 않는 고윳값을 [검색_키]로 사용하는 것이 안전하다.

03 '24년' 시트를 클릭하고 조회_범위인 B2:B11 범위를 드래그한다. '24년'!B2:B11이 수식에 자동 입력되면 절대 참조 형태로 바꾸고 쉼표(,)를 입력한다. $를 붙이면 수식을 아래로 복사하거나 다른 학생들의 정보를 검색할 때 조회_범위인 학생 이름 목록이 항상 고정된다.

Level UP 확장 / 활용 / AI

VLOOKUP 함수보다 XLOOKUP 함수를 활용하면 더 직관적으로 데이터를 찾을 수 있다.

항목	XLOOKUP 함수	VLOOKUP 함수
검색 방향	왼쪽, 오른쪽 모두 가능	오른쪽만 가능
기준 위치 제약	검색 열의 위치 자유	검색 열이 반드시 첫 번째 열이어야 함
열 번호 지정	열 번호 없이 [결과_범위]만 지정	가져올 열 번호를 일일이 세어 숫자로 입력해야 함
정확도 설정	정확히 일치하는 값만 검색	마지막 인수를 FALSE로 넣어야 일치하는 값을 검색

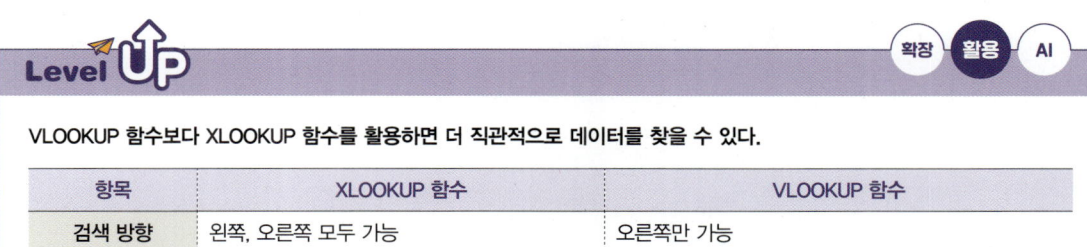

04 결과_범위는 '24년' 시트의 영어 1, 2학기 성적인 E와 F 열이다. '24년' 시트에서 E2:F11 범위를 드래그하면 '24년'!E2:F11이 수식에 자동 입력되고 절대 참조 형태로 바꾼 후 쉼표(,)를 입력한다.

05 마지막으로 검색_키를 찾을 수 없는 경우를 위해 "없음"을 입력하고 괄호를 닫은 후 Enter를 누르면 B2 셀의 24년 1, 2학기 영어 성적이 표시되는 것을 확인할 수 있다.

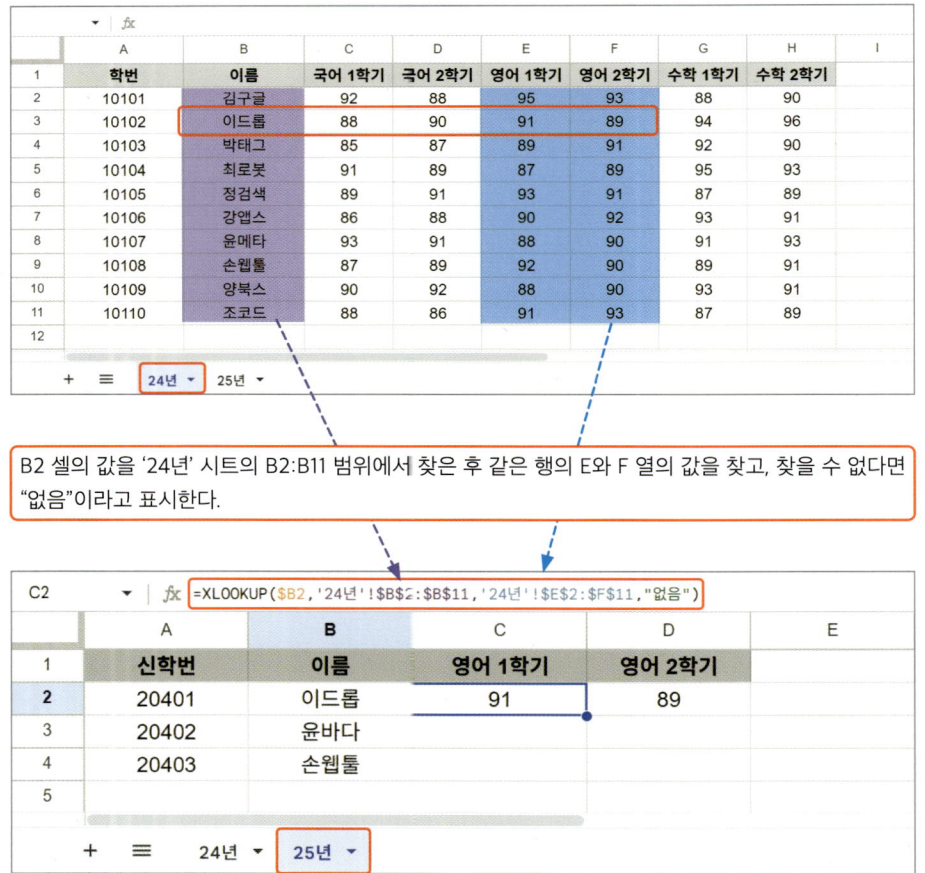

B2 셀의 값을 '24년' 시트의 B2:B11 범위에서 찾은 후 같은 행의 E와 F 열의 값을 찾고, 찾을 수 없다면 "없음"이라고 표시한다.

06 자동 채우기 핸들을 아래로 드래그하면 나머지 학생들의 점수도 자동으로 찾을 수 있다. 행과 열을 절대 참조로 고정하여 조회_범위인 학생 목록과 결과_범위인 영어 성적이 변하지 않았다.

	A	B	C	D
C4		fx	=XLOOKUP($B4,'24년'!$B$2:$B$11,'24년'!$E$2:$F$11,"없음")	
1	신학번	이름	영어 1학기	영어 2학기
2	20401	이드롭	91	89
3	20402	윤바다	없음	
4	20403	손웹툴	92	90
5				

드래그

⚠ TIPS!

XLOOKUP 함수는 두 열 이상의 결과가 필요할 때 [결과_범위]를 여러 열로 블록 지정하면 한 번에 불러올 수 있다. 예를 들어 학번과 전화번호를 모두 표시하려면 [결과_범위]를 C2:D4로 지정하면 된다. 이때 결과 셀은 자동으로 옆 열까지 채워지므로 개별 셀은 수정하거나 삭제할 수 없다.

예

	A	B	C	D	E	F	G	H
G2		fx	=XLOOKUP(F2,A2:A4,C2:D4,"없음")					
1	이름	학교	학번	전화번호		이름	학번	전화번호
2	강태평	보라고등학교	10721	010-2025-5985		강태평	10721	010-2025-5985
3	김경민	초록고등학교	10525	010-2025-5986				
4	김사랑	파랑고등학교	30710	010-2025-5987				
5								

📁 이건 꼭 기억하자!

✅ XLOOKUP 함수는 단순한 찾기를 넘어서 기준값 하나로 여러 정보를 정확하고 유연하게 불러올 수 있다. [검색_키]의 중복, 데이터 형식, 수식 복사를 위한 참조 설정만 유의하면 VLOOKUP 함수보다 쉽고 안전하게 활용할 수 있다.

Level UP   확장 활용 AI

[검색_키]가 1개 이상인 다중 조건 검색 시 ARRAYFORMULA 함수와 함께 사용하면 원하는 값을 자동으로 검색할 수 있다. 예를 들어 학년, 반, 번호를 [검색_키]로 사용할 경우, 각 셀을 &로 연결해 하나의 기준값처럼 만들어야 한다. 이때 A2:C2처럼 블록을 지정하지 않고, 반드시 A2&B2&C2처럼 각각의 셀을 직접 연결해야 한다.

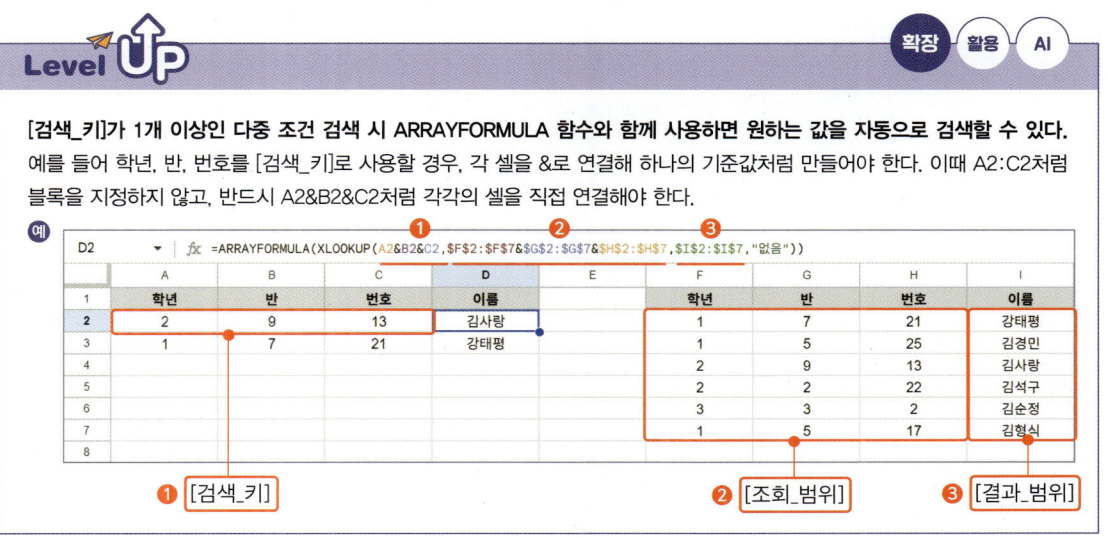

① [검색_키]   ② [조회_범위]   ③ [결과_범위]

| Chapter 01 | 자료 이동 및 변환하기 |

🔗 bit.ly/구글시트재배열

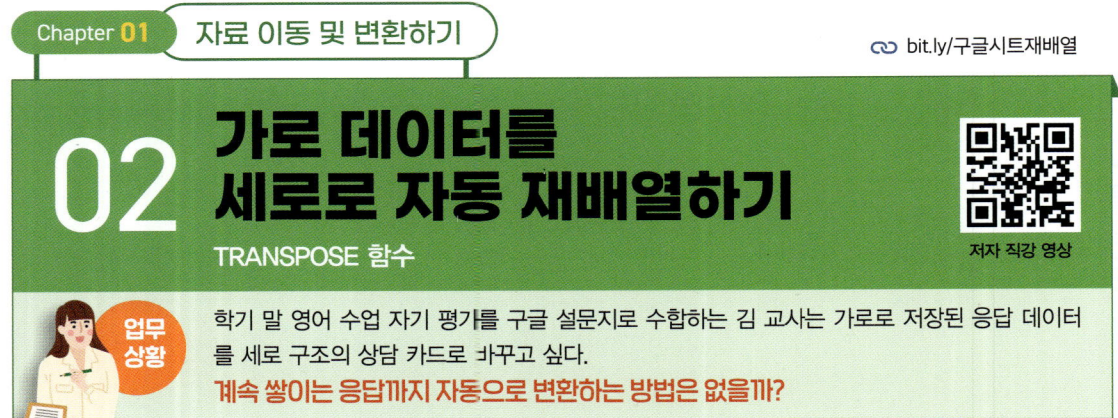

핵심 기능 이해하기

TRANSPOSE 함수를 사용하면 가로(행)로 작성된 데이터를 세로(열)로, 세로(열)로 작성된 데이터를 가로(행)로 바꿀 수 있다. 행과 열을 바꾸는 작업을 간단한 수식으로 자동화할 수 있으며, 원본 데이터가 변경되면 결과도 자동으로 함께 바뀐다.

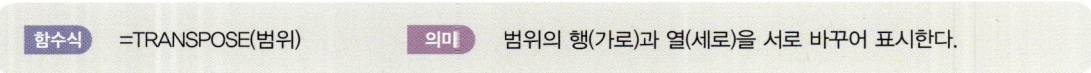

TRANSPOSE 함수 실습하기

01 TRANSPOSE와 XLOOKUP 함수를 함께 사용하면 가로로 저장된 학생 개별 응답을 빠르게 불러와 세로 구조의 상담 카드 양식에 자동으로 정리할 수 있다. 실습을 통해 살펴보자.

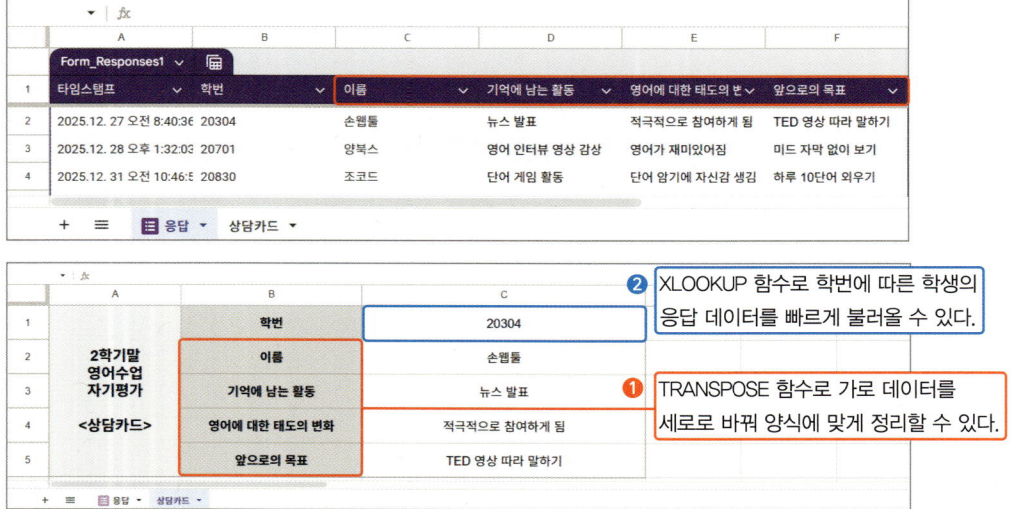

184 _ [PART 6] 학사 마무리와 새 학년 준비

02 '상담 카드' 시트의 C2 셀에 =TRANSPOSE(XLOOKUP(을 입력한다. 학번을 기준으로 정보를 검색하기 위해 검색_키인 C1 셀을 클릭한 후 쉼표(,)를 입력한다.

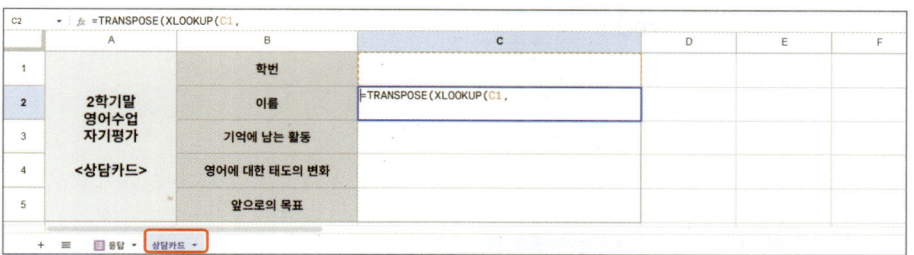

> ⚠️ **TIPS!**
> 함수식 =XLOOKUP(검색_키, 조회_범위, 결과_범위, [누락_값])을 적용하면 찾고 싶은 값을 특정 범위에서 검색한 후 그와 일치하는 위치에 있는 다른 데이터를 쉽게 가져올 수 있다.

Level UP 　　　　　　　　　　　　　　　　　　　　확장 · 활용 · AI

1. [선택하여 붙여 넣기]의 [순서 바꾸기]
선택하여 붙여 넣기의 순서 바꾸기 방법을 활용해도 가로(행)과 세로(열)을 바꿀 수 있다. ❶ 복사하려는 셀(A2:F2)의 범위를 지정하고 Ctrl + C 를 누르거나 마우스 오른쪽을 클릭하고 [복사]를 선택한 후 복사하고자 하는 셀을 클릭 ❷ 마우스 오른쪽 클릭 후 [선택하여 붙여 넣기] ❸ [순서 바꾸기]를 선택한다.

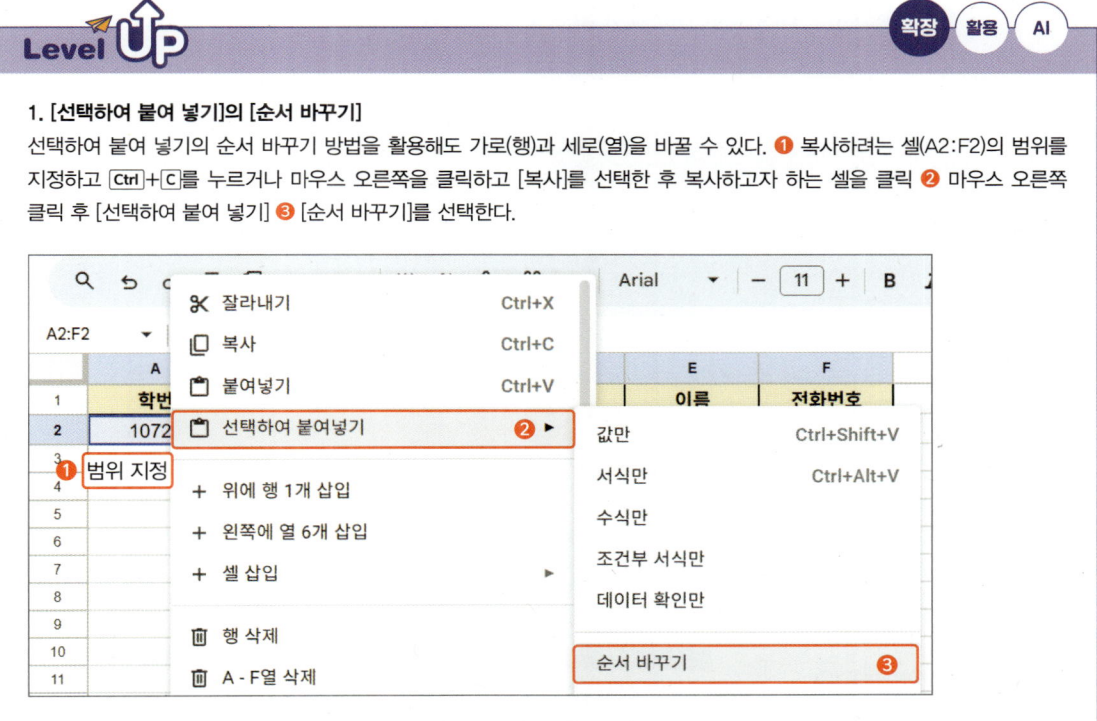

2. TRANSPOSE 함수와 [선택하여 붙여 넣기]의 [순서 바꾸기] 방법의 차이점
TRANSPOSE 함수나 [선택하여 붙여 넣기]의 [순서 바꾸기] 방법을 활용하면 가로(행)과 세로(열)을 바꿀 수 있지만, 두 방법은 자동 업데이트, 수식 사용 가능 여부에서 차이가 있다.

비교	TRANSPOSE 함수	[선택하여 붙여 넣기]-[순서 바꾸기]
자동 업데이트	원본 데이터가 바뀌면 자동으로 변경	복사한 값은 고정, 자동 변경 X
수식 사용 가능	수식을 유지하면서 변경 가능	사용 불가능(고정된 값만 붙여 넣기)

1. 자료 이동 및 변환하기 _ **185**

03 조회_범위를 지정하려면 '응답' 시트를 클릭한 후 B 열 전체를 선택하고 쉼표(,)를 입력한다. 열 머리글인 B를 클릭하면 B 열 전체가 지정되어 수식에 자동으로 입력된다.

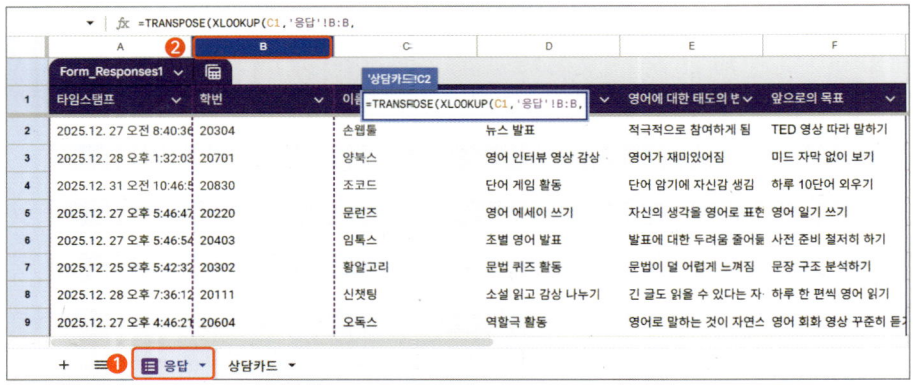

04 결과_범위를 지정하려면 가져올 정보가 담긴 C부터 F 열까지 전체 범위를 드래그하고 쉼표(,)를 입력한다. 열 머리글인 C를 클릭하고 F까지 마우스를 이동하면 범위가 자동으로 수식에 입력된다.

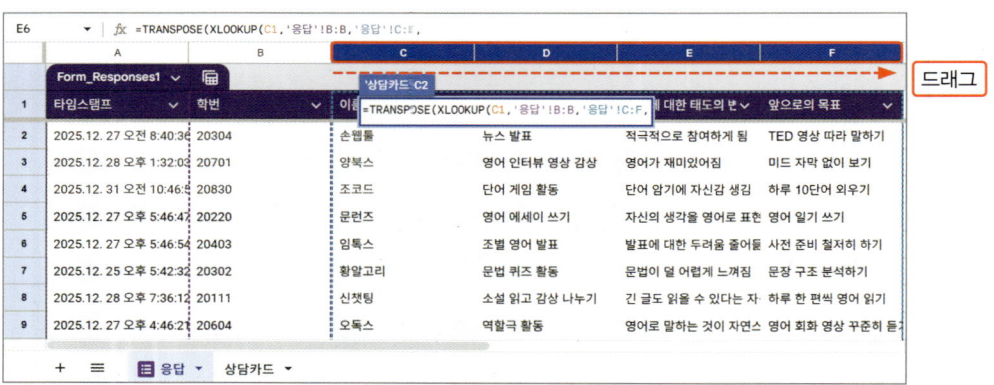

05 마지막으로 검색_키를 찾을 수 없는 경우를 대비해 "미제출"을 입력하고 괄호를 2번 닫은 후 [Enter]를 눌러 수식을 완성한다.

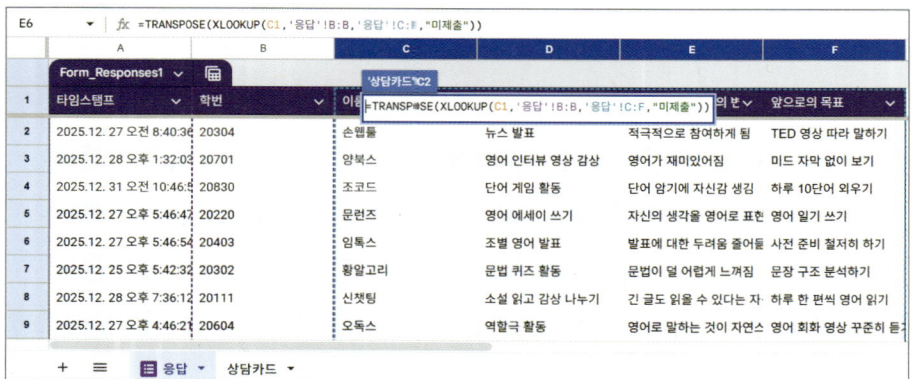

06 결과를 확인해 보자. '상담 카드' 시트의 C1 셀에 학번을 입력하면 가로로 저장된 응답 데이터를 세로로 변환하여 찾을 수 있다. 이때 학번 검색 시 결과가 있으면 해당 데이터를, 없으면 미제출을 세로로 변환하여 표시하며, '응답' 시트에 새로운 데이터가 쌓여도 수식을 다시 수정할 필요 없이 자동으로 변환된다.

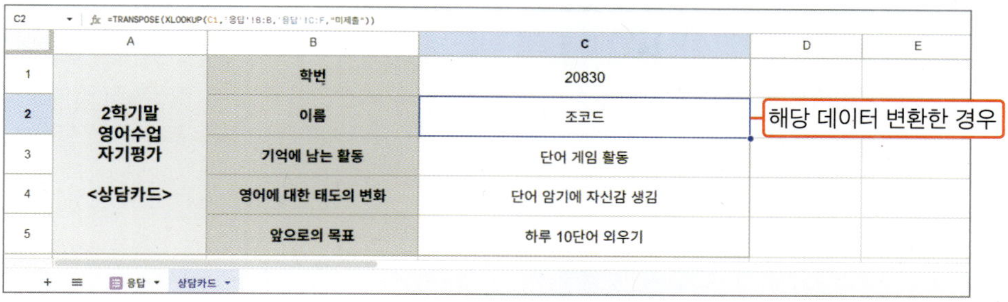

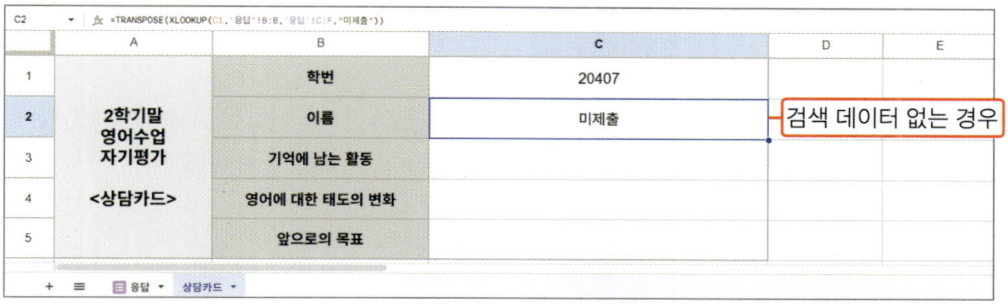

— 해당 데이터 변환한 경우

— 검색 데이터 없는 경우

⚠️ **TIPS!**

TRANSPOSE 함수는 사용 시 결과가 들어갈 셀에 이미 다른 데이터가 있거나 공간이 부족하면 #REF! 오류가 발생할 수 있다. 따라서 반드시 충분한 빈 셀 영역을 확보한 후 사용하는 것이 좋다. 또 TRANSPOSE 함수는 값만 전환할 뿐, 원본에 설정된 셀 병합이나 색상, 테두리 등의 서식은 적용되지 않는다.

공간 부족 오류 사례

서식을 제외한 값 전환 사례

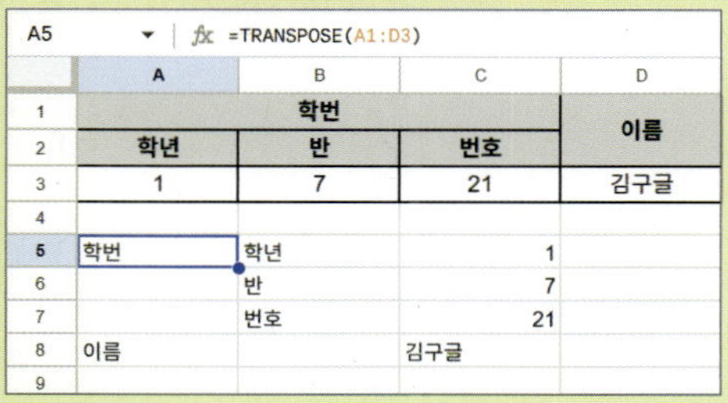

📁 **이건 꼭 기억하자!**

- TRANSPOSE 함수는 원본 데이터가 변경되면 자동으로 변환된 값도 업데이트되는 장점이 있으나, 원본 데이터를 삭제하면 오류가 발생하므로 필요에 따라 [선택하여 복사하기]-[순서 바꾸기]를 적절히 사용해야 한다. 데이터가 계속 누적되는 상황에서 XLOOKUP 함수와 함께 사용할 때는 [조회_범위]와 [결과_범위]를 고정 범위 대신 열 전체(A:A, B:B 등)로 지정하는 것이 안전하다.

| Chapter 01 | 자료 이동 및 변환하기 |

🔗 bit.ly/구글시트이미지

03 설문 응답 속 첨부 사진, 클릭 없이 바로 보기

IMAGE 함수

저자 직강 영상

업무 상황
학년을 마무리하며 주제별 활동 사진과 소감을 함께 정리 중인 이 교사. 학생들이 설문을 통해 제출한 이미지들이 파일 링크로만 보여 매번 하나씩 클릭해 확인하느라 시간이 오래 걸린다.
사진과 소감을 시트 안에서 한 번에 확인하는 방법은 없을까?

💀 핵심 기능 이해하기

IMAGE 함수를 활용하면 웹의 이미지 주소(URL)를 입력해 셀 안에 이미지를 직접 삽입할 수 있다. 이미지를 다운로드하거나 따로 붙여 넣지 않아도 수식만으로 시트에 시각 자료를 간편하게 추가할 수 있다.

| 함수식 | =IMAGE("이미지 URL", 모드) |
| 의미 | 이미지 URL을 지정한 모드에 맞게 셀 안에 삽입한다. |

🖱 IMAGE 함수 실습하기

01 구글에서 검색한 이미지를 저장 후 불러올 필요 없이 바로 셀 안으로 삽입해 보자. 웹에서 검색한 이미지 위에서 마우스 오른쪽을 클릭한 후 [이미지 주소 복사]를 누른다.

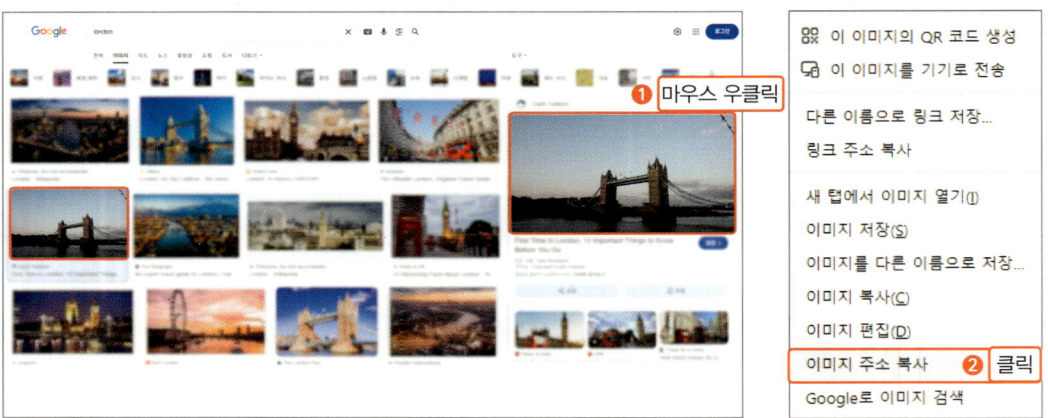

⚠ **TIPS!**
이미지 URL은 이미지 파일 자체가 아니라, 그 이미지가 저장된 위치를 가리키는 링크이다.

02 이미지를 넣고자 하는 셀에 =IMAGE(를 입력한다. 복사한 이미지 URL을 큰따옴표(" ")로 감싸, 원하는 모드를 지정하고 괄호를 닫은 후 Enter를 누른다.

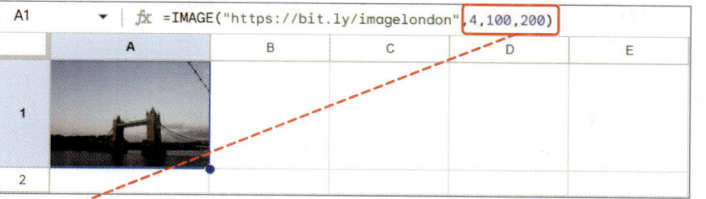

> ⚠️ **TIPS!**
> IMAGE 함수는 텍스트 형태의 URL을 입력받으므로 반드시 큰따옴표(" ")로 감싸야 한다.

모드	기능	함수
1	비율 유지하여 셀 크기에 맞게 이미지 넣기	=IMAGE("https://bit.ly/imagelondon", 1)
2	비율 무시하고 셀 크기에 강제로 맞추어 이미지 넣기	=IMAGE("http://bit.ly/imagelondon", 2)
3	원본 크기를 유지하여 넣기 (셀 크기가 이미지 원본보다 작으면 이미지가 잘림)	=IMAGE("https://bit.ly/imagelondon", 3)
4	이미지의 세로와 가로 크기를 원하는 대로 입력하여 넣기	=IMAGE("https://bit.ly/imagelondon", 4, 100, 200)

🖱 설문 응답 속 링크 주소 이미지로 변환하기

01 구글 설문으로 이미지 파일을 제출하면 시트에 파일 링크는 생성되지만, 바로 이미지를 확인할 수 없다. 제출한 이미지를 확인하려면 링크를 개별적으로 클릭해야 하여 번거롭다.

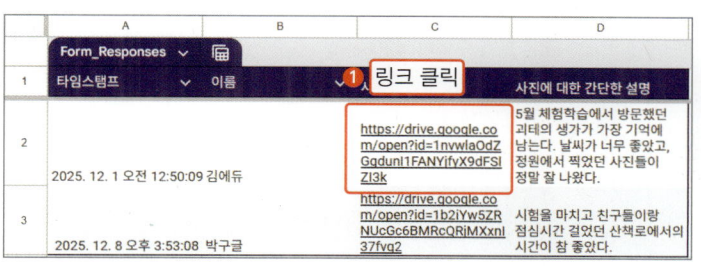 

확장 **활용** AI

Ctrl+C, Ctrl+V로 복사하여 붙여 넣는 방법보다 IMAGE 함수를 활용하면 훨씬 빠르고 깔끔하게 이미지를 정리할 수 있다.

Ctrl+C, Ctrl+V로 붙여 넣기	구분	IMAGE 함수 사용하기
원하는 크기로 수동 조절	크기	수식에 모드를 설정하면 자동 조절
셀 위에 이미지가 떠 있어 정렬 어려움*	정렬/배치	셀 안에 삽입되므로 정렬과 배치가 깔끔함
셀 복사 시 이미지가 함께 안 따라감	복사/이동	수식 복사로 이미지도 함께 적용됨
일일이 수동으로 붙여 넣어야 함	자동화	수식으로 여러 셀에 자동 삽입 가능

* Ctrl+C, Ctrl+V로 이미지를 붙여 넣은 후에도 셀 오른쪽 상단의 [점 세 개(더보기)] 클릭-[선택한 셀에 이미지 배치]를 선택하면 셀 안으로 이미지가 들어가 정렬과 배치가 조금 더 수월해진다.

02 01을 해결하기 위해 먼저 구글 드라이브에서 학생들이 제출한 사진이 모이는 폴더를 찾아 링크가 있는 모든 사용자에게 [뷰어] 권한을 주어야 바로 이미지를 표시할 수 있다. 폴더를 선택 후 공유 모양을 클릭한다.

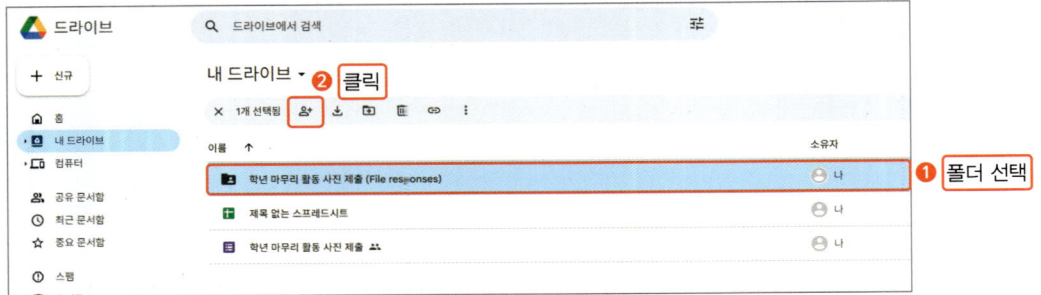

03 일반 엑세스의 [제한됨]을 [링크가 있는 모든 사용자]로 변경하고 [뷰어]로 설정한다.

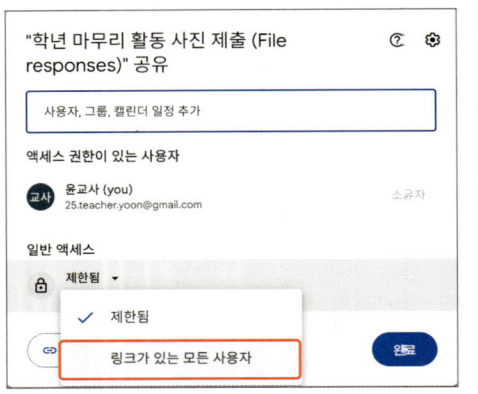 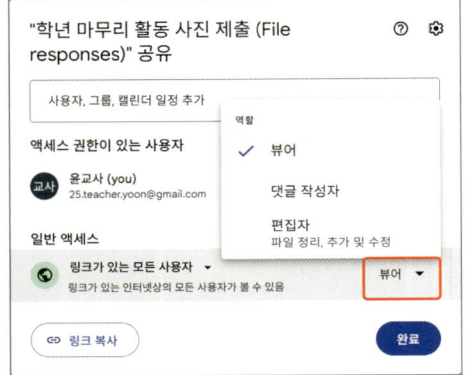

Level UP 확장 · 활용 · AI

웹에 원하는 이미지가 없거나 저작권이 애매할 때는 생성형 AI로 이미지를 직접 생성하여 수업에 활용할 수 있다.

상황	프롬프트 작성 예
구체적으로 묘사하기 (주제 + 배경 + 스타일 + 분위기 + 세부 요소)	조용한 바닷가에서 혼자 앉아 책을 읽는 소녀, 부드러운 색감, 수채화 스타일
스타일 명확히 지정하기 (디지털 일러스트, 콘셉트 아트, 애니메이션 스타일 수채화, 연필 스케치 등)	복고풍 만화 스타일, 동화책 삽화 느낌, 3D 일러스트, 미래적이고 깔끔한 UI 스타일
원하지 않는 요소는 미리 제외하기 (사람 없음, 건물 없음, 왜곡 없음, 글자 없음 등)	사람 없는 판타지 숲, 왜곡 없이 선명한 인물 클로즈업, 텍스트 없는 깨끗한 일러스트 배경 화면
원하는 구도를 설정하기 (카메라 시점, 거리감, 방향 등)	미래 도시의 조감도, 책을 읽는 아이 얼굴 클로즈업, 정면이 아닌 옆모습 인물 일러스트

04 권한 설정을 완료하면 **01**의 설문지 응답 시트로 돌아가서 이미지가 표시되길 원하는 곳에 =IMAGE(SUBSTITUTE(C2, "open?id=", "uc?id="), 1)을 입력한다. '외부 당사자와 데이터를 주고받으려고 합니다.'의 경고 문구가 뜨면 [엑세스 허용]을 누른다.

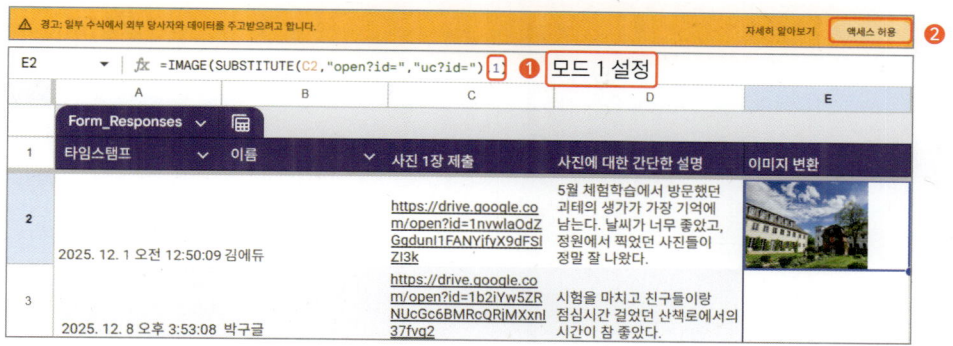

> ⚠️ **TIPS!**
> =SUBSTITUTE(텍스트, 기존_문자, 새_문자)를 적용하면 문장이나 주소 안에서 특정 문자를 찾아 다른 문자로 바꿔주는 작업을 자동으로 처리할 수 있다.

05 자동 채우기 핸들을 드래그하여 나머지 셀에 수식을 복사하면 이미지가 표시된다. 링크를 개별 클릭하지 않아도 학생이 제출한 사진을 바로 확인할 수 있고, 셀 크기를 조정하여 원하는 크기로 변경도 가능하다.

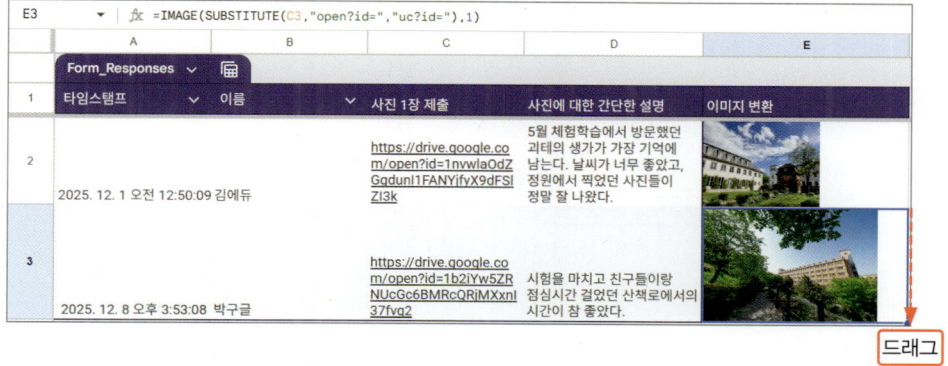

📁 **이건 꼭 기억하자!**

✅ IMAGE 함수를 사용하면 이미지가 자동으로 셀 안에 삽입되어 정렬이 깔끔하고, 파일 용량도 줄어들며 수정도 간편해진다. 특히 모드 4를 사용하면 이미지의 세로와 가로 크기를 직접 지정할 수 있는데, 이때 기본 셀 크기(세로 21, 가로 100)를 기준으로 생각하면 크기 조정이 쉬워진다.

Chapter 01 　자료 이동 및 변환하기

04 성적 확인 꼬리표 그만! 개인 성적 쉽게 조회하기
DGET 함수

🔗 bit.ly/구글시트개별조회

저자 직강 영상

업무 상황  김 교사는 학생이 성적을 확인할 수 있는 꼬리표 만들기에 진땀을 빼고 있다.
전체 일람표는 보여줄 수 없고 각자 자기 것만 보게 해야 하는데, 학번만 입력하면 그 학생의 점수만 딱 보이도록 하는 방법은 없을까?

💡 핵심 기능 이해하기

DGET 함수를 사용하면 여러 조건을 기준으로 표에서 단 하나뿐인 값을 정확하게 가져올 수 있다. 정확한 정보가 한 개만 필요한 상황에 유용하게 사용할 수 있다.

함수식　=DGET(데이터_범위, 열_이름, 조건_범위)
의미　데이터_범위에서 조건_범위에 맞는 단 하나의 행을 찾은 후 그 안에서 내가 정한 열_이름을 가져온다.

🖱 DGET 함수 실습하기

01 학번 입력 시 해당 학생의 성적만 표시하려면 '개별' 시트의 B2 셀에 =DGET(을 입력한다.

	A	B	C	D	E
1	학번	이름	발표(20)	포트폴리오(10)	합계
2		=DGET(			

＋　☰　전체 ▼　**개별** ▼

⚠️ **TIPS!**

DGET 함수가 제대로 작동하려면 전체 [데이터_범위]와 개별 검색의 [열_이름]은 띄어쓰기, 대소문자, 숨은 공백까지 완벽하게 일치해야 한다. 예를 들면 아래 화면에서 '점수 합계'의 띄어쓰기가 달라서 오류가 발생하였다.

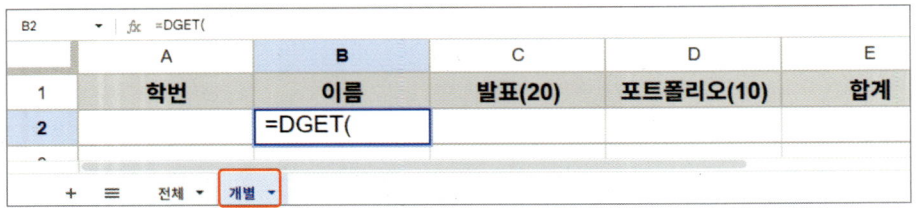

02 '전체' 시트로 넘어가 데이터_범위인 A1:E11 범위를 드래그하면 '전체'!A1:E11이 수식에 자동 입력되고 $를 붙여 절대 참조 형태인 '전체'!$A$1:$E$11로 바꾼 후 쉼표(,)를 입력한다.

	A	B	C	D	E
1	학번	이름	발표(20)	포트폴리오(10)	합계
2	30101	=DGET('전체'!$A$1:$A$11,	20	10	30
3	30102	이드롭	15	9	24
4	30103	박태그	17	9	26
5	30104	최로봇	20	5	25
6	30105	정검색	19	7	26
7	30106	강앱스	16	9	25
8	30107	윤메타	17	10	27
9	30108	손웹툴	20	10	30
10	30109	양북스	19	10	29
11	30110	조코드	18	9	27

03 다시 '개별' 시트로 돌아와 열_이름인 B1 셀을 선택한 후 쉼표(,)를 입력한다.

B2 fx =DGET('전체'!$A$1:$E$11,B1,

	A	B	C	D	E
1	학번	이름	발표(20)	포트폴리오(10)	합계
2		=DGET('전체'!$A$1:$E$11,B1,			

04 조건_범위인 학번 영역 A1:A2를 드래그한 후 $A$1:$A$2로 바꾸고 괄호를 닫아 수식을 완성한다.

B2 fx =DGET('전체'!$A$1:$E$11,B1,$A$1:$A$2)

	A	B	C	D	E
1	학번	이름	발표(20)	포트폴리오(10)	합계
2		=DGET('전체'!$A$1:$E$11,B1,$A$1:$A$2)			

> ⚠ **TIPS!**
> [데이터_범위]와 [조건_범위]는 항상 고정되어야 하므로 $를 붙인 절대 참조로 입력하고 [열 이름]은 바뀌어야 하므로 상대 참조로 입력한다.

05 자동 채우기 핸들을 오른쪽으로 드래그하면 수식이 자동으로 복사된다. 데이터_범위와 조건_범위는 변하지 않고 열_이름만 B에서 E로 변경된 것을 확인할 수 있다.

	A	B	C	D	E
1	학번	이름	발표(20)	포트폴리오(10)	합계
2		#NUM!	#NUM!	#NUM!	#NUM!
3					

E2 fx =DGET('전체'!$A$1:$E$11,E1,$A$1:$A$2)

06 원하는 학번을 입력하면 해당 학생의 정보를 자동으로 얻을 수 있다.

	A	B	C	D	E
1	학번	이름	발표(20)	포트폴리오(10)	합계
2	30107	윤메타	17	10	27

이건 꼭 기억하자!

DGET 함수는 여러 조건을 기준으로 표 안에서 딱 하나의 값을 정확하게 뽑아준다. [열 이름]과 [조건_범위]만 잘 맞추면 복잡한 필터 없이도 '한 명만 찾기' 업무에 유용하게 활용할 수 있다.

Level UP 확장 활용 AI

DGET 함수는 [열 이름]과 [조건 범위]를 기준으로 동작하므로 수식을 복사해도 각 열에 맞는 정확한 값을 자동으로 반환한다. 반면 XLOOKUP 함수는 [결과_범위]가 나란히 붙어 있지 않을 때 수식을 복사하면 의도와 다른 값을 불러올 위험이 크다.

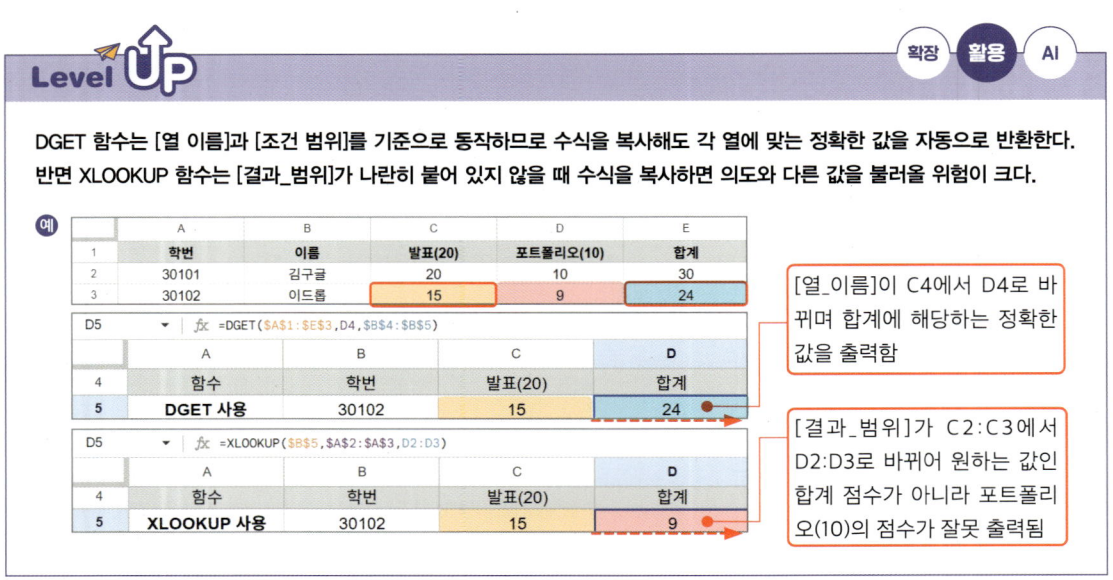

Chapter 02 학사 일정 자동화하기

bit.ly/구글시트날짜완성

01 기준일 입력만으로 전체 날짜 자동 완성하기
DATE 함수

업무 상황
나 교사는 올해도 학사 일정을 만들며 날짜를 하나하나 숫자로 입력하고 있다.
기준일만 바꾸면 그해의 날짜가 모두 자동으로 바뀌게 할 수는 없을까?

🔑 핵심 기능 이해하기

DATE 함수를 사용하면 연도, 월, 일을 입력해 정확한 날짜를 만들 수 있다.

| 함수식 | =DATE(연, 월, 일) | 의미 | 연도, 월, 일을 바탕으로 계산 가능한 날짜를 생성한다. |

🖱 DATE 함수 실습하기

01 2026년도 학사 일정을 작성하려면 C2 셀에 2026년 3월 첫째 주 일요일인 2026년 3월 1일을 =DATE (2026, 3, 1)로 입력한다.

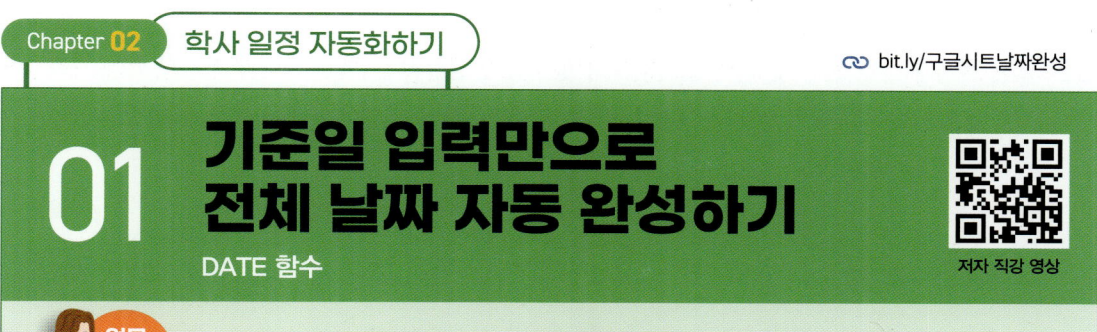

Level UP   확장 활용 AI

TEXT 함수를 DATE 함수와 함께 사용하여 원하는 형식으로 바꿀 수 있다.

설명	수식	결과	설명	수식	결과
월/일	=TEXT(DATE(2026, 3, 1), "mm/dd")	03/01	화	=TEXT(DATE(2026, 3, 1), "d")	1
연-월-일	=TEXT(DATE(2026, 3, 1), "yyyy-mm-dd")	2026-03-01	화요일	=TEXT(DATE(2026, 3, 1), "dddd")	화요일
한글 포함	=TEXT(DATE(2026, 3, 1), "mm월 dd일")	03월 01일	(요일)	=TEXT(DATE(2026, 3, 1), "(ddd)")	(화)

02 날짜 전체가 아닌 일자(숫자)만 표시되도록 형식을 변경하려면 [메뉴]-[서식]-[숫자]-[맞춤 날짜 및 시간]-[일(DAY)]을 클릭한다. 화살표 모양을 누르면 원하는 형식으로 자유롭게 만들 수 있다.

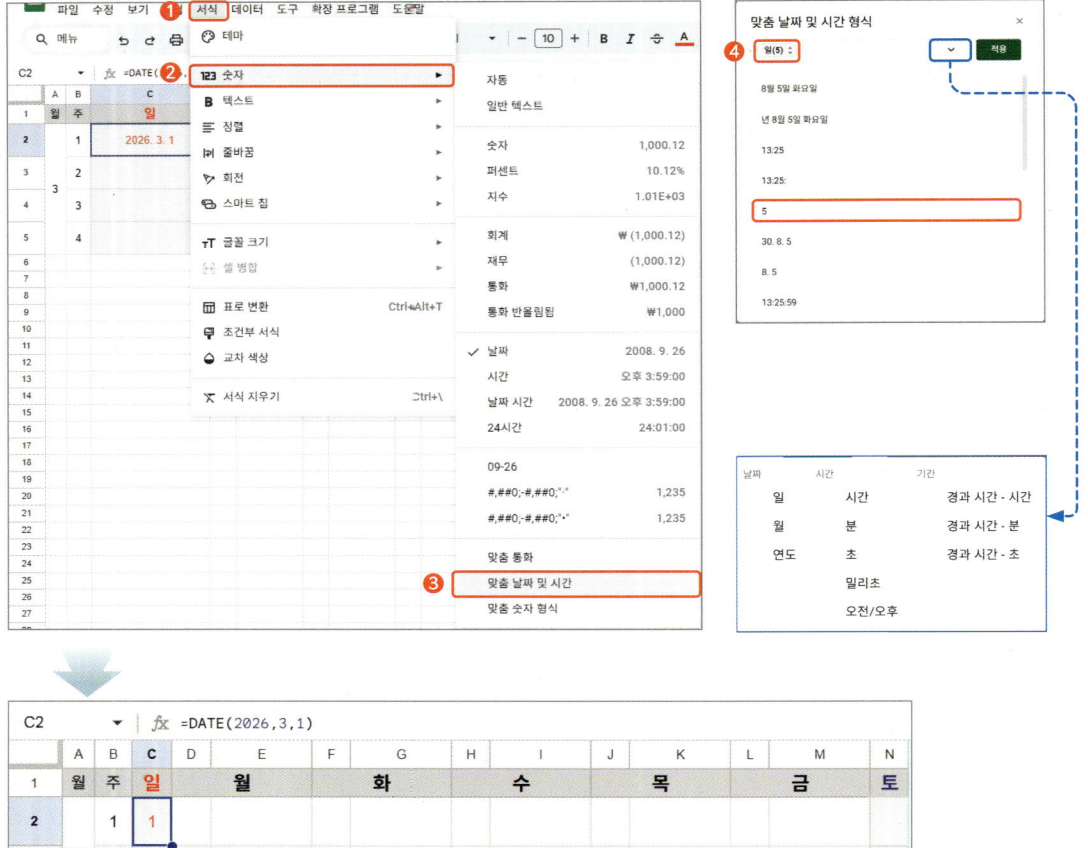

> ⚠️ **TIPS!**
> [서식] 변경 대신 =TEXT(DATE(2026, 3, 1), "d") 또는 =DAY((DATE(2026, 3, 1))를 활용해도 위와 같이 동일한 결과를 얻을 수 있다.

03 C2 셀을 기준으로 요일별 날짜를 순서대로 입력한다. D2 셀에는 =C2+1, F2 셀에는 =C2+2를 입력하고 마지막으로 C3 셀에 =C2+7을 입력한다.

04 C3 셀을 클릭하고 자동 채우기 핸들을 아래로 드래그한다. 같은 방식으로 D2 셀부터 N2 셀까지 드래그하여 범위를 설정하고 자동 채우기 핸들로 나머지 셀에 수식을 복사하면 달력이 완성된다.

05 C2 셀에 입력된 =DATE(2026, 3, 1)을 2027년의 개학일 전 일요일인 =DATE(2027, 2, 28)로 수정하면 자동으로 2027년 달력 기준으로 바뀐다.

이건 꼭 기억하자!

✓ DATE 함수에서 [연도]는 반드시 네 자리로 정확하게 입력해야 한다. 예를 들어 =DATE(26, 3, 1)처럼 연도를 26으로 입력하면 1926년으로 인식될 수 있으므로 2026과 같이 네 자리로 작성해야 한다.

Level UP 확장 활용 AI

대부분 학교의 학사 일정 기준일인 3월 1주 차 일요일 날짜는 =DATE(연도, 3, 2)-WEEKDAY(DATE(연도, 3, 2), 1)+1로 자동 계산할 수 있다. 연도만 변경해도 전체 달력이 바뀌므로 학사 일정 작성이 훨씬 간편해진다.

| Chapter 02 | 학사 일정 자동화하기 |

bit.ly/구글시트누적계산

02 누적 수업 일수 계산하기
SUM 함수, 절대 참조

저자 직강 영상

업무상황
학사 일정의 주별 수업 일수를 정리 중인 최 교사는 일별 수업 일수를 하나씩 더해서 주별 누적 수업 일수를 합산하고 있다.
일별 수업 일수 값을 하나하나 더하지 않고 자동으로 누적 수업 일수를 계산할 수는 없을까?

💡 핵심 기능 이해하기

SUM 함수는 범위를 지정하면 해당 값들의 합계를 자동으로 계산할 수 있다. SUM 함수와 절대 참조를 함께 활용하면 수업 일수가 자동으로 누적되어 계산되는 구조를 만들 수 있다.

| 함수식 | =SUM($시작 셀:마지막 셀) |
| 의미 | 절대 참조($)로 고정한 시작 셀부터 상대 참조로 입력한 마지막 셀까지 누적 합산하여 반환한다. |

🖱 SUM 함수 실습하기

01 P5 셀에 =SUM(을 입력하고 O5 셀을 클릭하여 $O$5로 바꾼 후 콜론(:)을 입력한다. `F4`를 1번 눌러도 $O$5로 바꿀 수 있다.

⚠️ **TIPS!**
수식을 아래로 복사할 때 합계의 시작 값인 O5 셀을 고정하기 위해 절대 참조 형태($O$5)로 바꾼다.

198 _ [PART 6] 학사 마무리와 새 학년 준비

02 수식 뒤에 O5를 입력하고 괄호를 닫은 후 Enter를 눌러 수식을 완성한다. P5 셀을 클릭하고 자동 채우기 핸들을 아래로 드래그하여 수식을 입력한다.

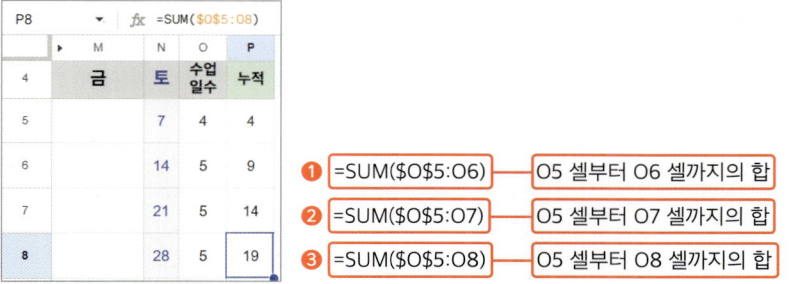

03 합계 시작 지점은 항상 고정되어 아래로 복사해도 $O$5는 변하지 않고 O6, O7 셀로 자동 확장되어 현재 행까지의 값이 더해진다. 즉 O5 셀부터 현재 행까지의 합계를 구할 수 있다.

> **이건 꼭 기억하자!**
>
> ✓ SUM 함수는 선택한 범위의 고정된 합계를 구하지만, 절대 참조와 함께 쓰면 수식을 아래로 복사할 때마다 범위를 다시 지정하지 않아도 자동으로 누적 합산이 완성된다.

Level UP 　　　확장　활용　AI

누적 합산 구조는 예산 지출 누적, 봉사 시간 누적 관리 등 다양하게 활용할 수 있다.

예) C3 셀에 =SUM($B$3:B3)을 입력한 후 아래로 드래그하면 지출 금액이 위에서부터 누적된다. 초기 예산($B$1)에서 C 열의 누적 지출을 빼면 남은 예산이 자동으로 계산되어 줄어드는 구조가 완성된다.

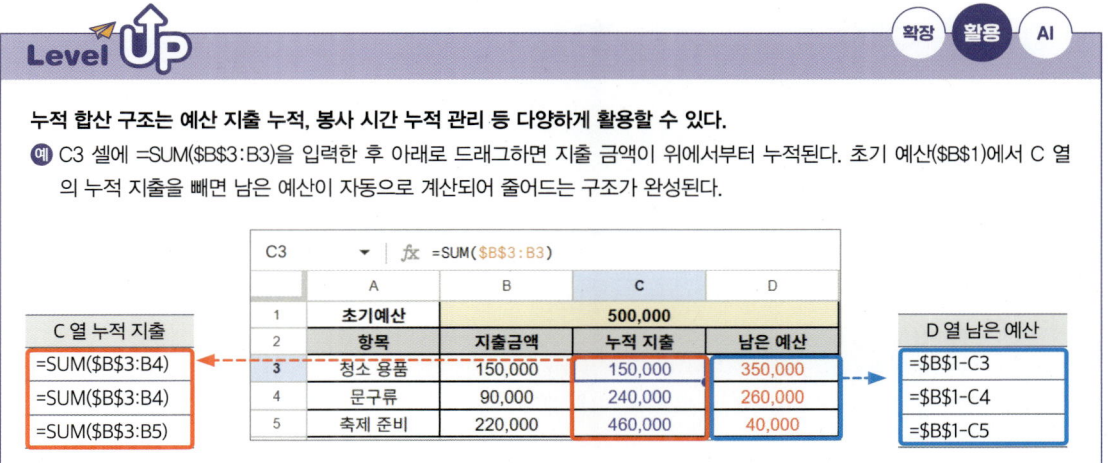

2. 학사 일정 자동화하기 _ **199**

Chapter 02 | 학사 일정 자동화하기

03 번역기 없이 학사 일정 다국어 버전 만들기

GOOGLETRANSLATE 함수, 찾기 및 바꾸기

저자 직강 영상

bit.ly/구글시트다국어

업무 상황

박 교사는 다문화 가정의 학생과 학부모를 위해 내년도 학사 일정을 번역하고 있다. **번역기에 하나씩 넣고 복사와 붙여 넣기를 해야 하는 번거로운 작업 대신 한 번에 여러 언어로 자동 번역하는 방법은 없을까?**

💡 핵심 기능 이해하기

GOOGLETRANSLATE 함수를 사용하면 셀에 입력된 텍스트를 지정한 언어로 자동 번역할 수 있다. 이때 찾기 및 바꾸기 기능을 활용하면 다국어 번역을 일괄적으로 수행할 수 있어 다양한 언어 데이터를 처리할 때 유용하다.

함수식	=GOOGLETRANSLATE(범위, "출발어 코드", "도착어 코드")
의미	지정한 범위의 출발어 코드 언어를 도착어 코드 언어로 번역한다.

🖱️ GOOGLETRANSLATE 함수 실습하기

01 '한국어' 시트를 오른쪽 마우스로 클릭한 후 [복사]를 눌러 '한국어의 사본' 시트를 만든다.

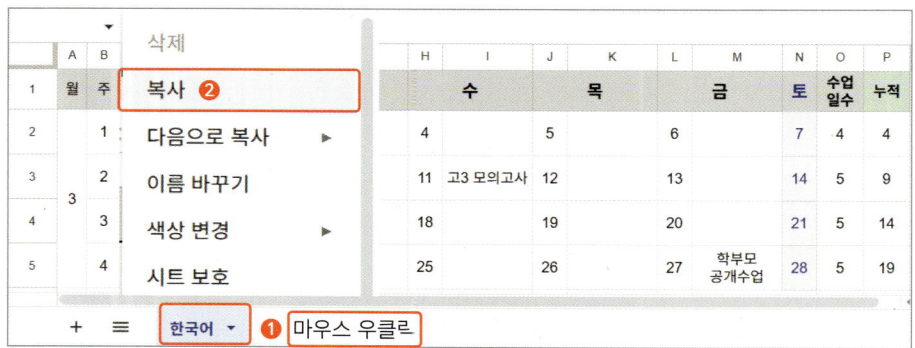

⚠️ **TIPS!**

원본 시트(한국어)를 복사하여 활용하면 원본과 쉽게 매칭할 수 있고, 서식도 그대로 유지할 수 있다. [다음으로 복사]를 클릭하여 [새 스프레드시트]를 만들 수도 있지만, [복사]를 클릭하여 하나의 시트 안에 여러 언어 버전을 함께 관리하는 것이 편리하다.

02 '한국어의 사본' 시트에서 오른쪽 마우스를 클릭한 후 [이름 바꾸기]를 눌러 '영어'로 시트 이름을 변경한다.

03 '영어' 시트에서 E2 셀의 글씨를 삭제하고 =IFERROR(GOOGLETRANSLATE(을 입력한다.

04 '한국어' 시트로 이동해 E2 셀을 클릭하고 쉼표(,)를 입력한다. 출발어(한국어) "ko"와 쉼표(,)를 입력하고 도착어(영어) "en"을 입력한 후 괄호를 닫는다.

> ⚠️ **TIPS!**
> GOOGLETRANSLATE 함수의 언어 코드는 대소문자 구분 없이 작동하나, 반드시 큰따옴표(" ")로 감싸서 입력해야 한다.

2. 학사 일정 자동화하기 _ **201**

05 **04**의 수식에 쉼표(,)와 큰따옴표(" ")를 입력하고 괄호를 닫아 IFERROR 함수을 완성하면 '한국어' 시트의 대체공휴일이 Substitute public holiday로 번역된 것을 확인할 수 있다.

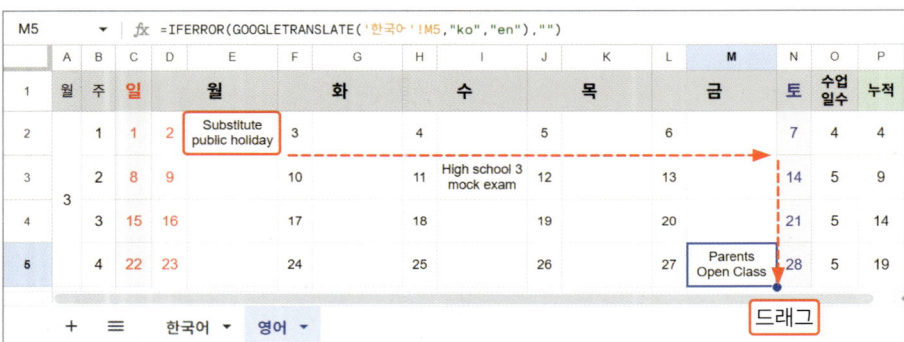

⚠️ **TIPS!**
GOOGLETRANSLATE 함수는 텍스트가 없으면 #VALUE! 오류 메시지를 표시한다. IFERROR 함수를 사용하면 텍스트가 없을 때 오류를 방지하고 빈 셀을 표시하거나 다른 값을 대신 표시할 수 있다.

06 자동 채우기 핸들을 오른쪽으로, 아래로 드래그하여 나머지 일정도 자동으로 번역한다.

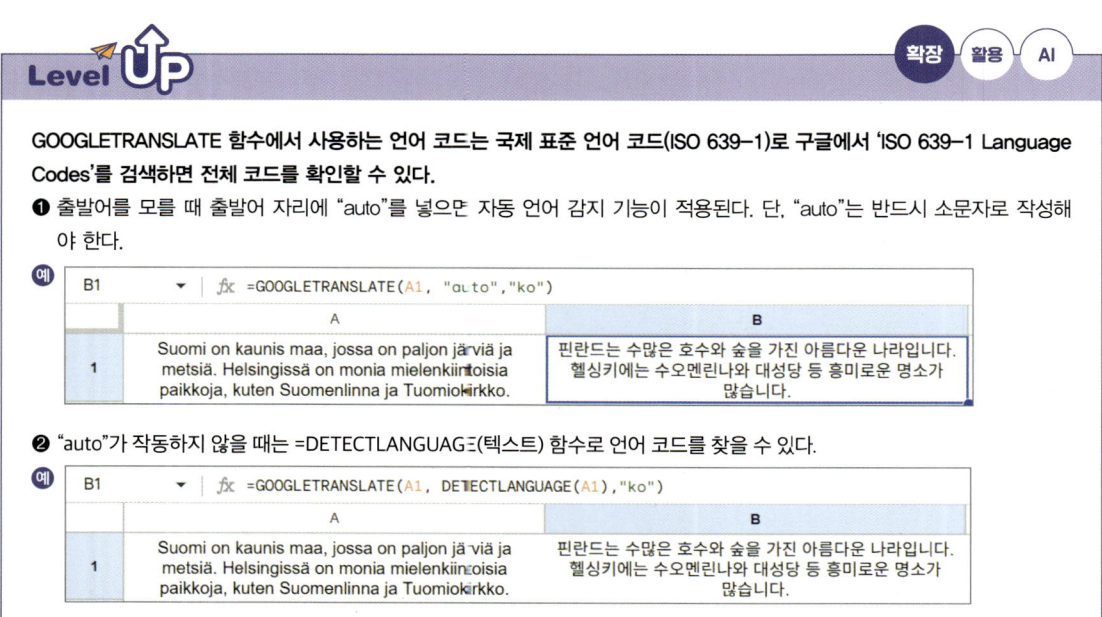

Level UP 　　　　　　　　　　　　　　　확장 　활용 　AI

GOOGLETRANSLATE 함수에서 사용하는 언어 코드는 국제 표준 언어 코드(ISO 639-1)로 구글에서 'ISO 639-1 Language Codes'를 검색하면 전체 코드를 확인할 수 있다.

❶ 출발어를 모를 때 출발어 자리에 "auto"를 넣으면 자동 언어 감지 기능이 적용된다. 단, "auto"는 반드시 소문자로 작성해야 한다.

예	B1 ▼	fx =GOOGLETRANSLATE(A1, "auto","ko")
	A	B
1	Suomi on kaunis maa, jossa on paljon järviä ja metsiä. Helsingissä on monia mielenkiintoisia paikkoja, kuten Suomenlinna ja Tuomiokirkko.	핀란드는 수많은 호수와 숲을 가진 아름다운 나라입니다. 헬싱키에는 수오멘린나와 대성당 등 흥미로운 명소가 많습니다.

❷ "auto"가 작동하지 않을 때는 =DETECTLANGUAGE(텍스트) 함수로 언어 코드를 찾을 수 있다.

예	B1 ▼	fx =GOOGLETRANSLATE(A1, DETECTLANGUAGE(A1),"ko")
	A	B
1	Suomi on kaunis maa, jossa on paljon järviä ja metsiä. Helsingissä on monia mielenkiintoisia paikkoja, kuten Suomenlinna ja Tuomiokirkko.	핀란드는 수많은 호수와 숲을 가진 아름다운 나라입니다. 헬싱키에는 수오멘린나와 대성당 등 흥미로운 명소가 많습니다.

🖱 다국어 버전 실습하기

01 완성한 '영어' 시트를 복사한 후 사본을 만들어 '베트남어'로 이름을 변경한다. [메뉴]-[수정]-[찾기 및 바꾸기]를 실행하여 아래처럼 표시한 후 [모두 바꾸기]를 클릭하면 [en 인스턴스 36개가 vi(으)로 교체됨]이 생성된다.

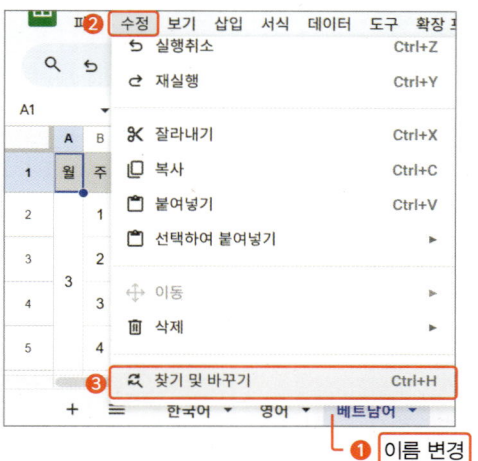 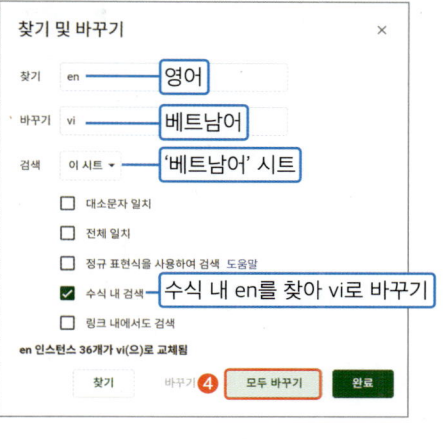

> ⚠ **TIPS!**
> 수식 속에 들어 있는 언어 코드를 바꾸려면 [수식 내 검색]에 반드시 체크해야 한다. 체크하지 않으면 수식 바깥의 텍스트만 바뀌고 정작 번역 함수 안의 언어 코드는 그대로 남아 다국어 변환이 제대로 이루어지지 않는다.

02 [완료]를 누르면 베트남어 버전이 완성된다.

	A	B	C	D	E	F	G	H	I	J	K	L	M	N	O	P
1	월	주	일	월		화		수		목		금		토	수업일수	누적
2			1	1	2	Ngày lễ thay thế	3		4		5		6	7	4	4
3		3	2	8	9		10		11	Đề thi thử THPT 3	12		13	14	5	9
4			3	15	16		17		18		19		20	21	5	14
5			4	22	23		24		25		26		27	Phụ huynh Lớp học mở	28	5

> 📁 **이건 꼭 기억하자!**
> ✅ GOOGLETRANSLATE 함수는 언어 코드 철자 하나만 틀려도 #VALUE! 오류가 발생한다. 정확한 언어 코드를 입력하고 반드시 큰따옴표(" ")로 감싸야 한다. 자동 언어 감지 기능인 "auto"가 작동하지 않는 경우가 많으므로 출발어는 명확하게 지정하는 것이 안전하다.

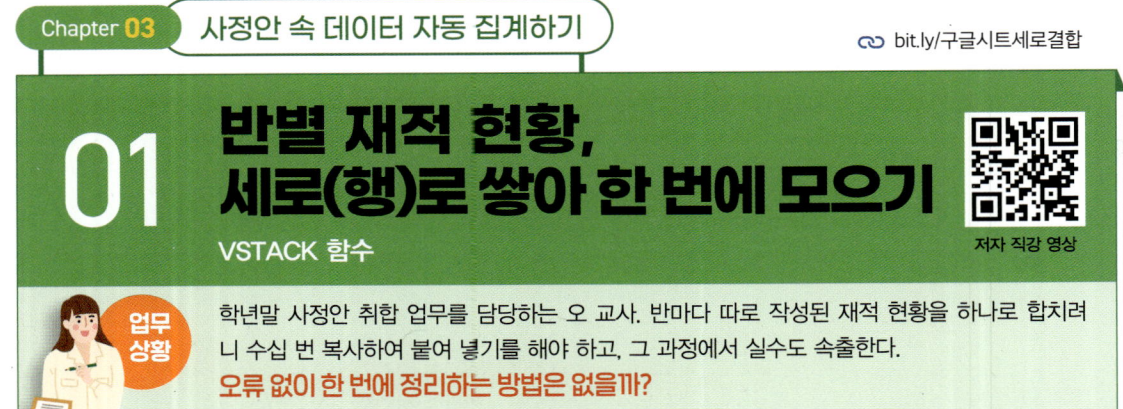

핵심 기능 이해하기

VSTACK 함수는 여러 범위의 데이터를 서로(행)로 쌓아주는 함수이다. 반별 사정안처럼 동일한 양식을 아래로 이어 붙여 학년 전체 집계표를 만드는 데 유용하게 활용할 수 있다.

함수식 =VSTACK(범위 1, 범위 2, …) **의미** 여러 범위의 데이터를 세로 방향(행)으로 차례대로 쌓아 붙인다.

VSTACK 함수 실습하기

01 1반과 2반 담임교사가 각각 입력한 재적 현황을 '합계' 시트에 자동으로 불러오려면 '합계' 시트의 B3 셀을 클릭하고 =VSTACK(을 입력한다.

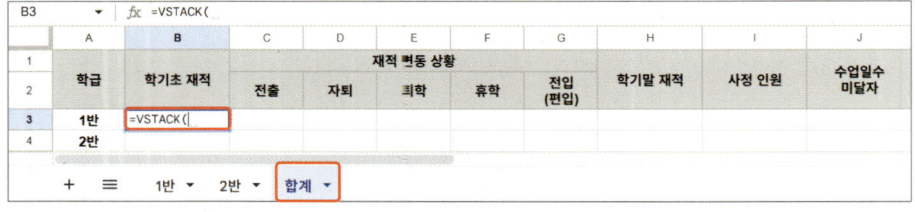

02 '1반' 시트를 클릭한 후 가져올 범위인 A3:I3을 드래그한다. 수식에 자동으로 입력된 '1반'!A3:I3 뒤에 쉼표(,)를 넣는다.

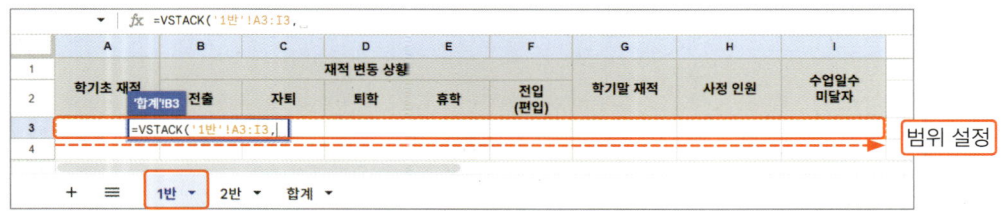

03 '2반' 시트를 클릭하고 A3:I3 범위를 드래그한다. 수식에 자동으로 입력된 '2반'!A3:I3 뒤에 괄호를 닫고 Enter 를 눌러 수식을 완성한다.

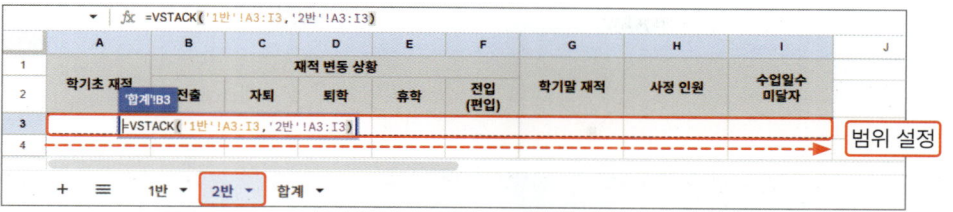

> ⚠️ **TIPS!**
> 반이 많아지면 반별 시트를 추가하고 VSTACK('1반'!A3:I3, '2반'!A3:I3, '3반'!A3:I3, '4반'!A3:I3, …)처럼 이어 붙일 수 있다.

04 결과를 확인해 보자. 각 반의 담임교사가 자신의 시트에 데이터를 입력하면 '합계' 시트에는 자동으로 재적 현황이 세로(열)로 이어져 표시된다. 이때 각 시트의 열 개수와 순서는 같아야 한다.

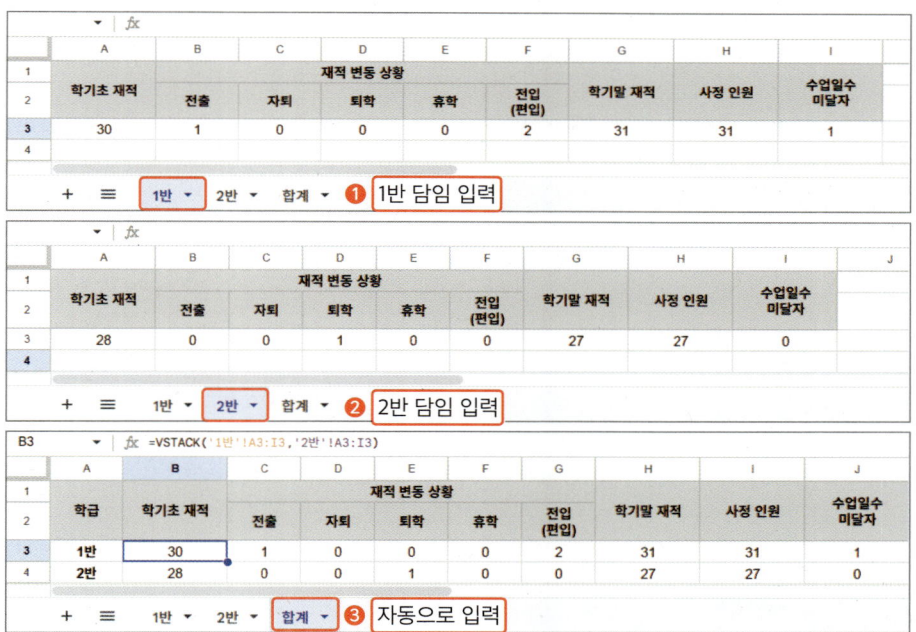

> ⚠️ **TIPS!**
> 교사들이 실수로 수식을 지우지 못하도록 [메뉴]-[데이터]-[시트 및 범위 보호]에서 '합계' 시트를 수정할 수 있는 사용자를 [나만]으로 제한한다.

📁 **이건 꼭 기억하자!**

✅ VSTACK 함수는 반별 데이터를 자동으로 통합해 주지만, 가져오는 범위의 구조(열 개수와 순서)가 반드시 동일해야 오류 없이 깔끔하게 정리할 수 있다.

Chapter 03 사정안 속 데이터 자동 집계하기

bit.ly/구글시트자동수합

02 수상 개수 및 인원수 자동으로 세기
COUNT, UNIQUE 함수

저자 직강 영상

업무상황
학년말 사정안을 작성 중인 윤 교사는 교과 우수상 명단을 정리하고 있다. 총 몇 명이 상을 받았는지, 몇 개의 상이 수여되었는지 일일이 세다 보니 시간이 오래 걸리고 실수도 잦다.
수상 인원과 개수를 정확하고 빠르게 자동 집계하는 방법은 없을까?

핵심 기능 이해하기

COUNT 함수는 숫자가 입력된 셀의 개수를 세는 함수이다. 여기에 UNIQUE 함수를 함께 사용하면 중복된 수상자를 제거한 후 실제 수상 인원수와 수상 개수를 각각 자동으로 계산할 수 있다.

| 함수식 | =COUNT(값 1, 값 2, …) | 의미 | 숫자가 입력된 셀의 개수만 센다. |

| 함수식 | =UNIQUE(범위) | 의미 | 범위 안의 중복된 값을 제거하고 고유한 항목만 남긴다. |

COUNT, UNIQUE 함수 실습하기

01 교과 우수상 수상 개수를 계산해 보자. A3 셀을 클릭하고 =COUNT(를 입력한 후 D2:D8 범위를 드래그한다. 수식이 자동 입력되면 괄호를 닫고 Enter 를 누른다.

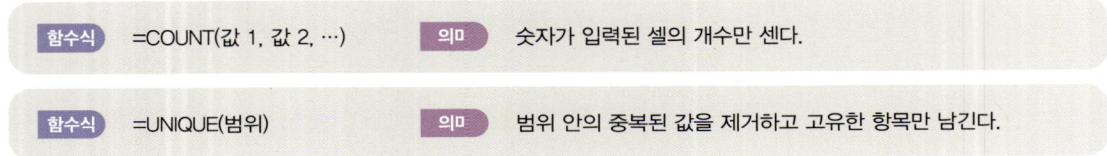

⚠️ **TIPS!**
COUNT 함수는 숫자가 있는 셀의 개수만 세기 때문에 반드시 숫자가 있는 학번 범위를 드래그해야 한다. 만약 텍스트가 적힌 셀(성명 또는 과목)을 드래그하면 결과는 0으로 표시된다.

02 UNIQUE 함수를 함께 이용하여 중복된 이름을 제거하고 수상 인원수를 계산해 보자. B3 셀에 =COUNT(UNIQUE(를 입력한 후 D2:D8 범위를 드래그한다. 수식이 자동으로 입력되면 괄호를 2번 닫고 Enter를 누른다. 동명이인이 있을 수 있으므로 학번을 기준으로 집계하는 것이 정확하다.

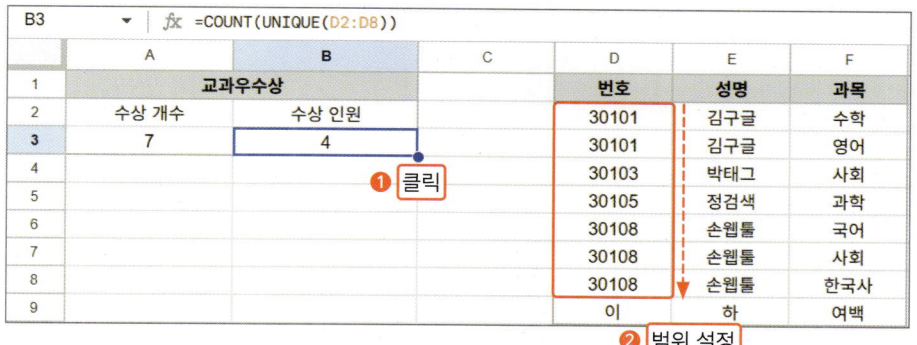

⚠️ TIPS!
셀 서식이 [텍스트]로 설정되어 있으면 숫자를 입력해도 COUNT 함수가 인식하지 못해 0으로 처리된다. 이 경우 [메뉴]-[서식]-[숫자]-[자동] 또는 [숫자]로 변경해 주어야 정확하게 개수를 셀 수 있다.

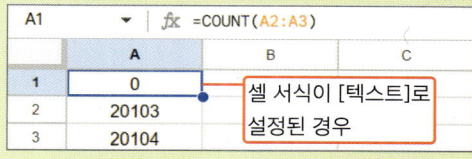

 이건 꼭 기억하자!

✅ COUNT, UNIQUE 함수는 수상 개수와 인원수를 자동으로 집계하고, 중복 없이 정확한 데이터 분석을 가능하게 해준다.
단, COUNT는 숫자만, UNIQUE는 중복된 값을 뺀 고유 항목만 처리한다.

설명회나 학부모 상담 참석 신청을 설문 폼으로 받을 때 =UNIQUE(범위) 함수를 사용해 중복 응답을 제거할 수 있다.

예) =UNIQUE(A3:B7)처럼 이름과 전화번호를 범위로 지정하면 동명이인이더라도 전화번호가 달라 별개의 응답으로 인식되어 제거되지 않는다.

	A	B	C	D	E
1	신청자 명단			신청자 명단 (중복응답 정리)	
2	이름	전화번호		이름	전화번호
3	이드롭	010-2025-5985		이드롭	010-2025-5985
4	임톡스	010-2025-5986		임톡스	010-2025-5986
5	손웹툴	010-2025-5987		손웹툴	010-2025-5987
6	임톡스	010-4567-2309		임톡스	010-4567-2309
7	손웹툴	010-2025-5987			

Chapter 03 사정안 속 데이터 자동 집계하기

bit.ly/구글시트가로결합

03 수상 인원, 가로(열)로 붙여 한 번에 모으기

COUNTIF, HSTACK 함수

저자 직강 영상

업무 상황 학년말 사정안을 작성 중인 윤 교사는 과목별 수상 인원수를 한눈에 비교하고 싶다.
수상자 명단을 바탕으로 과목별 수상 인원을 자동으로 계산하고 그 결과를 집계표에 가로로 정리할 수 없을까?

💡 핵심 기능 이해하기

COUNTIF 함수는 조건에 맞는 항목의 개수를 자동으로 집계한다. 이렇게 얻은 결괏값을 HSTACK 함수를 활용하여 학급별로 왼쪽에서 오른쪽으로 나란히 붙이면 여러 과목의 수상 인원을 한 번에 정리할 수 있다.

함수식	=COUNTIF(범위, 기준)	의미	지정한 범위에서 기준에 해당하는 항목의 개수를 센다.
함수식	=HSTACK(범위 1, 범위 2, …)	의미	여러 범위의 데이터를 가로 방향(열)으로 나란히 이어 붙인다.

🔒 COUNTIF 함수 실습하기

01 과목별 수상 인원수를 확인하려면 '1반' 시트의 B3 셀에 =COUNTIF(를 입력한 후 과목(F) 열에서 F2:F7 범위를 드래그한다. 수식을 아래로 복사해도 과목 범위가 변하지 않도록 $F$2:$F$7로 바꾸고 쉼표(,)를 입력한다.

B3	▼	fx	=COUNTIF($F$2:$F$7,					
	A	B	C		D	E	F	
1	과목별 교과우수상				번호	성명	과목	
2	과목	수상 인원			30101	김구글	수학	
3	국어	=COUNTIF($F$2:$F$7,			30101	김구글	영어	
4	수학				30103	박태그	사회	
5	영어				30105	정검색	과학	
6	사회				30108	손웹툴	국어	
7	과학				30108	손웹툴	사회	← 범위 설정
8					이	하	여백	

+ ≡ **1반** ▼ 2반 ▼ 합계 ▼

208 _ [PART 6] 학사 마무리와 새 학년 준비

02 '국어'가 입력된 A3 셀을 클릭하여 수식에 자동으로 입력되면 괄호를 닫고 Enter 를 누른다. 완성된 수식을 아래로 드래그하면 과목별 수상 인원수가 자동으로 표시된다.

B3		fx	=COUNTIF($F$2:$F$7,A3)				
	A	B	C		D	E	F
1	과목별 교과우수상				번호	성명	과목
2	과목	수상 인원			30101	김구글	수학
3	국어	1			30101	김구글	영어
4	수학	1			30103	박태그	사회
5	영어	1			30105	정검색	과학
6	사회	2		드래그	30108	손웹툴	국어
7	과학	1			30108	손웹툴	사회
8					이	하	여백

+ ≡ 1반 ▼ 2반 ▼ 합계 ▼

🖱 HSTACK 함수 실습하기

01 교사가 입력한 과목별 수상 인원수 현황을 확인하려면 '합계' 시트의 B2 셀을 클릭하고 =HSTACK(을 입력한다.

B2		fx	=HSTACK(		
	A		B	C	D
1	과목		1반	2반	합계
2	국어		=HSTACK(		
3	수학				
4	영어				
5	사회				
6	과학				

+ ≡ 1반 ▼ 2반 ▼ **합계** ▼

02 '1반' 시트를 클릭한 후 제목 행(B2)을 제외하고 B3:B7 범위를 드래그한다. 수식에 자동으로 입력된 '1반'!B3:B7 뒤에 쉼표(,)를 넣는다.

		fx	=HSTACK('1반'!B3:B7,				
	A	B	C		D	E	F
1	과목별 교	'합계'!B2 상			번호	성명	과목
2	과목	=HSTACK('1반'!B3:B7,			30101	김구글	수학
3	국어	1			30101	김구글	영어
4	수학	1			30103	박태그	사회
5	영어	1			30105	정검색	과학
6	사회	2			30108	손웹툴	국어
7	과학	1			30108	손웹툴	사회
8				범위 설정	이	하	여백
9							

+ ≡ **1반** ▼ 2반 ▼ 합계 ▼

3. 사정안 속 데이터 자동 집계하기 _ **209**

03 '2반' 시트를 클릭하고 B3:B7 범위를 드래그한다. 수식에 자동으로 입력된 '2반'!B3:B7 뒤에 괄호를 닫고 Enter 를 눌러 수식을 완성한다.

> **TIPS!**
> 반이 많아지면 반별 시트를 추가하고 HSTACK('1반'!B3:B7, '2반'!B3:B7, '3반'!B3:B7, '4반'!B3:B7, …)처럼 이어 붙일 수 있다.

04 결과를 확인해 보자. 각 반의 담임교사가 COUNTIF 함수를 이용하여 자신의 시트에 데이터를 입력하면 '합계' 시트에는 자동으로 교과 수상 인원수가 가로(행)로 붙어 표시된다. 이때 시트마다 같은 행 구조를 유지해야 정확하게 정렬할 수 있으며, 행 개수가 다르면 짧은 쪽 아래에 빈칸을 자동으로 채운다.

❶ 1반 담임 입력 ❷ 2반 담임 입력 ❸ 자동으로 입력

> **TIPS!**
> 교사들이 실수로 합계 시트를 수정하거나 삭제하지 못하도록 [메뉴]-[데이터]-[시트 및 범위 보호]에서 '합계' 시트를 수정할 수 있는 사용자를 [나만]으로 제한한다.

📁 **이건 꼭 기억하자!**

✅ HSTACK 함수를 사용할 때 각 시트에서 가져오는 데이터의 행 개수나 순서가 다르면 결과가 어긋날 수 있으므로 꼭 동일한 구조로 맞추어야 한다.

부록

- 01 기초 함수 요약 정리
- 02 추가 함수 정리
- 03 과제별 실습 시트 모음
- 04 단축키 모음
- 05 기본 메뉴 요약 정리
- 06 숨겨진 메뉴 톺아보기
- 07 확장 프로그램 안내
- 08 AI 활용 안내

부록은 구글 스프레드시트를 조금 더 재미있고 알차게 쓸 수 있도록 준비한 공간이다.

본문에서 다 다루지 못했던 숨은 메뉴, 자주 하는 질문, 작은 꿀팁들을 모아놓았다. 어렵게만 보였던 기능들도 여기서는 친근하게 하나씩 풀어보며 설명한다. 함께 살펴보면서 "아, 이런 것도 있었네!" 하고 발견하는 즐거움을 느껴보자.

01 기초 함수 요약 정리

 앞에서 활용한 다양한 기초 함수의 사용법, 사례, 적용 방법을 정리하여 제시하였다. 자료를 인쇄해 모니터 옆에 두고 필요할 때마다 활용하면 편리하다.

함수	사용법	사례	적용 방법
LEFT	=LEFT(텍스트, 글자 수)	학번 30201에서 학년(3) 추출	함수식 =LEFT(A2, 1) 결괏값 학번이 A2에 있을 때 첫 글자만 추출
RIGHT	=RIGHT(텍스트, 글자 수)	학번 30201에서 번호(01) 추출	함수식 =RIGHT(A2, 2) 결괏값 학번이 A2에 있을 때 뒤의 두 글자 추출
MID	=MID(텍스트, 시작 위치, 글자 수)	학번 30201에서 반(02) 추출	함수식 =MID(A2, 2, 2) 결괏값 2번째부터 두 글자 추출하여 반, 번호 확인
REPLACE	=REPLACE(텍스트, 위치, 길이, 새 텍스트)	김민수에서 가운데 글자를 *로 변경	함수식 =REPLACE(A2, 2, 1, "*") 결괏값 개인 정보 보호용 이름 마스킹
SUBSTITUTE	=SUBSTITUTE(텍스트, 찾을 텍스트, 바꿀 텍스트)	전화번호의 하이픈(-) 제거	함수식 =SUBSTITUTE(B2, "-", " ") 결괏값 010-1234-5678을 01012345678로 변환
CONCATENATE	=CONCATENATE(텍스트 1, 텍스트 2, …)	학번과 이름을 하나로 합치기	함수식 =CONCATENATE(A2, " ", B2) 결괏값 30201과 김철수를 "30201 김철수"로 결합
TEXTJOIN	=TEXTJOIN(구분자, 빈 셀 무시, 범위)	여러 학생 이름을 쉼표로 연결	함수식 =TEXTJOIN(" ", TRUE, A2:A5) 결괏값 수상자 명단을 한 줄로 정리
VLOOKUP	=VLOOKUP(찾을 값, 범위, 열 번호, 정확 일치)	학번으로 학생 정보 찾기	함수식 =VLOOKUP(A2, 명단!A:D, 2, FALSE) 결괏값 학번으로 이름 찾아오기
XLOOKUP	=XLOOKUP(찾을 값, 찾을 범위, 반환 범위, 없을 때의 값)	학번으로 여러 정보 한 번에 가져오기	함수식 =XLOOKUP(A2, 명단!A:A, 명단!B:D, "없음") 결괏값 학번으로 이름부터 전화번호까지 동시 추출
IF	=IF(조건, 참일 때 값, 거짓일 때의 값)	점수가 60 이상이면 합격, 아니면 불합격	함수식 =IF(C2>=60, "합격", "불합격") 결괏값 성적에 따른 합격/불합격 자동 판정
AND	=AND(조건 1, 조건 2, …)	국어와 수학이 모두 80점 이상인지 확인	함수식 =AND(C2>=80, D2>=80) 결괏값 두 과목 모두 우수한 학생 판별

함수	사용법	사례	적용 방법
COUNTIF	=COUNTIF(범위, 조건)	90점 이상인 학생 수 계산	**함수식** =COUNTIF(C2:C30, ">=90") **결괏값** 우수 학생 자동 집계
COUNTIFS	=COUNTIFS(범위 1, 조건 1, 범위 2, 조건 2)	3학년 남학생 수 계산	**함수식** =COUNTIFS(A2:A100, 3, B2:B100, "남") **결괏값** 다중 조건 인원 집계
SUMIFS	=SUMIFS(합계 범위, 조건 범위 1, 조건 1, …)	1반 학생들의 봉사 시간 합계	**함수식** =SUMIFS(D2:D100, A2:A100, 1) **결괏값** 반별 봉사 시간 자동 합산
RANK	=RANK(값, 범위, 순서)	학급 내 등수 매기기	**함수식** =RANK(C2, $C$2:$C$30, 0) **결괏값** 성적 기준 자동 순위 부여
LARGE	=LARGE(범위, 순위)	상위 5등까지의 점수 찾기	**함수식** =LARGE(C2:C30, 1) **결괏값** 1등 점수 자동 추출, 실시간 순위표 작성
FILTER	=FILTER(범위, 조건)	특정 조건 학생만 추출	**함수식** =FILTER(A2:D30, C2:C30>=80) **결괏값** 80점 이상 학생 명단 자동 필터링
QUERY	=QUERY(범위, 쿼리문)	복잡한 조건으로 데이터 검색	**함수식** =QUERY(A:D, "SELECT * WHERE C>=80 ORDER BY C DESC") **결괏값** SQL문으로 데이터 추출
IMPORTRANGE	=IMPORTRANGE(URL, 범위)	다른 시트 데이터 실시간 연동	**함수식** =IMPORTRANGE("시트 URL", "Sheet1!A1:D10") **결괏값** 반별 시트를 하나로 통합
ARRAYFORMULA	=ARRAYFORMULA(수식)	여러 셀에 수식 한 번에 적용	**함수식** =ARRAYFORMULA(B2:B+C2:C+D2:D) **결괏값** 전체 학생 합계 자동 계산
SPARKLINE	=SPARKLINE(범위, 옵션)	셀 안에 작은 그래프 생성	**함수식** =SPARKLINE(C2:F2) **결괏값** 학생별 성적 변화 그래프 표시
TRANSPOSE	=TRANSPOSE(범위)	행과 열 바꾸기	**함수식** =TRANSPOSE(A1:D5) **결괏값** 가로 데이터를 세로로 변환하여 양식 맞추기
IMAGE	=IMAGE(URL, 모드)	웹 이미지를 셀에 삽입	**함수식** =IMAGE("이미지URL", 1) **결괏값** 학생 제출 사진을 시트에서 바로 확인
GOOGLETRANSLATE	=GOOGLETRANSLATE(텍스트, 출발어, 도착어)	자동 번역	**함수식** =GOOGLETRANSLATE(A2, "ko", "en") **결괏값** 다문화 가정용 번역 자료 작성
DATE	=DATE(연, 월, 일)	날짜 생성	**함수식** =DATE(2024, 3, 1) **결괏값** 학사 일정표 기준일 설정

함수	사용법	사례	적용 방법
SUM	=SUM(범위)	합계 계산	함수식 =SUM(C2:C30) 결괏값 반 전체 점수 합계, 누적 합계 계산
REGEXMATCH	=REGEXMATCH(텍스트, 패턴)	패턴 일치 여부 확인	함수식 =REGEXMATCH(A2, "김.*") 결괏값 김씨 성을 가진 학생 찾기
DGET	=DGET(범위, 열 이름, 조건 범위)	조건에 맞는 하나의 값 추출	함수식 =DGET(A1:E10, "점수", G1:G2) 결괏값 특정 학생의 점수만 정확히 추출
SORT	=SORT(범위, 열 번호, 정렬 순서)	순적순으로 자동 정렬	함수식 =SORT(A2:C30, 3, FALSE) 결괏값 3번째 열(성적) 기준 내림차순 정렬
RAND	=RAND( )	두작위 자리 배치	함수식 =RAND( ) 결괏값 0~1 난수 생성하여 자리 섞기
IFERROR	=IFERROR(수식, 오류 시 값)	오류 발생 시 대체 값 표시	함수식 =IFERROR(VLOOKUP(A2, 범위, 2, 0), "없음") 결괏값 검색 실패 시 "없음" 표시
ISBLANK	=ISBLANK(셀)	빈 셀 확인	함수식 =IF(ISBLANK(A2), "미제출", "제출") 결괏값 과제 제출 여부 자동 확인
FIND	=FIND(찾을 텍스트, 대상 텍스트)	특정 문자 위치 찾기	함수식 =FIND("@", A2) 결괏값 이메일에서 @ 위치 찾아 도메인 분리
UPPER	=UPPER(텍스트)	대문자로 변환	함수식 =UPPER(A2) 결괏값 영어 이름을 모두 대문자로 통일
LOWER	=LOWER(텍스트)	소문자로 변환	함수식 =LOWER(A2) 결괏값 이메일 주소를 소문자로 통일
PROPER	=PROPER(텍스트)	첫 글자만 대문자	함수식 =PROPER(A2) 결괏값 "kim MIN su"를 "Kim Min Su"로 변환
TEXT	=TEXT(값, 형식)	숫자를 원하는 형식으로 표시	함수식 =TEXT(A2, "0000") 결괏값 학번을 4자리로 표시
VALUE	=VALUE(텍스트)	텍스트를 숫자로 변환	함수식 =VALUE(A2) 결괏값 "90"(텍스트)을 90(숫자)으로 변환
NOW	=NOW( )	현재 날짜와 시간	함수식 =NOW( ) 결괏값 설문 응답 시간 자동 기록
WEEKDAY	=WEEKDAY(날짜)	요일 번호 반환	함수식 =WEEKDAY(A2) 결괏값 1(일요일)~7(토요일) 숫자로 요일 확인
YEAR	=YEAR(날짜)	연도 추출	함수식 =YEAR(A2) 결괏값 생년월일에서 출생 연도만 추출

함수	사용법	사례	적용 방법
MONTH	=MONTH(날짜)	월 추출	**함수식** =MONTH(A2) **결괏값** 생년월일에서 출생 월만 추출
DAY	=DAY(날짜)	일 추출	**함수식** =DAY(A2) **결괏값** 생년월일에서 출생일만 추출
COUNTA	=COUNTA(범위)	비어 있지 않은 셀 개수	**함수식** =COUNTA(A2:A30) **결괏값** 실제 학생 수 집계
COUNT	=COUNT(범위)	숫자가 있는 셀 개수	**함수식** =COUNT(C2:C30) **결괏값** 점수가 입력된 학생 수
AVERAGE	=AVERAGE(범위)	평균 계산	**함수식** =AVERAGE(C2:C30) **결괏값** 학급 평균 점수 계산
MEDIAN	=MEDIAN(범위)	중앙값	**함수식** =MEDIAN(C2:C30) **결괏값** 성적 분포의 중간값
MODE	=MODE(범위)	최빈값	**함수식** =MODE(C2:C30) **결괏값** 가장 많이 나온 점수
OR	=OR(조건 1, 조건 2, …)	조건 중 하나라도 참	**함수식** =OR(C2)=90, D2)=90) **결괏값** 국어 또는 수학 중 하나라도 우수
NOT	=NOT(조건)	조건의 반대	**함수식** =NOT(ISBLANK(A2)) **결괏값** 빈 셀이 아닌 경우
HYPERLINK	=HYPERLINK(URL, 표시 텍스트)	클릭 가능한 링크	**함수식** =HYPERLINK("http://school.go.kr", "학교 홈페이지") **결괏값** 링크 버튼 생성
중괄호 { }	={범위 1;범위 2} 또는 ={범위 1, 범위 2}	여러 범위 결합	**함수식** ={'1반'!A2:A10;'2반'!A2:A10} **결괏값** 1반과 2반 명단 세로로 결합
VSTACK	=VSTACK(범위 1, 범위 2)	세로로 데이터 쌓기	**함수식** =VSTACK(A2:C5, E2:G5) **결괏값** 두 표를 세로로 연결
HSTACK	=HSTACK(범위 1, 범위 2)	가로로 데이터 붙이기	**함수식** =HSTACK(A2:A10, C2:C10) **결괏값** 이름과 점수를 가로로 나란히
UNIQUE	=UNIQUE(범위)	중복 제거	**함수식** =UNIQUE(A2:A30) **결괏값** 중복 신청자 제거한 명단
SPLIT	=SPLIT(텍스트, 구분자)	텍스트 분리	**함수식** =SPLIT(A2, "/") **결괏값** "김철수/남/3학년"을 3개 셀로 분리

02 추가 함수 정리

책에서 제공되는 다양한 기초 함수 외에 추가로 알아두면 좋을 함수들을 예시와 함께 제시하였다.
함수들을 실제로 적용해 보며 다른 업무 상황에서 응용할 수 있도록 한다.

ROUND 함수	업무 상황	학생들의 성적을 계산할 때 소수점 둘째 자리까지만 표시하거나, 점수를 반올림하여 깔끔하게 정리하고 싶을 때 사용한다.
	기능 이해하기	숫자를 지정한 자릿수로 반올림한다.
	함수식	=ROUND(숫자, 자릿수)
	의미	숫자를 지정한 자릿수로 반올림하여 반환한다. 자릿수가 양수면 소수점 이하, 음수면 정수 부분을 반올림한다.
	실습 예시	평균 점수 반올림하기
	목표	학생별 평균 점수를 소수점 첫째 자리까지만 표시하는 것이다.
	적용 방법	반올림된 평균 점수가 들어갈 셀에 =ROUND(C2, 1)을 입력한다. C2는 계산된 평균 점수가 있는 셀(예: 86.77777), 1은 소수점 첫째 자리까지 표시함을 의미한다.
	결과	86.77777이 86.8로 표시된다. =ROUND(C2, 0) 입력 시 87(정수 반올림), =ROUND(C2, -1) 입력 시 90(십의 자리 반올림)으로 표시된다. 즉, 자릿수 인수를 어떻게 지정하느냐에 따라 다양한 단위로 반올림이 가능하다.
	주의 사항	자릿수에 0을 입력하면 정수로, 음수를 입력하면 십의 자리, 백의 자리 단위로 반올림된다.
MAX 함수	업무 상황	학급에서 가장 높은 점수나 가장 많은 출석 일수를 찾고 싶을 때 사용한다.
	기능 이해하기	선택한 범위에서 가장 큰 값을 찾는다.
	함수식	=MAX(범위 1, 범위 2, …)
	의미	지정한 범위에서 가장 큰 숫자를 찾아 반환한다.
	실습 예시	학급 최고 점수 찾기
	목표	학급 전체 학생 중 수학 시험 최고 점수를 찾는 것이다.
	적용 방법	최고 점수가 들어갈 셀에 =MAX(C2:C31)을 입력한다. C2:C31은 30명 학생의 수학 점수가 입력된 셀 범위이다.
	결과	입력 후 Enter 를 누르면 학급에서 가장 높은 수학 점수가 표시된다.
	주의 사항	텍스트나 빈 셀은 무시되므로 결시자는 빈 셀로 두거나 별도 처리가 필요하다.

MIN 함수	업무 상황	학급에서 가장 낮은 점수나 가장 적은 출석 일수를 파악하여 학습 지원이 필요한 학생을 찾고 싶을 때 사용한다.
	기능 이해하기	선택한 범위에서 가장 작은 값을 찾는다.
	함수식	=MIN(범위 1, 범위 2, …)
	의미	지정한 범위에서 가장 작은 숫자를 찾아 반환한다.
	실습 예시	학급 최저 점수 찾기
	목표	학급 전체 학생 중 영어 시험 최저 점수를 찾는 것이다.
	적용 방법	최저 점수가 들어갈 셀에 =MIN(D2:D31)을 입력한다. D2:D31은 30명 학생의 영어 점수가 입력된 셀 범위이다. MIN 함수는 이 범위 안에서 가장 작은 수를 찾아 결과로 반환한다.
	결과	입력 후 Enter를 누르면 학급에서 가장 낮은 영어 점수가 표시된다. 예를 들어 점수 범위가 55, 68, 72, 80, 95라면 MIN 함수 결과는 55이다. 즉, 교사는 간단히 수식 한 번으로 학급 최저 점수를 빠르게 확인할 수 있다.
	주의 사항	0점과 결시를 구분하여 관리해야 하며 결시자는 빈 셀로 처리하는 것이 좋다. 실제 0점을 받은 학생은 0으로 입력, 결시자는 공란(빈 셀)으로 입력하여 계산에서 제외하는 것이 좋다.
TODAY 함수	업무 상황	현재 날짜를 자동으로 표시하거나, 출석부에 오늘 날짜를 기준으로 계산하고 싶을 때 사용한다.
	기능 이해하기	현재 날짜를 자동으로 반환한다.
	함수식	=TODAY( )
	의미	시스템의 현재 날짜를 자동으로 가져와 표시한다.
	실습 예시	출석부에 오늘 날짜 자동 표시하기
	목표	매일 출석부를 열 때마다 자동으로 오늘 날짜가 표시되도록 하는 것이다.
	적용 방법	날짜가 들어갈 셀에 =TODAY( )를 입력한다. 인수는 필요하지 않으며, 함수만 입력하면 된다. 예를 들어 출석부 상단 셀(A1)에 =TODAY( )를 입력하면 해당 위치에 오늘 날짜가 표시된다.
	결과	입력 후 Enter를 누르면 현재 날짜가 자동으로 표시된다. 예를 들어 2025년 9월 8일에 열었다면 2025-09-08이 자동 표시된다. 스프레드시트를 다시 열면 그 날짜에 맞게 자동 업데이트되어 매일 최신 날짜가 반영된다.
	주의 사항	이 함수는 파일을 열 때마다 자동으로 업데이트되므로 고정된 날짜가 필요한 경우에는 값만 복사하여 사용해야 한다.

LEN 함수	업무 상황	학생들의 소감문이나 과제 제출 시 글자 수를 확인하고 싶을 때 사용한다.	
	기능 이해하기	텍스트의 글자 수를 계산한다.	
	함수식	=LEN(텍스트)	
	의미	지정한 텍스트의 전체 글자 수(공백 포함)를 계산하여 반환한다.	
	실습 예시	소감문 글자 수 확인하기	
	목표	학생들이 작성한 소감문의 글자 수를 확인하는 것이다.	
	적용 방법	글자 수가 표시 될 셀에 =LEN(C2)를 입력한다. C2는 학생이 작성한 소감문이 입력된 셀(예: "오늘 체육 수업이 재미있었다.")이며, LEN 함수는 해당 텍스트의 글자 수를 공백과 특수문자를 포함해 계산한다.	
	결과	"오늘 체육 수업이 재미있었다."의 결과는 16으로 표시된다. 즉, 학생 소감문 길이를 자동으로 계산하여 최소 글자 수 조건 충족 여부를 쉽게 확인할 수 있다.	
	주의 사항	공백, 마침표, 느낌표 등 특수문자도 글자 수에 포함되므로 순수 한글·영문 글자만 필요한 경우에는 별도의 처리(예: SUBSTITUTE 함수와 조합)가 필요하다.	
TRIM 함수	업무 상황	학생들이 제출한 데이터에서 불필요한 앞뒤 공백을 제거하고 싶을 때 사용한다.	
	기능 이해하기	텍스트의 앞뒤 공백을 제거한다.	
	함수식	=TRIM(텍스트)	
	의미	지정한 텍스트의 앞과 뒤 공백을 제거하고, 단어 사이의 공백은 하나로 정리한다.	
	실습 예시	학생 이름 공백 제거하기	
	목표	학생들이 입력한 이름에서 불필요한 공백을 제거하는 것이다.	
	적용 방법	정리된 이름이 들어갈 셀에 =TRIM(B2)를 입력한다. B2는 원본 이름이 입력된 셀(예: " 김민지 ")이며, TRIM 함수는 해당 텍스트의 앞뒤 공백과 중복된 공백을 자동으로 정리한다.	
	결과	입력 후 Enter 를 누르면 " 김민지 "가 "김민지"로 정리된다. 즉, TRIM 함수를 적용하면 학생 명단이 깔끔하게 정리되어 이후 정렬이나 검색 작업이 원활해진다.	
	주의 사항	단어 사이의 여러 공백도 하나로 정리되므로 의도적인 공백 구성이 필요한 경우에는 주의해야 한다.	

함수	항목	내용
SUMPRODUCT 함수	업무 상황	학급별, 과목별 평균 점수에 가중치를 적용하여 종합적으로 계산하고 싶을 때 사용한다.
	기능 이해하기	두 개 이상의 조건(배열)을 곱한 후 합계를 계산한다.
	함수식	=SUMPRODUCT(배열 1, 배열 2)
	의미	각 배열의 대응 요소를 곱한 후 모든 곱의 합을 반환한다.
	실습 예시	과목별 학점과 성적을 곱해서 총 평점 계산하기
	목표	복합 조건을 반영한 합계를 정확하게 계산하는 것이다.
	적용 방법	총 평점이 표시될 셀에 =SUMPRODUCT(C2:C6, D2:D6) / SUM(C2:C6)을 입력한다. C2:C6은 과목별 학점 범위(예: 국어=2, 수학=3, 영어=2, 과학=3, 사회=2), D2:D6은 과목별 성적 범위(예: 국어=90, 수학=85, 영어=95, 과학=80, 사회=88)이다. 함수식 SUMPRODUCT(C2:C6, D2:D6)은 각 과목 학점 × 성적의 총합 계산이며, SUM(C2:C6)은 전체 학점 합산이다.
	결과	학점과 성적이 위와 같을 때 =SUMPRODUCT(C2:C6, D2:D6)를 입력하면, 결과는 2×90 + 3×85 + 2×95 + 3×80 + 2×88 = 1,241이고, SUM(C2:C6) 결과는 12이므로 최종 평점은 1,241 ÷ 12 = 86.75점으로 표시된다.
	주의 사항	배열 크기가 다르면 오류가 발생하므로 반드시 범위가 일치하는지 확인해야 한다.
INDIRECT 함수	업무 상황	월별 시트 이름을 자동으로 참조하여 데이터를 가져오고 싶을 때 사용한다.
	기능 이해하기	텍스트로 된 셀 주소를 실제 셀 참조로 변환한다.
	함수식	=INDIRECT(텍스트_참조)
	의미	문자열로 된 셀 주소를 실제 셀 참조로 변환하여 값을 반환한다.
	실습 예시	월 선택 드롭다운으로 해당 월 데이터 자동 불러오기
	목표	동적으로 다른 시트나 범위를 참조하는 것이다.
	적용 방법	성적 합계가 표시될 셀에 =INDIRECT("'"&B1&"'!C2:C11")을 입력한다. B1은 선택한 월 이름이 들어 있는 셀(예: "1월", "2월"), "'"&B1&"'!C2:C11"은 B1의 월 이름을 시트 이름과 결합하여 참조 범위를 동적으로 생성, C2:C11은 선택된 월 시트 안에서 불러올 데이터 범위이다.
	결과	B1에 "1월"을 입력하면 1월 시트의 C2:C11 데이터가 표시되고, B1을 "2월"로 바꾸면 자동으로 2월 시트의 C2:C11 데이터가 표시된다. 즉, 드롭다운에서 월을 바꾸는 것만으로 해당 월 데이터가 연동되는 자동화 시스템을 구축할 수 있다.
	주의 사항	잘못된 셀 주소 문자열을 입력하면 #REF! 오류가 발생한다.

CHOOSE 함수	업무 상황	학기 선택에 다라 해당 학기 성적표를 자동으로 표시하고 싶을 때 사용한다.
	기능 이해하기	숫자에 따라 미리 정한 값 중 하나를 선택하여 반환한다.
	함수식	=CHOOSE(색인, 값 1, 값 2, …)
	의미	색인 번호에 해당하는 값을 선택하여 반환한다.
	실습 예시	1학기 / 2학기 중 선택한 학기의 성적표가 자동 표시되도록 구성하기
	목표	조건에 따라 다른 결과를 표시하는 것이다.
	적용 방법	성적표가 표시될 셀에 =CHOOSE(B1, C2:C11, D2:D11)을 입력한다. B1은 학기 번호(1 또는 2), C2:C11은 1학기 성적 데이터 범위, D2:D11은 2학기 성적 데이터 범위이다. 즉, B1 값이 1이면 첫 번째 범위(C2:C11), 2이면 두 번째 범위(D2:D11)를 반환한다.
	결과	B1에 1을 입력하면 C2:C11 범위의 1학기 성적표가 표시되고, B1에 2를 입력하면 D2:D11 범위의 2학기 성적표가 표시된다. 즉, 학기 번호를 바꾸는 것만으로 해당 학기 성적표가 자동 생성된다.
	주의 사항	색인 번호가 범위를 벗어나면 #VALUE! 오류가 발생한다.
OFFSET 함수	업무 상황	기준점에서 열정 범위 떨어진 셀의 데이터를 동적으로 참조하고 싶을 때 사용한다.
	기능 이해하기	기준 셀에서 지정한 행/열만큼 이동한 범위를 참조한다.
	함수식	=OFFSET(기준 셀, 행수, 열수, [높이], [너비])
	의미	기준 셀에서 지정된 행과 열만큼 떨어진 위치의 범위를 반환한다.
	실습 예시	현재 주차에서 다음 주 일정을 자동으로 불러오기
	목표	상대적 위치이 있는 데이터를 동적으로 가져오는 것이다.
	적용 방법	특정 데이터가 표시될 셀에 =OFFSET(B2, 3, 2, 1, 1)을 입력한다. B2는 기준이 되는 시작 셀, 3은 기준 셀에서 3행 아래로 이동, 2는 기준 셀에서 2열 오른쪽으로 이동, 1, 1은 반환할 범위의 크기(높이 1행, 너비 1열)이다. 예를 들어 B2 셀이 현재 주차 데이터라면 OFFSET은 그로부터 3행 아래, 2열 오른쪽의 셀을 참조한다.
	결과	입력 후 Enter 를 누르면 B2 기준 3행 아래, 2열 옆의 셀 값이 표시된다. 즉, 기준점을 바꾸면 참조하는 데이터도 자동으로 바뀌어 유연한 보고서 작성이 가능하다.
	주의 사항	참조 범위가 시트 범위를 벗어나면 #REF! 오류가 발생한다.

	항목	내용
PERCENTILE 함수	업무 상황	학급 성적에서 상위 10%, 하위 10% 기준점을 자동으로 계산할 때 사용한다.
	기능 이해하기	전체 데이터에서 지정한 백분위수에 해당하는 값을 반환한다.
	함수식	=PERCENTILE(배열, 백분율)
	의미	데이터 집합에서 지정한 백분위(0~1 사이의 소수)에 해당하는 값을 반환한다. 예를 들어 0.9는 상위 10% 경곗값, 0.25는 하위 25% 경곗값을 반환한다.
	실습 예시	상위 25% 학생의 기준점 자동 계산하기
	목표	상대평가 기준선을 자동으로 설정하는 것이다.
	적용 방법	기준점이 표시될 셀에 =PERCENTILE(C2:C31, 0.9)를 입력한다. C2:C31은 학급 전체 학생의 점수가 입력된 범위(예: 30명 성적), 0.9는 상위 10% 기준선(90번째 백분위)을 의미한다.
	결과	상위 10%에 해당하는 점수 기준이 자동 계산된다. 예를 들어 점수 범위가 60~100점이고, 90번째 백분위 값이 94라면 결과는 94점이다. 즉, 94점 이상을 받은 학생은 상위 10%에 해당함을 알 수 있다.
	주의 사항	백분율은 반드시 0과 1 사이의 소수로 입력해야 한다. 예를 들어 0.25는 하위 25% 기준점, 0.5는 중앙값(중위수), 0.9는 상위 10% 기준점으로 입력한다.
AVERAGE 함수	업무 상황	학생들의 여러 과목 점수나 월별 출석률의 평균을 구하고 싶을 때 사용한다.
	기능 이해하기	선택한 셀 범위의 평균값을 계산한다.
	함수식	=AVERAGE(범위 1, 범위 2, ⋯)
	의미	지정한 범위에 있는 숫자들의 평균을 계산하여 반환한다.
	실습 예시	학생별 과목 평균 구하기
	목표	한 학생의 국어, 영어, 수학 점수 평균을 구하는 것이다.
	적용 방법	평균이 들어갈 셀에 =AVERAGE(B2:D2)를 입력한다. B2:D2는 국어, 영어, 수학 점수가 입력된 셀 범위이다.
	결과	입력 후 Enter 를 누르면 세 과목의 평균 점수가 자동으로 계산된다.
	주의 사항	빈 셀이나 텍스트가 포함된 셀은 계산에서 제외되므로 0점과 미응시를 구분하여 입력해야 한다.

03 과제별 실습 시트 모음

책에서 소개된 시트 자료들 외에도 현장에서 활용하면 좋을 추가 과제별 시트를 제시하였다. 학교 사정에 맞게 수정해 사용할 수 있으며, 간단한 함수 조정을 통해 최적화된 업무 자료로 활용할 수 있다.

시트명	시트 구성	특징 및 활용 방법
사정안 시트 실습 파일 bit.ly/구글시트 사정안	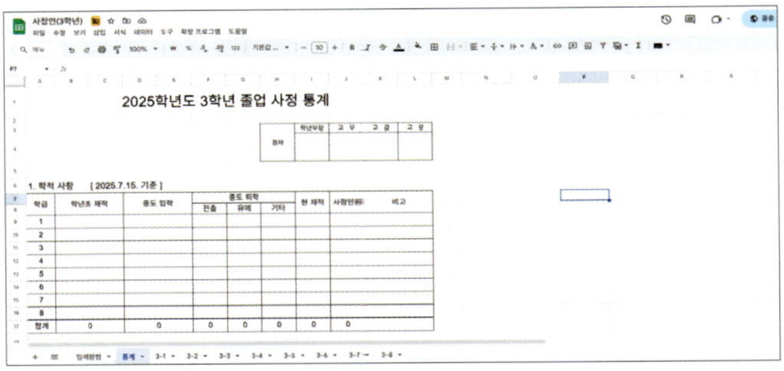 2025학년도 3학년 졸업 사정 통계 표 이미지	반별 사정안 내용을 누적해서 수합할 수 있는 누적 사정안이다. 하단에 반별 시트의 내용을 토대로 통계 시트에 총합을 쉽게 구할 수 있으며 학년부 부장 교사가 각 반 선생님과 함께 사용한다면 효과적이다. 작업 이후 바로 프린트 및 결재를 진행할 수도 있다.
학사 일정 시트 실습 파일 bit.ly/구글시트 학사일정	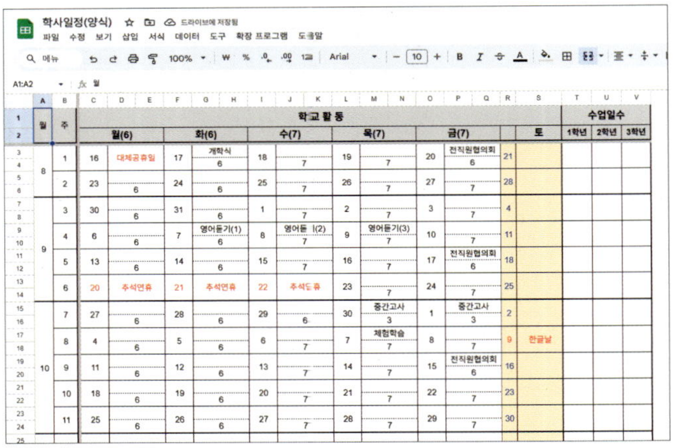 학사일정(양식) 표 이미지	학교 현장에서 주로 활용하는 학사 일정 양식으로 각 학교 사정에 맞게 변환해 사용할 수 있다. 창체, 시수 누적 등 실제 학교에서 꼭 필요한 부분들이 들어가 있다. 학기 중 일정이 바뀌거나 대체 공휴일 등이 생겼을 때는 편집자의 내용 수정으로 모두가 빠르게 바뀐 내용을 파악할 수 있다.
부장 회의, 월중 계획 시트 실습 파일 bit.ly/구글시트 월중계획	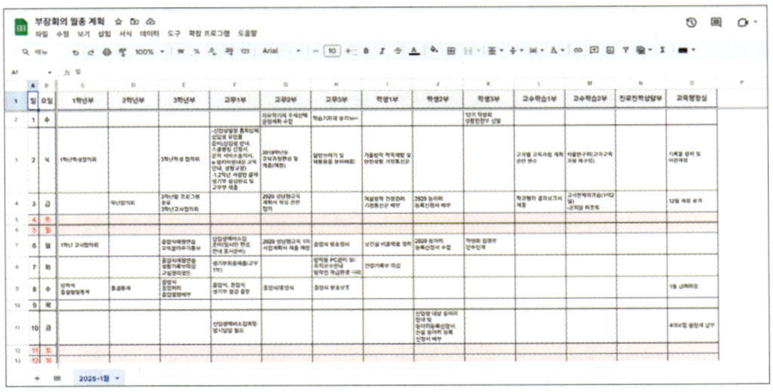 부장회의 월중 계획 표 이미지	부장 교사 회의 및 부서별 월중 계획을 관리할 수 있다. 간단하게 내용을 넣고 공유하면 학교 부서별로 일정을 공유하고 협업하기 좋다. 하단의 시트를 복사해서 다음 달 내용을 추가하여 활용할 수도 있다.

시트명	시트 구성	특징 및 활용 방법
자리 바꾸기 시트 실습 파일 bit.ly/구글시트 자리교체		남학생과 여학생에게 일정 난수를 넣어 필터를 적용하면 자동으로 좌석표가 완성된다. 학번을 넣고 이름과 버튼 부분을 함께 영역으로 설정한 후 필터를 누르면 난수가 무작위로 바뀌면서 자리도 무작위로 바뀌게 된다.
특별실 자동 대여 시트 실습 파일 bit.ly/구글시트 자동대여		시청각실, 어학실 등의 대여 상황이나 예약 상황을 확인할 수 있다. 시트에는 매크로 기능을 적용하여 주마다 자동으로 반복되어 리셋되므로 반복적인 행정 업무를 줄일 수 있다.
프로젝트 갠트 차트 시트 실습 파일 bit.ly/구글시트 간트차트		학교 내 업무의 일정과 수행 내용을 누적 정리할 수 있다. 혼자 사용해도 좋지만, 하단에 추가 시트를 만들어 부서원과 함께 공유하면 효과적으로 일정을 관리할 수 있다.
물품 구매 시트 실습 파일 bit.ly/구글시트 물품구매		예산을 공유하는 부서원끼리 매번 물품을 사기 힘들 때 활용할 수 있는 시트이다. 현재 예산의 잔액과 진행 상황 등을 알 수 있어 예산의 효율적 활용을 도와준다.

04 단축키 모음

학기 말 성적 정리부터 상담 일지, 학사 일정 관리까지 비슷한 작업을 반복하게 된다. 자주 쓰는 단축키를 익히고 활용하면 반복 작업을 줄이고 작업 속도를 높일 수 있어 편리하다.

❶ 데이터 탐색을 빠르게

단축키	기능	설명
Ctrl + Z	실행 취소	방금 수행한 작업을 되돌린다.
Ctrl + Y	다시 실행	되돌렸던 작업을 다시 실행한다.
Ctrl + F	찾기	시트 내에서 특정 텍스트를 찾는다.
Ctrl + H	찾기 및 바꾸기	특정 텍스트를 찾아 다른 텍스트로 바꾼다.
Ctrl + G	특정 범위로 이동	특정 셀 주소나 이름이 지정된 범위로 바로 이동한다.
F2	셀 편집	선택된 셀을 편집 모드로 전환한다.
Enter ↵	셀 편집 완료 및 아래로 이동	셀 편집을 마치고 아래 셀로 이동한다.
Shift + Enter ↵	셀 편집 완료 및 위로 이동	셀 편집을 마치고 위 셀로 이동한다.
(Tab)	셀 편집 완료 및 오른쪽으로 이동	셀 편집을 마치고 오른쪽 셀로 이동한다.
Shift + (Tab)	셀 편집 완료 및 왼쪽으로 이동	셀 편집을 마치고 왼쪽 셀로 이동한다.
Esc	셀 편집 취소 또는 현재 작업 중단	현재 셀 편집을 취소하거나 메뉴/창을 닫는다.
Ctrl + Shift + Page Up	시트 내 이전 시트로 이동(탭 이동)	여러 시트 탭을 빠르게 전환한다.
Ctrl + Shift + Page Down	시트 내 다음 시트로 이동(탭 이동)	여러 시트 탭을 빠르게 전환한다.
Ctrl + Home	A1 셀로 이동	활성 시트의 A1 셀로 바로 이동한다.
Ctrl + End	데이터의 마지막 셀로 이동	데이터가 있는 범위의 가장 오른쪽 아래 셀로 이동한다.
Ctrl + ↑ ↓ ← → (방향키)	데이터 가장자리로 이동	현재 셀에서 데이터가 있는 방향의 가장자리 셀로 이동한다.

❷ 입력과 편집을 간단하게

단축키	기능	설명
Ctrl + ;	현재 날짜 입력	현재 날짜를 셀에 입력한다.
Ctrl + Shift + ;	현재 시간 입력	현재 시간을 셀에 입력한다.
Ctrl + D	위 셀 값 아래로 복사	바로 위 셀의 내용을 현재 셀로 복사한다.
Ctrl + R	왼쪽 셀 값 오른쪽으로 복사	바로 왼쪽 셀의 내용을 현재 셀로 복사한다.
Ctrl + '	위 셀 수식 아래로 복사	바로 위 셀의 수식을 값으로 붙여 넣지 않고 수식 그대로 복사한다.
Ctrl + Enter	다중 셀에 동일한 내용 입력	여러 셀을 선택한 후 내용을 입력하고 이 단축키를 누르면 선택된 모든 셀에 동일한 내용이 입력된다.
Alt + Enter	셀 내 줄 바꾸기(강제 줄 바꿈)	셀 내에서 다음 줄로 넘어간다(텍스트 줄 바꿈).
Ctrl + Shift + U	수식 입력 줄 확장/축소	길거나 복잡한 수식을 볼 때 유용하다.

❸ 선택 및 복사/붙여 넣기를 효율적으로

단축키	기능	설명
Shift + 방향키	셀 선택 확장	현재 셀에서 방향키를 누른 방향으로 선택 범위를 확장한다.
Ctrl + Shift + 방향키	데이터가 있는 범위 전체 선택 (방향)	현재 셀에서 데이터가 있는 방향으로 끝까지 모든 셀을 선택한다.
Ctrl + Space Bar	현재 열 전체 선택	현재 셀이 포함된 열 전체를 선택한다.
Shift + Space Bar	현재 행 전체 선택	현재 셀이 포함된 행 전체를 선택한다.
Ctrl + A	전체 시트 선택	현재 활성 시트의 모든 셀을 선택한다.
Ctrl + C	복사	선택한 셀의 내용을 복사한다.
Ctrl + X	잘라내기	선택한 셀의 내용을 잘라낸다.
Ctrl + V	붙여 넣기	복사 또는 잘라낸 내용을 붙여 넣는다.
Ctrl + Shift + V	값만 붙여 넣기	복사한 내용의 값만(서식 제외) 붙여 넣는다.
Ctrl + Alt + V	특수 붙여 넣기 메뉴 열기	값, 서식, 수식 등 다양한 형태로 붙여 넣기 옵션을 선택할 수 있다.

❹ 서식을 깔끔하게

단축키	기능	설명
Ctrl + B	굵게(Bold)	선택한 텍스트를 굵게 또는 해제한다.
Ctrl + I	기울임(Italic)	선택한 텍스트를 기울이거나 기울임을 해제한다.
Ctrl + U	밑줄(Underline)	선택한 텍스트에 밑줄을 긋거나 밑줄을 해제한다.
Ctrl + Shift + 5	백분율 서식 적용	선택한 셀에 백분율(%) 서식을 적용한다.
Ctrl + Shift + 4	통화 서식 적용	선택한 셀에 통화(₩, $) 서식을 적용한다.
Ctrl + Shift + 1	숫자 서식 적용	선택한 셀에 일반 숫자 서식을 적용한다.
Ctrl + \	서식 지우기	선택한 셀의 모든 서식을 지우고 기본 서식으로 되돌린다.
Ctrl + K	링크 삽입	선택한 셀에 하이퍼링크를 삽입한다.
Shift + F11	새 시트 추가	현재 통합 문서에 새로운 시트를 추가한다.

❺ 행/열 정리를 쉽게

단축키	기능	설명
Ctrl + +	행 또는 열 삽입	선택한 행 위 또는 열 왼쪽에 새 행/열을 삽입한다(선택한 셀이 포함된 행/열을 먼저 선택한 후 사용).
Ctrl + −	행 또는 열 삭제	선택한 행 또는 열을 삭제한다(선택한 셀이 포함된 행/열을 먼저 선택한 후 사용).
Alt + Shift + 방향키	행 또는 열 숨기기/숨기기 해제	선택한 행/열을 숨기거나 숨겨진 행/열을 다시 표시한다(예: Alt + Shift + − = 열 숨기기).
Ctrl + Alt + Shift + .	행/열 그룹 만들기	선택한 행/열에 그룹을 만들어 접거나 펼 수 있다.

❻ 수식 작업을 빠르게

단축키	기능	설명
F4	절대 참조/상대 참조 변경	수식 입력 중 셀 주소를 선택하고 F4를 누르면 A1 → $A$1 → A$1 → $A1 순으로 참조 방식이 전환된다.
Ctrl + ~	수식 보기/값 보기 전환	시트의 모든 셀에 입력된 수식을 보여주거나, 수식의 결괏값(기본값)을 보여주는 모드로 전환한다.

05 기본 메뉴 요약 정리

 구글 스프레드시트에서 사용되는 기본 메뉴들을 익혀두면 문서를 편집하고 데이터를 분석하는 과정에서 적재적소에 빠르게 활용될 수 있어 업무 효율을 높일 수 있다.

함수	사용법	사례	적용 방법
데이터 확인	[메뉴]-[데이터]-[데이터 확인]	드롭다운으로 선택 입력	성별, 학년 등을 선택지로 제한하여 오타 방지
조건부 서식	[메뉴]-[서식]-[조건부 서식]	점수에 따라 자동 색칠	90점 이상 파란색, 60점 미만 빨간색 자동 표시
피벗 테이블	[메뉴]-[삽입]-[피벗 테이블]	데이터 요약 분석	학년별, 성별, 과목별 성적 통계 자동 생성
차트	[메뉴]-[삽입]-[차트]	시각적 데이터 표현	성적 분포도, 월별 출석률 그래프 생성
필터	[메뉴]-[데이터]-[필터 만들기]	조건별 데이터 표시	90점 이상 학생만 보기, 남학생만 필터링
정렬	[메뉴]-[데이터]-[범위 정렬]	데이터 순서 정리	이름순, 점수순, 학번순 자동 정렬
찾기 및 바꾸기	Ctrl + H	일괄 텍스트 변경	"1학년"을 "2학년"으로 일괄 변경
행/열 고정	[메뉴]-[보기]-[고정]	스크롤 시 제목 고정	이름 열을 고정하여 옆으로 스크롤 해도 이름 보이기
공유	오른쪽 상단 [공유] 버튼	실시간 협업	담임교사들과 출석부 공동 작성
댓글	[마우스 우클릭]-[댓글]	셀에 메모 추가	특이 사항이나 확인 요청 사항 기록
매크로	[메뉴]-[확장 프로그램]-[매크로]	반복 작업 자동화	주간 자리 배치 변경 작업 자동 실행

06 숨겨진 메뉴 톺아보기

구글 스프레드시트에는 다양한 메뉴가 존재하지만, 처음부터 모두 살펴보기는 쉽지 않다. 겉으로 잘 보이지 않는 숨겨진 메뉴 중에서 데이터를 정리하고 분석하는 데 유용한 기능 중심으로 살펴본다.

❶ [파일]-[새 문서]-[템플릿 갤러리에서]

구글에서는 다양한 템플릿을 제공한다. 제공된 템플릿을 그대로 사용하거나, 학교 현장에 맞게 수정해서 활용하면 새로 만들어서 사용하는 것보다 더 빠르고 효율적으로 업무를 진행할 수 있다.

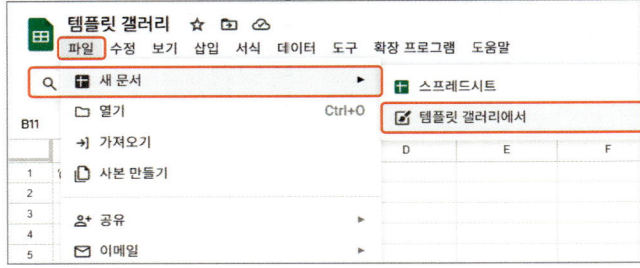

 학교에서 사용할 수 있는 대표적인 템플릿 예시들을 살펴보자.

성적 기록부

학생들의 성적을 등급화하고 그래프로 빠르게 변환할 수 있다.

프로젝트 타임라인

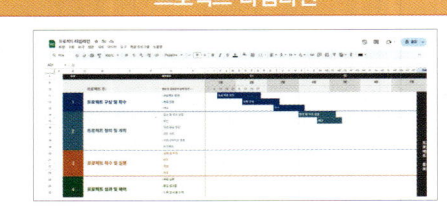

학교에서 진행하는 다양한 업무의 타임라인을 설정하고 직관적으로 체크하며 진행할 수 있다.

과제 추적기

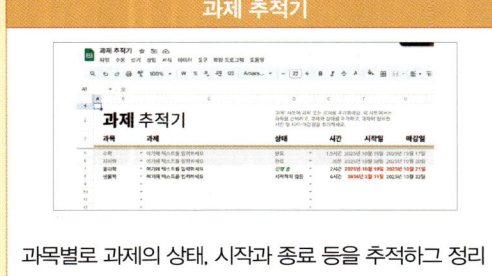

과목별로 과제의 상태, 시작과 종료 등을 추적하고 정리할 수 있다.

할 일 목록

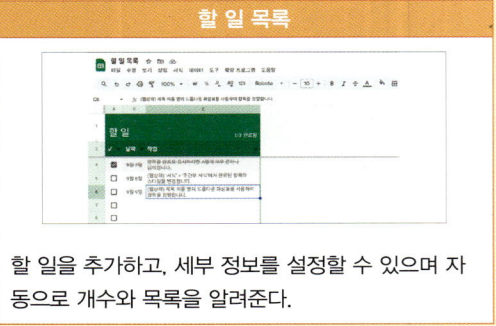

할 일을 추가하고, 세부 정보를 설정할 수 있으며 자동으로 개수와 목록을 알려준다.

❷ [삽입]-[사전 빌드된 테이블]

사전 빌드된 테이블 메뉴는 자주 사용하는 테이블 템플릿을 바로 시트로 적용할 수 있다. 이벤트, 프로젝트, 예산 관리 등 추천하는 테이블을 통해 직관적인 업무용 시트를 생성할 수 있다.

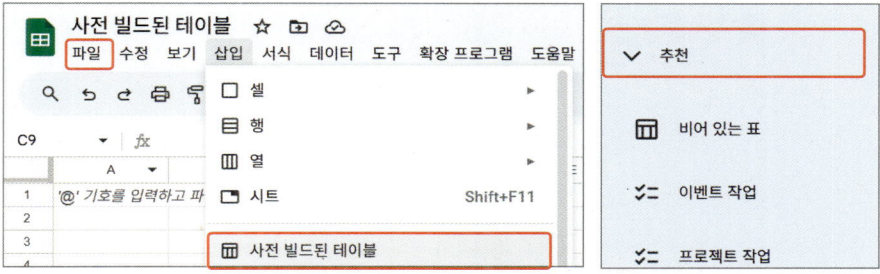

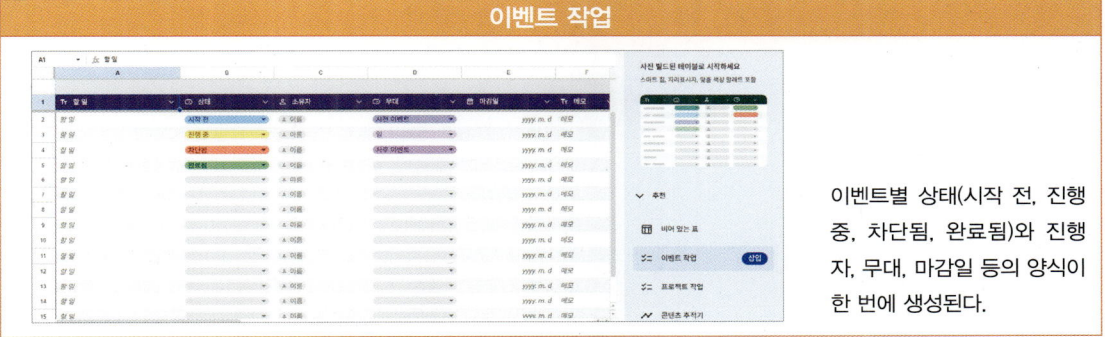

이벤트별 상태(시작 전, 진행 중, 차단됨, 완료됨)와 진행자, 무대, 마감일 등의 양식이 한 번에 생성된다.

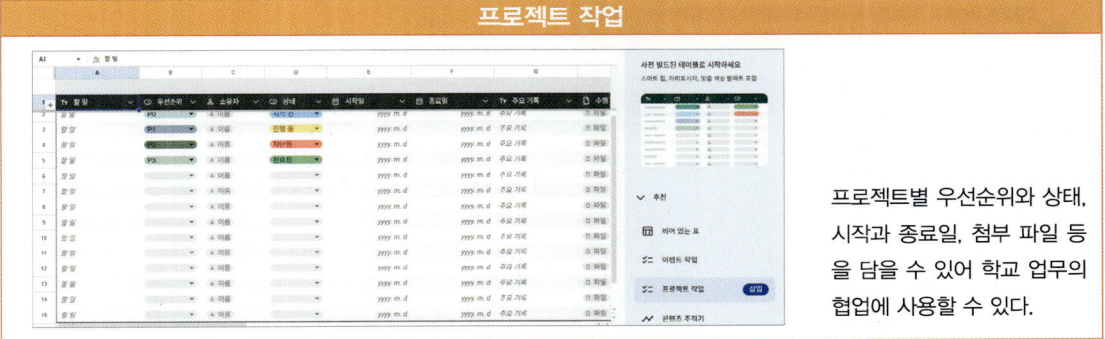

프로젝트별 우선순위와 상태, 시작과 종료일, 첨부 파일 등을 담을 수 있어 학교 업무의 협업에 사용할 수 있다.

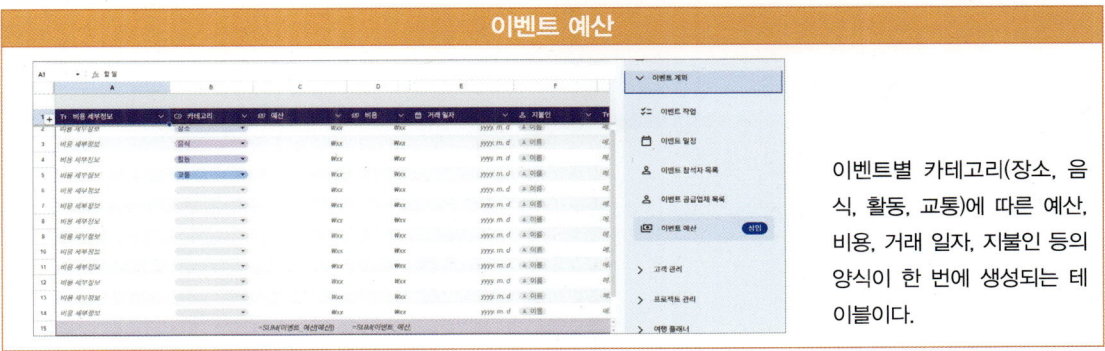

이벤트별 카테고리(장소, 음식, 활동, 교통)에 따른 예산, 비용, 거래 일자, 지불인 등의 양식이 한 번에 생성되는 테이블이다.

❸ [데이터]-[데이터 정리]-[정리 제안 사항/중복 항목 삭제/공백 제거]

데이터 정리에 포함된 정리 제안 사항이나 중복 항목 삭제, 공백 제거 작업을 복잡한 수식을 사용하지 않고 간단하게 적용하여 문서를 정리할 수 있다.

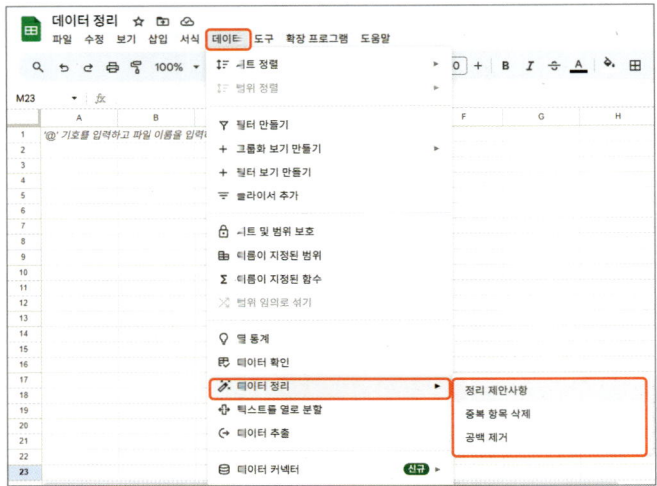

정리 제안 사항 메뉴를 통해 중복된 행을 골라 찾아주거나 자동으로 공백을 제거한다.

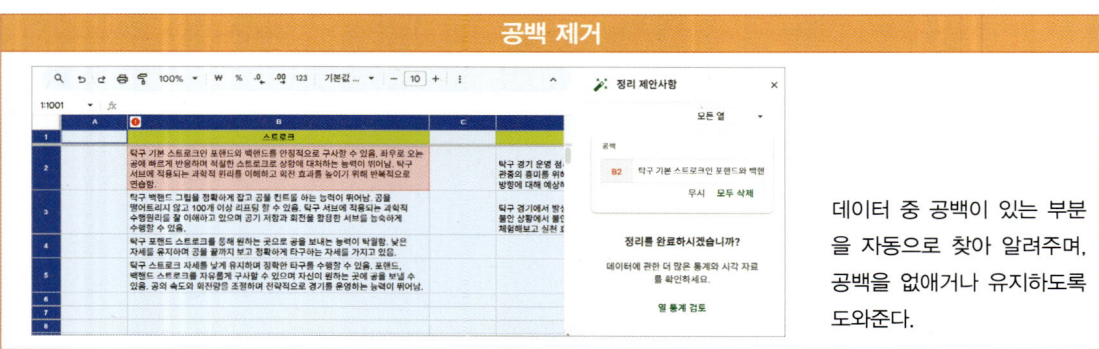

데이터 중 공백이 있는 부분을 자동으로 찾아 알려주며, 공백을 없애거나 유지하도록 도와준다.

❹ [도움말]-[교육]

교육 사이트로 구글 스프레드시트를 기초부터 탄탄히 연습하고 싶을 때 활용할 수 있다.

Google Workspace 학습 센터

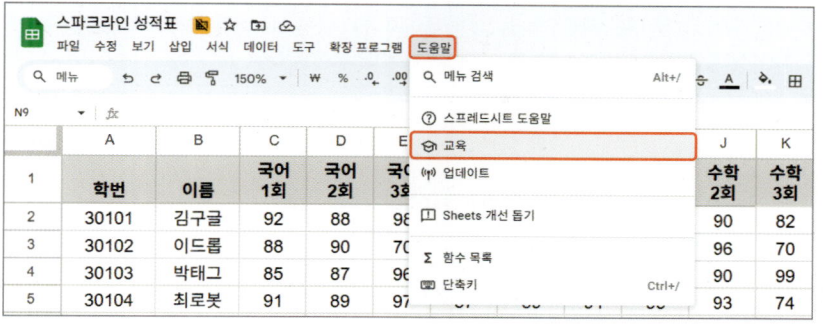

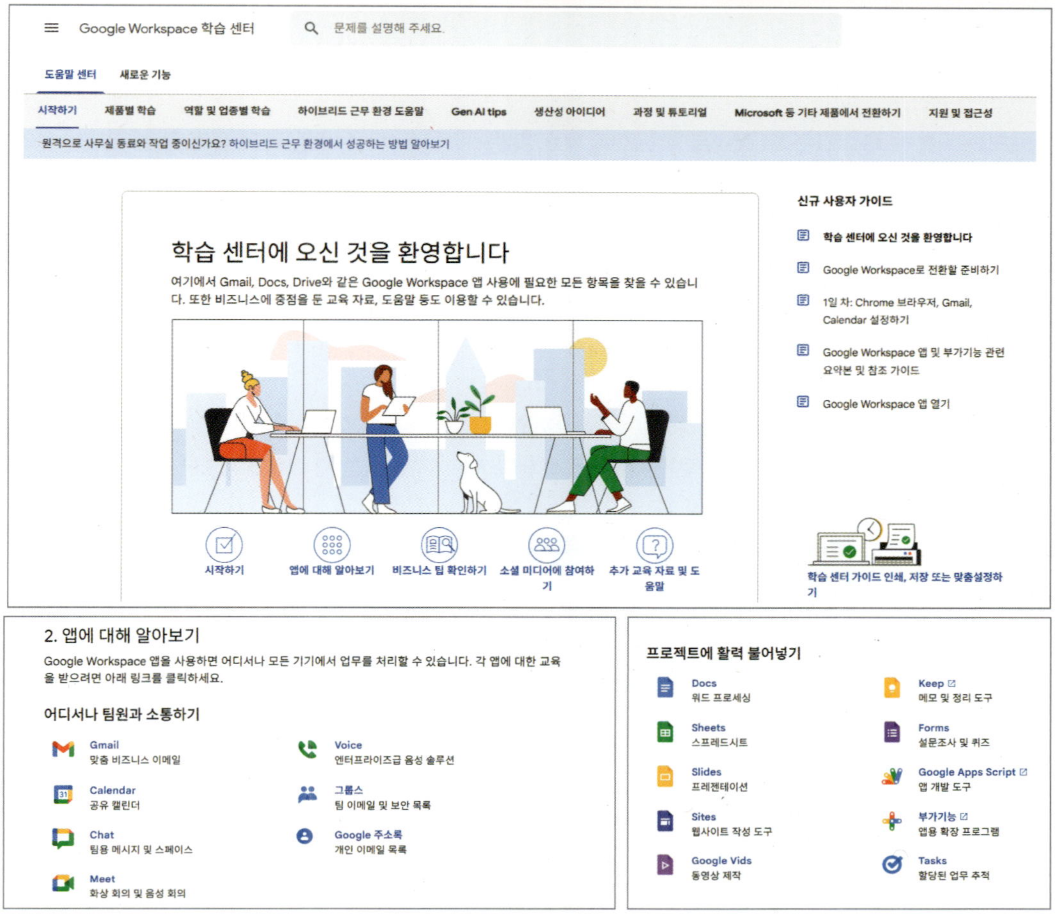

다양한 시트의 기능 정리 항목을 제공하고, 검색 기능을 통해 원하는 문제 해결 방식을 찾고 적용해 볼 수 있다. 목적에 맞는 다양한 시나리오를 갖추고 있으며 하나씩 따라 하면 고급 기능까지도 실천해 볼 수 있다.

07 확장 프로그램 안내

확장 프로그램은 기본 제공 기능을 넘어, 데이터 처리·분석·시각화를 더욱 편리하게 해주는 도구이다. 이를 통해 설문 응답을 자동으로 정리하거나, 외부 서비스와 연동하여 실시간으로 데이터를 주고받을 수 있다.

1. Mail Merge 스프레드시트 데이터를 활용한 개인화된 이메일 대량 발송 기능

Mail Merge는 스프레드시트의 데이터를 이용해 수신자별로 맞춤형 내용을 담은 이메일을 자동으로 보낼 수 있다. 지메일(Gmail) 템플릿에 스프레드시트의 특정 열 데이터를 삽입하여 개별 이메일을 일일이 작성하는 시간을 크게 줄여준다. 주로 Yet Another Mail Merg(YAMM)와 같은 부가 기능이 활용된다.

사용 방법 학생의 과목 점수 성적 메일을 학부모에게 개별 발송하는 예시를 통해 알아본다.

1. 스프레드시트 데이터 준비
① 새로운 시트를 만들고 첫 번째 행에 '학부모 이메일', '학생 이름', '과목 점수', '개별 피드백' 등의 열 제목을 입력한다.
② 학생별로 학부모 정보를 각 행에 입력한다.

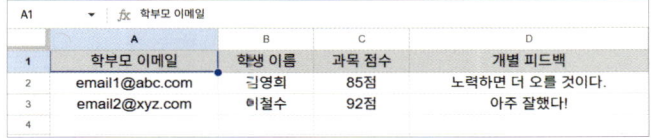

2. 지메일 템플릿 작성
① 지메일을 열고 새 이메일 초안을 작성한다.
② 개인화된 내용이 들어갈 부분에 스프레드시트에서 입력한 열 이름과 동일한 형식으로 {{열 이름}}을 삽입한다.

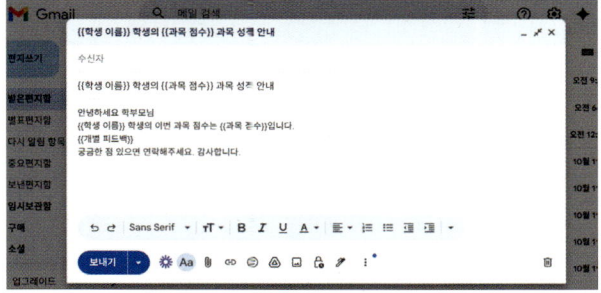

3 부가 기능 (YAMM) 설치 및 실행
① [메뉴]-[확장 프로그램]-[부가 기능]-[부가 기능 설치]-[Yet Another Mail Merge]를 설치한다.
② [확장 프로그램]-[Yet Another Mail Merge]-[Start Mail Merge]를 클릭한다.
③ 지메일 초안 템플릿을 선택하고, 필요한 설정을 마친 후 [Send emails]를 클릭하면 스프레드시트의 데이터에 따라 개인화된 이메일이 자동으로 발송된다.

2. GPT for Sheets and Docs — 스프레드시트와 문서에 AI 기능을 직접 통합하는 도구

GPT for Sheets and Docs는 최신 인공지능 언어 모델인 GPT의 기능을 구글 스프레드시트와 구글 문서에 직접 연결하여 활용할 수 있다. 사용자는 별도의 AI 서비스 웹사이트를 방문할 필요 없이 시트의 셀이나 문서 내에서 직접 텍스트 생성, 요약, 번역, 분류, 데이터 추출, 내용 재작성 등 다양한 AI 작업을 수행할 수 있다. 이는 특히 방대한 텍스트 데이터를 처리하거나, 새로운 아이디어를 얻을 때, 콘텐츠를 신속하게 다듬어야 할 때 생산성을 크게 높여주며, 단순 반복 작업을 자동화하고 데이터 기반 의사결정을 지원하는 데 강점이 있다.

사용 방법
학생 과제에 대한 피드백을 요약 및 분류하는 예시를 통해 알아본다.

1. 스프레드시트 데이터 준비
❶ 학생 설문 조사나 과제에 대한 주관식 피드백을 A 열에 입력한다.
❷ B 열에는 요약, C 열에는 분류의 열 제목으로 입력한다.

	A	B	C
1	학생 피드백 (A열)	요약 (B열)	분류 (C열)
2	"수업 자료가 너무 복잡해서 이해하기 어려웠습니다. 좀 더 쉬운 설명이 필요해요."		
3	"선생님의 자세한 피드백 덕분에 제가 무엇을 개선해야 할지 명확히 알게 되었습니다. 정말 도움이 많이 되었어요!"		
4	"이번 프로젝트는 혼자 하기 어려웠지만, 친구들과 협력하여 좋은 결과를 얻을 수 있었습니다. 팀워크의 중요성을 깨달았어요."		
5	"온라인 수업 중 기술적인 문제가 자주 발생하여 집중하기 어려웠습니다. 시스템 개선이 필요합니다."		
6	"다양한 예시와 실제 적용 사례를 통해 내용을 쉽게 이해할 수 있었습니다. 실용적인 부분이 좋았어요."		
7	"과제 제출 기한이 너무 촉박하다고 생각합니다. 다른 과목과 겹쳐서 부담이 컸어요."		
8			

2. 부가 기능 설치 및 설정
❶ [메뉴]–[확장 프로그램]–[부가 기능]–[부가 기능 설치]–[GPT for Sheets and Docs]를 설치한다.
❷ 일부 기능은 API 키 설정이나 유료 구독이 필요할 수 있다.

3. AI 함수를 이용한 요약
❶ B2 셀에 =GPT_SUMMARIZE(A2, "한국어로 20자 내외로 요약해 줘.")를 입력한다(함수 이름은 부가 기능에 따라 다를 수 있음).
❷ 수식을 아래로 드래그하면 각 학생 피드백이 자동으로 요약된다.

4. AI 함수를 이용한 분류
❶ C2 셀에 함수식 =GPT_CLASSIFY(A2, "이 피드백은 긍정적, 부정적, 중립 중 어디에 속하는가?")를 입력한다.
❷ 수식을 아래로 드래그하면 각 피드백의 성격이 자동으로 분류된다.

	A	B	C
1	학생 피드백 (A열)	요약 (B열)	분류 (C열)
2	"수업 자료가 너무 복잡해서 이해하기 어려웠습니다. 좀 더 쉬운 설명이 필요해요."	수업 자료 난해, 쉬운 설명 요망	부정적
3	"선생님의 자세한 피드백 덕분에 제가 무엇을 개선해야 할지 명확히 알게 되었습니다. 정말 도움이 많이 되었어요!"	상세 피드백이 개선에 도움됨. 매우 긍정적.	긍정적
4	"이번 프로젝트는 혼자 하기 어려웠지만, 친구들과 협력하여 좋은 결과를 얻을 수 있었습니다. 팀워크의 중요성을 깨달았어요."	협력을 통한 프로젝트 성공, 팀워크 중요성 인식	중립/긍정적
5	"온라인 수업 중 기술적인 문제가 자주 발생하여 집중하기 어려웠습니다. 시스템 개선이 필요합니다."	온라인 수업 기술 문제, 시스템 개선 필요	부정적
6	"다양한 예시와 실제 적용 사례를 통해 내용을 쉽게 이해할 수 있었습니다. 실용적인 부분이 좋았어요."	다양한 예시로 쉬운 이해, 실용성 좋음	긍정적
7	"과제 제출 기한이 너무 촉박하다고 생각합니다. 다른 과목과 겹쳐서 부담이 컸어요."	과제 기한 촉박, 부담 큼	부정적
8			

3. Signeasy — 여러 스프레드시트에 흩어진 데이터를 효율적으로 관리하고 자동화하는 도구

Sheetgo는 복잡한 데이터 작업을 코딩 지식 없이도 손쉽게 처리할 수 있다. Sheetgo는 여러 파일의 데이터를 하나로 합치거나(통합), 특정 데이터를 조건에 맞추어 여러 파일로 나누어 보내거나(분할), 원하는 정보만 필터링하여 자동으로 전송하는 등 다양한 기능을 제공한다. 이를 활용하면 수작업으로 인한 오류를 줄이고 시간을 절약하여 업무 효율성을 크게 높일 수 있다.

사용 방법: 담임교사가 자신의 학급 시트에 입력한 학생 성적 데이터를 교무실의 종합 성적 관리 시트로 자동 통합하는 예시를 통해 알아본다.

1. 원본 시트

❶ '1학년 1반 성적', '1학년 2반 성적' 등으로 시트 이름을 입력한다.
❷ 각 반 담임교사가 관리하는 시트로 학생별 과목 성적(중간고사, 기말고사 등)을 입력한다.

	A	B	C	D	E
1	학번	이름	국어	영어	수학
2	10101	김철수	90	85	92
3	10102	이영희	78	88	80
4	…	…	…	…	…
5					

2. 대상 시트

❶ '종합 성적 관리(교무실용)'으로 시트 이름을 입력한다.
❷ 이 시트는 학급별 시트의 데이터가 Sheetgo를 통해 자동으로 취합되어 전교생의 성적 현황을 한눈에 볼 수 있는 시트이다.

3. 실행

❶ Sheetgo 애드온을 열고 [새 연결(New Connection)]을 선택한다.
❷ '1학년 1반 성적', '1학년 2반 성적' 등 모든 학급별 성적 시트들을 원본 데이터 소스로 지정한다.
❸ 데이터를 보낼 대상 시트를 '종합 성적 관리(교무실용)'로 지정한다.
❹ 각 원본 시트의 '학번', '이름', '국어', '영어', '수학' 등의 열을 대상 시트의 해당 열과 일치하도록 매핑한다. 이때 '반' 정보를 추가하여 어느 반 학생인지 구분할 수 있도록 설정할 수 있다.

	A	B	C	D	E	F
1	반	학번	이름	국어	영어	수학
2	1반	10101	김철수	90	85	92
3	1반	10102	이영희	78	88	80
4	2반	10201	박민수	95	90	88
5	2반	10202	최지영	82	75	90
6	…	…	…	…	…	…
7						

4. Signeasy 개인 및 기업 사용자를 위한 간편하고 안전한 전자 서명 플랫폼

Signeasy는 문서에 서명하거나 스마트폰과 태블릿에서 서명된 문서를 가져올 수 있다. 사용자는 모바일 기기(스마트폰, 태블릿)나 웹 브라우저를 통해 PDF, Word 문서 등 다양한 파일 형식에 손가락이나 스타일러스로 직접 서명하거나, 미리 저장된 서명 이미지를 추가할 수 있다. 또한 다른 사람에게 서명을 요청하고, 문서의 서명 상태를 실시간으로 추적하며, 법적 구속력을 갖춘 감사 추적(Audit Trail)을 제공하여 문서의 신뢰성을 보장한다. Dropbox, Google Drive, Outlook 등 다양한 클라우드 서비스 및 앱과 통합되어 있어 기존 워크플로에 쉽게 연동할 수 있다.

사용 방법
현장 체험 학습 학부모 동의서에 서명을 요청하는 예시를 통해 알아본다.

1. 동의서 디지털화
❶ 현장 체험 학습 동의서 양식(PDF, Word 등)을 Signeasy 사이트나 앱에 업로드한 후 학부모가 쉽게 입력하고 서명할 수 있도록 필드를 설정해야 한다.
❷ Signeasy의 편집 기능을 사용하여 서명란, 날짜 입력란, 학부모 이름 입력란, 체크박스(예: 참가 동의 여부) 등 필요한 필드를 추가한다.

2. 서명 요청 발송
❶ [서명 요청(Send for Signature)]을 선택하고 학생별 학부모의 이메일 주소를 입력하거나, 전체 학부모에게 보낼 수 있는 공유 가능한 링크를 생성한다.
❷ 생성한 링크를 개인화된 메시지 "안녕하세요, [학생 이름] 학부모님. 현장 체험 학습 동의서입니다. 서명 부탁드립니다."와 함께 학교 알림 앱이나 학급 단체 메시지로 학부모에게 전송한다.

3. 서명 완료
❶ 학부모는 이메일이나 링크를 통해 동의서에 접속한다(별도의 앱 설치나 회원 가입 없이 웹 브라우저에서 바로 동의서를 열 수 있음).
❷ 화면에 표시된 서명란에 손가락이나 마우스로 직접 서명하거나, 미리 저장된 서명 이미지를 삽입한다.
❸ 필요한 텍스트 필드(이름, 날짜 등)를 입력하고 체크박스를 선택한다.
❹ 서명을 완료하면 [제출(Submit)]이나 [서명 완료(Finish Signing)]를 클릭한다.

4. 서명 확인 및 관리
❶ 학부모가 서명을 완료하는 즉시, 교사는 Signeasy 대시보드에서 실시간으로 서명 완료 여부를 확인할 수 있다.
❷ 누가 서명했고, 누가 아직 서명하지 않았는지 한눈에 파악할 수 있어 미서명 학부모에게만 개별적으로 알림을 보내는 등 효율적인 추적 관리가 가능하다.
❸ 서명된 동의서는 자동으로 PDF 파일로 저장되며, Signeasy 클라우드에 안전하게 보관된다. 필요한 경우 언제든지 다운로드하여 인쇄하거나 다른 시스템으로 연동할 수 있다.
❹ 각 서명에는 법적 효력을 위한 감사 추적(Audit Trail) 정보(서명자 이메일, IP 주소, 서명 시간 등)가 자동으로 기록되어 문서의 진정성을 보장한다.

08 AI 활용 안내

구글에서 제공하는 AI 도구를 활용하면 코딩 없이도 전문적인 데이터 시각화가 가능하고 학교 업무에 필요한 초안을 빠르게 작성할 수 있어 교사 업무를 효율화할 수 있다.

1. 루커 스튜디오 — 데이터를 시각화하기 위한 마법의 도구

루커 스튜디오(Looker Studio)는 구글에서 제공하는 무료 데이터 시각화 도구이다. 이 도구의 가장 큰 목적은 다양한 소스에서 데이터를 가져와 이해하기 쉬운 보고서(Report)와 대시보드(Dashboard) 형태로 시각화하는 것이다. 데이터를 표나 차트, 그래프 등으로 만들어서 한눈에 볼 수 있게 해준다.

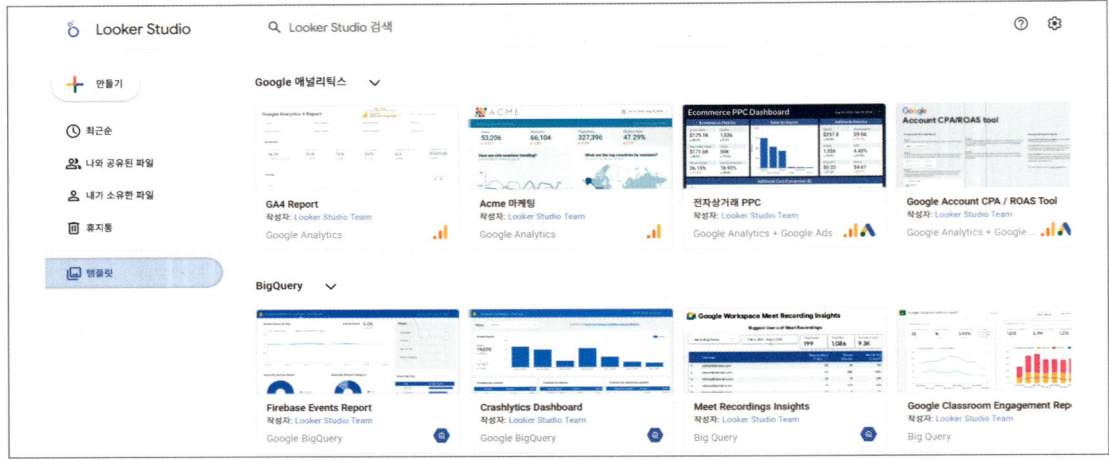

특징   https://lookerstudio.google.com

1. 다양한 데이터 소스 연결   루커 스튜디오는 구글 시트를 비롯한 여러 외부 데이터를 한곳으로 모아 통합 분석한다. 학교의 성적, 출결 시트와 유튜브/웹사이트 통계 등을 연결하여 종합적인 학교 현황 파악 및 의사결정을 도울 수 있다.

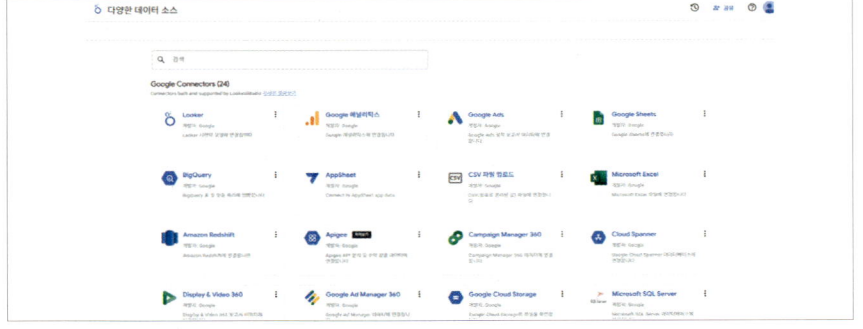

2. 쉽고 직관적인 시각화

루커 스튜디오는 구글 시트의 학교 데이터를 다양한 차트로 바꿔주는 시각화 도구다. 코딩 없이 드래그 앤 드롭으로 성적, 출결 등 학교 업무 현황을 보고서와 대시보드 형태로 쉽게 만들 수 있다.

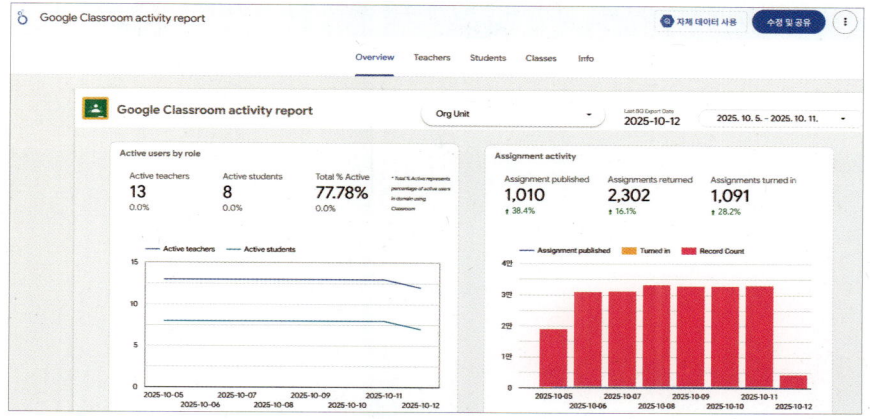

3. 풍부한 템플릿 제공

루커 스튜디오는 미리 디자인된 다양한 템플릿을 제공하여 보고서 작성 부담을 줄여준다. 구글 시트 데이터를 활용한 학교 업무(예: 학생 성적 대시보드)에 맞추어 템플릿을 수정하면 코딩 없이도 빠르고 전문적인 데이터 시각화가 가능하다.

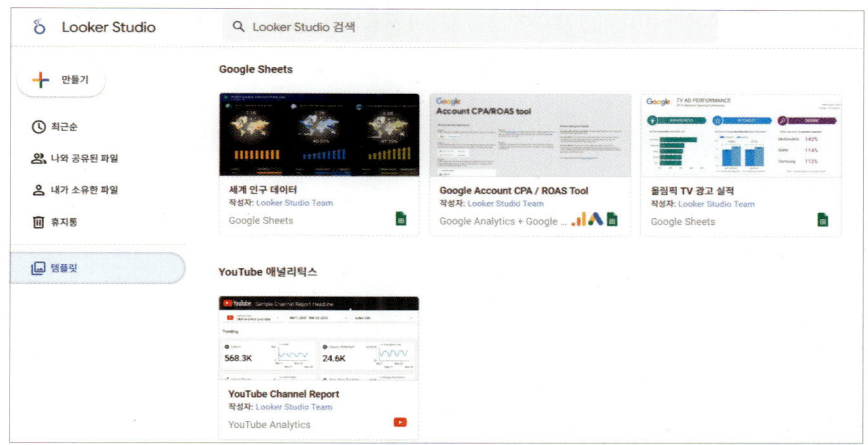

4. 나만의 보고서 만들기

구글 내에 다양한 데이터 중 내가 보고 싶은 형태의 데이터들을 직관적인 시각화를 통해서 편리하게 보고서 형태로 구성할 수 있다. 구글 스프레드시트, 유튜브, 구글 사이트 등에서 활용되는 다양한 값들을 편리하게 편집할 수 있는 장점이 있다.

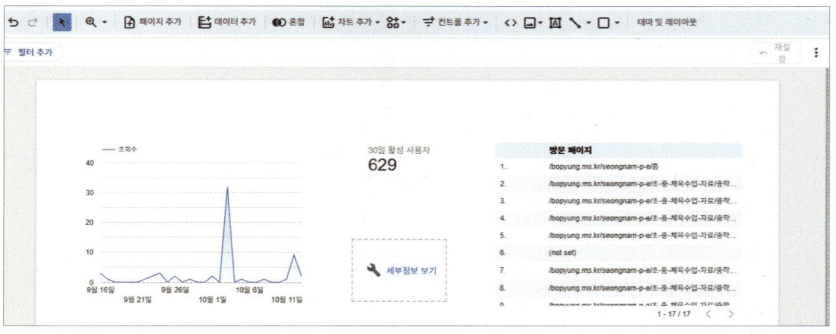

2. 구글 AI 스튜디오   구글의 AI 실험실

구글 AI 스튜디오는 누구나 쉽게 구글의 강력한 인공지능을 사용하여 자신만의 AI 아이디어를 현실로 만들 수 있도록 돕는 온라인 도구이다. 복잡한 코딩이나 전문 지식 없이도 AI를 활용할 수 있게 해주는 'AI 놀이터'라고 생각하면 이해하기 쉽다.

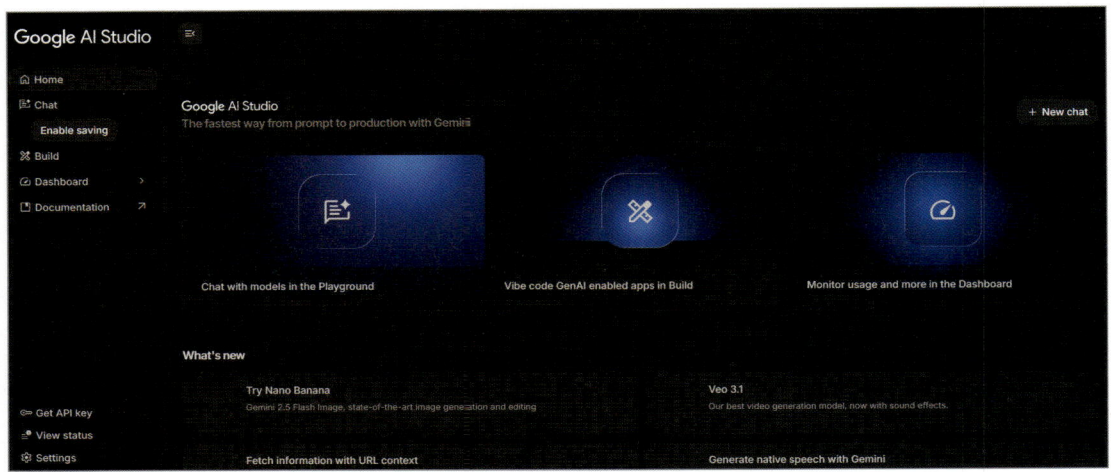

특징	https://aistudio.google.com

1. Gemini와 학교 업무

구글 AI 스튜디오의 핵심은 최신 AI 제미나이(Gemini)다. 이 만능 AI는 글쓰기, 이미지 생성 등 다양한 작업을 한다. 학교에서는 구글 시트 데이터를 활용해 제미나이로 맞춤형 학습 자료를 만들거나 공문 초안을 작성하며 교사 업무를 효율화할 수 있다.

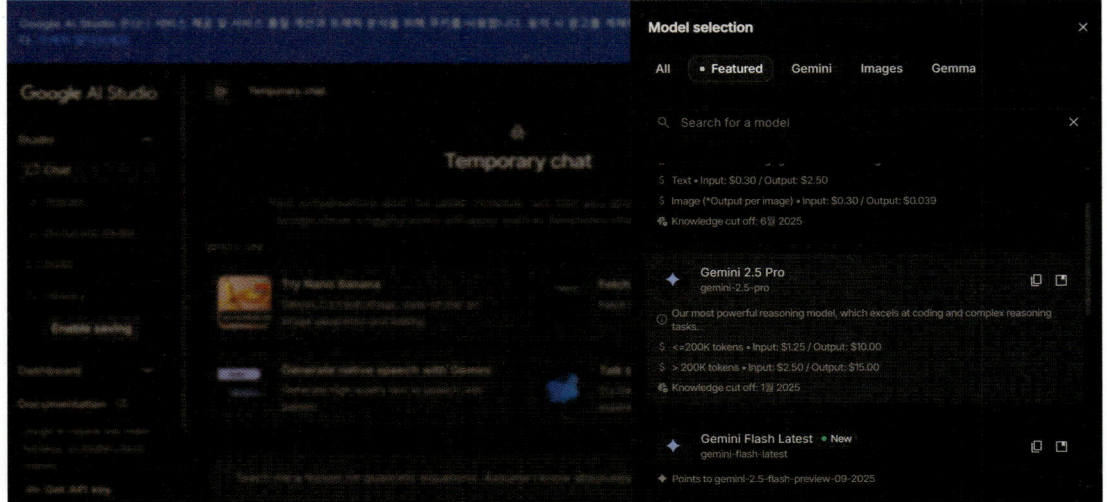

2. 멀티모달 콘텐츠 제작

구글 AI 스튜디오는 텍스트를 넘어 이미지와 영상까지 생성, 편집하는 멀티모달 기능을 제공한다. 구글 시트의 학교 자료를 바탕으로 수업 자료나 홍보 콘텐츠용 이미지/영상을 쉽게 만든다. 복잡한 디자인 프로그램 없이도 시각 자료를 빠르게 구현할 수 있다.

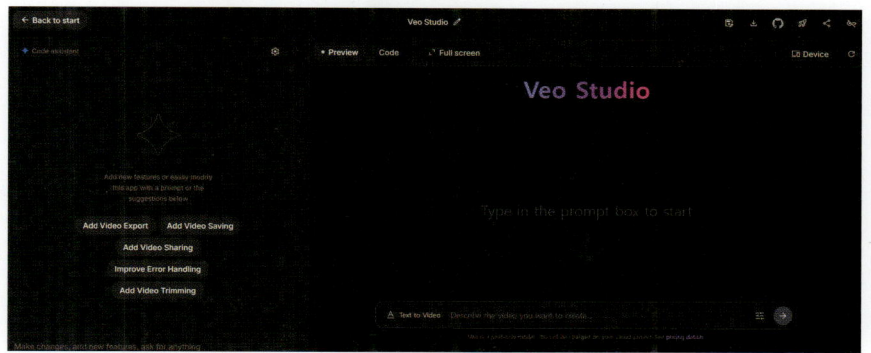

3. 앱 개발 활용

AI 스튜디오에서 만든 프롬프트나 AI 기능을 사용자 스마트폰 앱에 바로 적용할 수 있도록 지원한다. 파이썬(Python), 노드(Node.js) 등 다양한 프로그래밍 언어로 된 시작 코드를 자동으로 제공하여 개발자들이 AI 기능을 자신의 서비스에 쉽게 통합할 수 있도록 돕는다. AI 아이디어를 실제 제품이나 서비스로 연결하는 다리 역할을 하는 것이다.

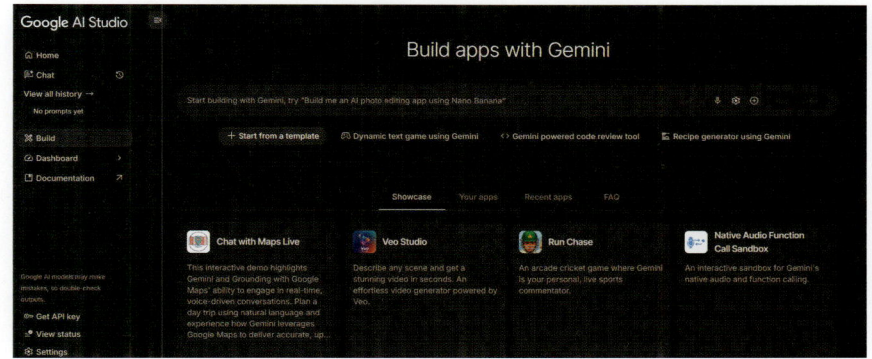

4. 직관적인 피드백 제공

[Stream]-[Share Screen] 기능은 내가 보고 있는 화면을 AI가 함께 보면서 직관적으로 피드백을 제공한다. 해결해야 하는 문제의 단계별 과정을 모르더라도 화면을 공유하는 것만으로도 다양한 문제 해결을 음성으로 도와준다. 나만의 에듀테크 코치가 함께한다고 생각하면 편리하다.

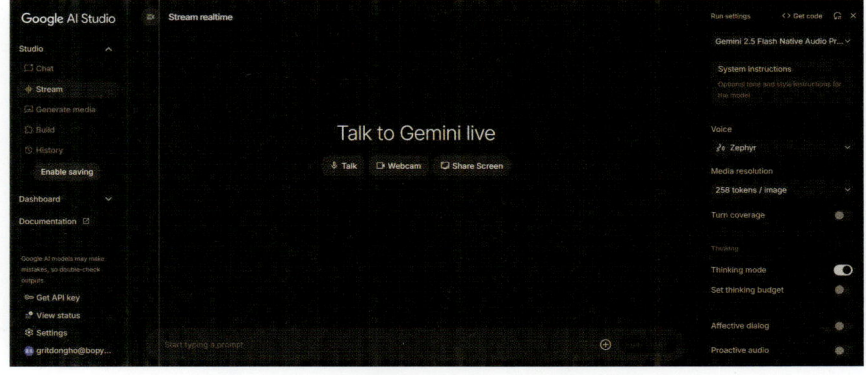

학교 업무가 쉬워지는
구글 스프레드시트 실전 가이드북
"칼퇴하는 옆반 선생님의 비밀!"

1판 1쇄 인쇄	2026년 1월 5일
1판 2쇄 인쇄	2026년 1월 26일
지 은 이	김동호, 나혜진, 민동수, 박준택, 오보람, 윤수진
펴 낸 이	김남인
펴 낸 곳	씨마스21
편 집	조경진
디 자 인	이미라
마 케 팅	김진주
출판등록	제 2021-000079호(2020년 11월 24일)
주 소	07706(우) 서울특별시 강서구 강서로33가길 78 씨마스빌딩 5층
내용문의	02)2268-1597
팩 스	02)2278-6702
홈페이지	cmassedumall.com
이 메 일	cmass@cmass21.co.kr
I S B N	979-11-983470-9-1

책값은 뒤표지에 있습니다.
이 책 내용의 일부 또는 전부를 재사용하려면 씨마스21의 동의를 얻어야 합니다.
잘못 만들어진 책은 구입하신 서점에서 교환해 드립니다.